KB053183

철학자 이병창의 · 포 · 스 · 트 · 모 · 던 · 자 · 유 · 주 · 의 · 비판

굿바이! 아메리카노 자유주의

이병창 지음

3장 아메리카노 자유주의와 종북몰이

4장 진보적 민주주의를 위해

5장 시대 비판

보론 포스트모던 자유주의자들의 통일논의에 대한 비판적 고찰
– 민족국가론자의 입장에서

| 서문 |

어째서 그들이?

오랫동안 나는 현실정치에 대하여 직접 발언하는 일을 가급적 피하고자 했다. 철학도로서 나의 임무는 사유를 통해 현실을 포착하는 것으로 생각했기 때문이다. 나는 현실에 대한 철학적 이론의 영역 내에서만 발언하고자 했었다. 그러나 나는 2012년 봄부터 지금까지, 아는 사람이 보면 "어, 저 사람이 웬일이지?"하고 놀랄 정도로 현실정치에 대하여 과감하게 발언하여 왔다.

19대 국회의원 선거 진보당 비례경선 사태에 관한 언론과 지식인의 마녀사냥과 종북몰이가 그런 전환의 계기가 되었다. 진보당에 대한 공격은 그 뒤로도 계속 이어졌다. 2013년 여름에는 내란음모 조작 사건이 터졌고, 가을에는 급기야 정부가 진보당의 해산 심판을 청구하기에 이르렀다. 이런 일련의 사태를 통해 진보당에 대한 마녀사냥과 종북몰이는 끝없이 확대 재생산되었다. 진보당의 고난은 끝이 없었다. 나는 이런 마녀사냥과 종북몰이 속에서 파시즘이 등장하던 시기의 반유대주의의 냄새를 맡았고, 그 때문에 분노했다. 그런 분노가 나로 하여금 갑작스럽게 현실에 개입하도록 만들었다.

2년 간 쓴 글을 이렇게 모아 놓고 다시 보니 절로 한숨이 나온다. 성급한 판단, 단순한 논리, 핏발 선 발언들! 내가 어떻게 이런 글을 썼지! 부끄러움으로 다시 글을 보기가 싫어 처음 출판을 권유받았을 때는 거부하고자 했다.

마녀사냥과 종북주의

그런데 이렇게 내가 쓴 글을 다시 모아 놓고 보니, 이 속에 단순한 현실 비판 이상의 문제의식이 담겨있다는 것이 느껴졌다. 글을 쓰고 있던 당시에는 나 역시 그것을 뚜렷하게 의식하지 않았던 것이었다. 그것은 바로 하나의 물음이었다. 나는 그 물음에 대한 답을 찾기 위해서 그렇게 많은 글을 썼던 것으로 보인다. 그 물음이란 '어째서'라는 물음이었다.

생각해 보면, 우리 정치 현실에서는 늘상 마녀사냥이나 종북몰이가 있어왔다. 하지만 그 대부분은 이를 통해 직접 이득을 취하려 했던 보수우익이 민주 진보 세력에게 가했던 공격이었다. 반면 지난 2년 간 진보당에 대한 마녀사냥과 종북몰이의 특징은 보수우익과 대치하고 있는 민주 진보 세력 내부에서 일어났다는 것이다. 물음은 바로 여기에서 출현한다. 어째서 그들이? 그들 자신이 오랫동안 보수우익으로부터 같은 공격을 받아왔지 않은가? 여전히 보수우익에 대한 연대투쟁이 간절하게 필요한 시절에 어제까지 동지였던 그들이 자학적으로 공격을 하게 된 이유는 무엇일까? 어째서?

처음에 나는 이런 물음에 대해 답을 가지고 있지 않았다. 그러나 진보당에 대한 마녀사냥과 종북몰이를 비판하는 글을 써나가는 가운데 서서히, 거의 무의식적으로 일정한 답을 찾게 되었다. 여기 모인 글은 그렇게 찾은 답을 표현하려는 시도였다. 내가 내렸던 답은 중요하지 않다. 더 중요한 것은 내가 제시하는 물음이다. 내가 출판에 동의한 이유는 나의 물음을 좀 더 분명하게 제시하고 싶은 생각 때문이었다.

아메리카노 자유주의의 전도

이왕 서문을 쓰는 김에 독자의 이해를 돕기 위해 내가 품었던 물음과 나 나름대로 내린 답을 간략하게 정리하여 보고자 한다. 이런 물음과 답은 내 글 속에 여기저기 흩어져서 단편적으로 등장하므로 독자들이 전모를 그려내기가 쉽지 않을 것 같기 때문이다.

그러면 물어보자. 어째서 민주 진보 세력 내부에서 같은 동지에 대한 마녀사냥과 종북몰이가 이뤄졌는가? 그들이 파시스트란 말인가? 그렇지 않다면 그들은 누구이고, 그들의 자기 파괴적 공격의 이유는 무엇이란 말인가?

나는 민주 진보 세력 내에서 마녀사냥과 종북몰이에 가담했던 자들이 지닌 공통적인 특징에 주목했다. 그들 가운데 대표자 격인 유시민은 참여민주주의라는 상표를 즐겨 달고 다녔다. 그들은 때로는 친노라는 이름으로 불리기도 한다. 또 다른 일부는 민중 운동권이며 자칭 사회민주주의 세력이라고 말하기도 한다. 색깔이 다름에도 불구하고 이들에게는 공통적인 특징이 있다. 그것은 그들이 자유와 합의라는 개념을 항상 입에 달고 다닌다는 것이다. 이런 특징은 최근 많이 논의되고 있는 포스트모던 자유주의자의 개념에 부합한다. 그래서 나는 이들을 포스트모던 자유주의자로 규정했다.

나는 이런 포스트모던 자유주의를 독자들이 더 쉽게 이해할 수 있도록 '아메리카노 자유주의'라고 이름을 붙여 보았다. '아메리카노'는 커피의 한 종류에 불과하고 그저 취미에 속하는 것이다. 하지만 우리 사회에서 아메리카노는 독특한 정치 사회적 의미를 지니고 있다. 그것은 마치 '홍대 앞'이나 '강남 스타일'이 고유한 문화적 의미를 지니는 것과 마찬가지이다. 아메리카노는 진보당 비례경선 사태 당시 유시민이 언급함으로 자유주의의 상징이 되어 버렸다. 나는 바로 이런 아메리카노로 상징되는 자유주의가 포스트모던 자유주의의 특징을 가장 잘 드러낸다고 본다.

내가 이런 포스트모던 자유주의라는 개념을 언급한 이유는 단순히 이름을 규정하기 위해서는 아니다. 다시 말해 이 개념이 진보당에 대한 마녀사냥과 종북몰이에 가담했던 자들의 공통적인 특징이기 때문인 것은 아니다. 오히려 내가 이를 언급하는 이유는 이 개념이 마녀사냥과 종북몰이의 원인을 밝혀주는 설명적 개념이기 때문이다.

나는 이들에게서 어떤 전도(顚倒)를 보았다. 자유를 앞장서서 옹호하는 자유주의자가 오히려 자신과 다른 타자를 배제하고 박해하는 배타주의자로 전도되었다. 나는 이런 전도가 마녀사냥과 종북몰이의 원인이라 본다. 이런 전도는 외부의 유혹이나 강제 때문에 일어나지 않는다. 나는 이런 전도는 자유주의자 내부에서 일어나는, 그들이 추구하는 자유와 합의라는 개념 자체로부터 발생하는 전도라고 파악한다. 즉 마녀사냥과 종북몰이는 포스트모던 자유주의의 필연적 결과였다.

나의 주장에 대해 독자들은 당혹스러울지 모른다. 독자들은 나의 주장에 대해 선뜻 동의하기 힘들 것이다. 나 역시 마찬가지였다. 나도 한때는 스스로를 포스트모던 자유주의자 또는 친노로 생각했던 적이 있었다. 포스트모던 자유주의의 자유와 합의라는 개념을 좋아했다. 포스트모던 자유주의자들이 마녀사냥과 종북몰이에 나섰을 때 정말 당혹했다. 그런 사태들을 통해 나는 서서히 포스트모던 자유주의의 한계를 깨닫기 시작했다.

세상의 모든 것은 장점과 단점을 지닌다. 장점이 있으면 반드시 단점이 있기 마련이다. 장점과 단점은 서로 다른 것이 아니다. 장점, 바로 그 때문에 단점이 생겨난다. 마찬가지이다. 포스트모던 자유주의는 장점을 지닌다. 바로 그 장점 때문에 단점이 발생한다. 그것이 포스트모던 자유주의의 필연적 전도이다.

포스트모던적 자유와 포스트모던적 합의

포스트모던 자유주의, 소위 아메리카노 자유주의란 무엇인가? 좀 더 세부적으로 살펴보자. 나는 포스트모던 자유주의의 핵심은 '자유'와 '합의'라는 개념에 있다고 보았다.

먼저 포스트모던 자유주의의 한 축을 이루는 자유라는 개념을 살펴보자. 자유란 외적이든(폭력) 내적이든(규범) 강제에서 벗어난다는 의미이다. 어떤 강제도 없다면 사람은 텅 비어 있는 것일까? 그는 무엇이든 자유롭게 행동할 수 있는 것일까? 그것은 아니다. 사람에게는 욕망이란 것이 존재한다. 강제가 없다면 욕망이 지배한다. 그에게 이 욕망을 넘어서는 힘, 즉 자주성이 없다면 말이다.

근대적 자유주의자들은 외적인 강제로부터의 해방을 강조하는 입장이다. 사실 근대에는 억압은 없지만, 내적으로 욕망은 제약된 경우가 많았다. 포스트모던 자유주의자는 외적 강제뿐만 아니라, 내적 강제조차 제거하면서 욕망에 자신의 몸을 맡긴다. 포스트모던 자유주의자의 자유는 결국 욕망의 무제한적인 자유이다. 이런 점에서 근대적 자유주의자의 자유가 소극적이라면 포스트모던 자유주의자의 자유는 적극적이라고 말해진다.

포스트모던 자유주의의 또 다른 축을 이루는 합의라는 개념에서도 근대적 합의와 포스트 모던적 합의가 구별되어야 한다. 이 양자를 구별하기 위해 이렇게 물어 보자. 예를 들어, 당신은 그녀가 예뻐서 사랑하게 되었는가? 당신이 사랑하기 때문에 그녀가 예뻐 보이는 것이 아닌가? 마찬가지로 어떤 것이 가치가 있는 것이기 때문에 그것에 대해 서로 합의하는가? 아니면 합의하니까 비로소 그것이 가치가 있게 되었다는 것인가? 전자와 같이 생각하면, 그것은 근대적 합의 개념이다. 반면 후자와 같이 생각하면, 그것이 바로 포스트 모던적 합의의 개념이다. 이런 의미에서 포스트모던 자유주의자는 합의를 절대화한다고 말해진다.

합의의 절대화는 이미 포스트모던 시대로의 이행기에 미국의 철학자 존 롤스나 독일의 철학자 하버마스와 같은 학자에 의해 강조되었다. 포스트모던 시대에 들어오게 되면서 합의의 절대화는 다양한 개념과 결합하면서 확산했다.

포스트모던적 합의 개념은 민중이나 민족 개념과 같은 과학적 개념을 제거하고 순수한 합의 주체로서 시민이라는 개념, 국제적으로 보편적 인권이라는 개념을 옹호했다. 백인 중심주의와 기독교 중심주의가 후퇴하면서, 종교나 인종의 차별을 배제하고 다양한 문화를 수용하자는 다원주의와 관용주의가 대두했다. 모든 것을 합의로 처리하는 평화주의, 상호인정의 개념이 강조되었다.

포스트모던 자유주의는 자유와 합의라는 두 개념을 기초로 한다. 한편으로는 욕망에 충실한 것으로서 자유를 주장하고, 다른 한편으로 사회적으로 합의를 절대화한다. 포스트모던 자유주의는 단순하면서도 매력적인 개념이다. 그런데 왜 이런 매력적인 자유주의가 이토록 늦게, 20세기 후반 포스트모던 시대에 들어와서야 확산한 것인가?

아마도 그 가장 커다란 이유는 포스트모던 사회에서 사회적인 법칙, 사회의 유기적 구조라는 개념이 철저하게 파괴되었기 때문일 것이다. 포스트모던 사회와 근대 사회를 비교해 보자. 근대 자본주의 사회에서 자본의 일관된 지배로 사회 전체가 유기적으로 통일되었다. 개인은 사회적인 법칙에 의해 지배되므로 그의 자유는 일정하게 제한됐다. 사회는 합의 이전에 이미 자본주의의 법칙에 의해 강제되고 있다.

이번에는 신자유주의에 의해 등장한 포스트모던 사회를 보자. 이 사회의 핵심 키워드는 금융자본의 지배, 지구화, 비정규직화 등의 개념이다. 이 사회는 겉보기에 전적으로 파편화되었으며, 사회를 지배하는 일관된 법칙은 더 이상 존재하지 않아 보인다. 그 결과 사회 성원들에게는 공통적인 이해도 없어졌다. 예를 들어, 병원의 노동자 가운데서 의사 노동자와 간호사 노동자, 그리고 직원 노동자들 사이에는 어떤 공통적인 이해도 존재하지 않는다. 사회 전체에서는 노동자와 농민의 이해가, 정규직 노동자와 비정규직 노동자의 이해가, 대기업 노동자와 중소기업 노동자의 이해가 대립한다.

이처럼 포스트모던 사회가 파편화되면서 두 가지가 가능했다. 한편으로 욕망이 철저하게 해방되었다. 사회적인 유기적 구조가 파괴되면서 각 개인에게 요구되던 어떤 내적 규범도 사라졌기 때문이다. 다른 한편 사회적인 관계를 이루는 유일한 가능성은 합의밖에 남지 않았다. 근대 사회에는 자본의 법칙이 사회적 관계를 강제했다. 자본가나 노동자나 자본이 부여하는 한계 내에서만 움직일 수밖에 없었다. 반면 포스트모던 사회에서 사회가 파편화되니, 모두가 자유롭게 보인다. 그러니 사회는 합의 외에 다른 어떤 방식으로도 구성될 수 없을 것처럼 보인다.

신자유주의 시대를 지배하는 아메리카노 자유주의는 무척 아름답게 보인다. 욕망에 충실함, 순수한 시민적 주체, 관용주의와 보편적 인권 등 어떻게 본다면 근대가 꿈꾸었던 이상이 실현된 것처럼 보인다. 그 결과 포스트모던 자유주의는 선풍적인 인기를 끌면서 확산했다.

샌델과 지젝의 포스트모던 자유주의 비판

하지만 포스트모던 자유주의가 가진 한계는 얼마가지 않아서 드러났다. 서구에서 포스트모던 자유주의가 본격적으로 확산한 것은 1980년대 경이다. 그 전성기는 미국에서 클린턴이 지배했던 8년간이었다. 부시가 등장하고 9·11 테러가 일어나자 시대의 분위기는 급변하기 시작했다. 9·11 이후 갑자기 도덕적 종교적 원리주의자의 목소리가 미국을 지배하면서 소위 클린턴 시대 포스트모던 자유주의자들은 침묵하기 시작했다. 미국은 이라크를 테러 배후로 몰아서 점령하였고, 관타나모 수용소에서는 아랍인의 인권이 처참하게 유린당했지만, 포스트모던 자유주의자들은 어떤 항의도 제기하지 않았다.

도대체 포스트모던 자유주의자는 왜 이렇게 무기력해졌나? 그것은 9·11 테러라는 외적인 사건이 준 충격 때문인가? 아니면 포스트모던 자유주의의 기본 개념인 자유와 합의라는 개념 속에 이미 그런 가능성이 함축되어 있는 것인가?

9·11 테러 이후 무기력한 자유주의, 아메리카노 자유주의에 대해 비판이 쏟아져 나오기 시작했다. 대표적인 비판은 국내에도 잘 알려진 마이클 샌델, 지젝과 같은 철학자에 의해 제기되었다.

이들이 포스트모던 자유주의를 비판하는 입각점은 포스트모던 자유주의의 기본 개념이 내적으로 충돌한다는 사실이었다. 앞에서 말했듯이 포스트모던 자유주의는 두 핵심적인 개념, 즉 자유로운 욕망과 합의의 절대화라는 개념으로 이루어져 있다. 이 두 개념이 정말로 잘 어울리는 것일까? 자유는 합의의 조건이다. 자유가 없다면 합의는 정당한 것이라 할 수 없다. 즉 이런 합의는 합의로 볼 수 없다는 말이다. 거꾸로 합의를 통해 사람들 사이의 관계는 합의를 통해 이루어지므로 개인의 자유가 철저하게 보장될 수 있다. 그런 점에서 두 개념은 서로 공존하며 서로 필요로 한다.

하지만 자유가 있다고 항상 합의가 성립하는 것은 아니다. 자유는 오히려 합의를 불안하게 하는 조건이 된다. 자유로운 경우 욕망에 사로잡히면서 합의를 깨뜨릴 가능성이 높아진다. 거꾸로 합의는 구속한다. 얼마나 많은 개인들이 자신이 합의한 것을 후회하고 지키지 않으려 하는가? 이렇게 보면 포스트모던 자유주의는 서로 충돌하는 개념을 동시에 지닌 모순적인 존재이다. 일단 합의가 지켜지는 한에서 이 두 가지 개념은 조화를 이루면서 포스트모던 자유주의자의 정체성을 구성한다. 하지만 합의가 이루어지지 않거나 합의가 깨어지는 경우 자유로운 욕망과 합의의 절대화는 서로에게 치명적인 개념이 된다. 샌델이나 지젝은 모두 이 두 가지 핵심 개념의 충돌을 통해 포스트모던 자유주의를 비판한다.

샌델은 공동체주의적인 정의론을 펼쳤다. 그의 핵심 논지는 한 사회에는 합의에 의해 결정되기 이전에 공동체적 가치가 존재한다는 것이다. 이 가치는 역사적으로 생성된 가치이다. 예를 들어, 미국에서는 청교도적인 가치가 그런 가치이다. 그는 이런 가치가 전제되지 않는다면, 합의 자체가 절대 가능하지 않다고 본다.

지젝은 샌델과 다른 방식으로 접근한다. 그는 9·11 테러 이후 등장한 원리주의의 테러에 주목한다. 이때 그는 정신분석학의 관점을 이용한다. 포스트모던 사회가 파편화되면서 사회를 지배하는 법이 사라졌다. 그러므로 이 사회에는 한편으로는 법이 없는 자유가 등장했다. 그것이 포스트모던 자유주의이다. 이 사회의 다른 한편에는 초자아가 출현하게 된다. 왜냐하면, 아버지의 법이 무너지면 무너진 법을 대신하여 초자아가 출현하기 때문이다. 이 초자아는 더 가혹하게 지배하고, 죄의식을 유발하며, 낯선 타자에게는 질투감을 폭발시키는 힘이다. 예를 들자면, KKK가 흑인에게 테러하는 것이 이런 초자아의 힘 때문이다. 결국, 지젝은 자유가 극단화되면 초자아가 지배하게 된다고 말한다. 그는 포스트모던 자유주의와 부시의 테러리즘은 동전의 양면에 불과하다고 주장한다.

서구에서 일어났던 포스트모던 자유주의와 원리주의적 테러리즘 사이의 야합이 우리 사회에서도 일어났다. 그것이 바로 2012년 이후 진보당에 대해 포스트모던 자유주의자들이 감행한 마녀사냥 또는 종북몰이였다. 이를 이해하기 위해 우리 사회에서 포스트모던 자유주의가 역사적으로 어떤 역할을 수행했는지 살펴보자.

한국의 참여민주주의

포스트모던 자유주의가 우리 사회에서 출현한 것도 서구와 마찬가지로 포스트모던 사회를 배경으로 한다. IMF 이후 김대중 정부는 당시 세계적으로 확산하던 신자유주의의 압력을 받아 우리 사회를 신자유주의적으로 개편했다. WTO 국제체제에 편입되고, 자본이 자유롭게 이동하면서 산업 전체가 파편화되기 시작했다. 자본의 파편화와 더불어 노동에서도 양극화가 일어났다. 이와 같은 변화는 서구의 사회적 변화와 거의 다를 바 없다.

이런 변화와 더불어 우리 사회에서도 포스트모더니즘 사상이 들어오기 시작했다. 이미 1980년대 말 김지하는 생명 사상을 통하여 포스트모더니즘이 들어올 길을 예비했다. 이어서 서구에서 본격적으로 포스트모더니즘이 들어오기 시작했다. 사상계는 푸코의 담론이론, 데리다의 해체주의, 보드리야르의 소비사회 등의 개념에 열광하기 시작했다. 포스트모더니즘 사상과 더불어 미국의 팝아트가 밀려왔다.

이런 사상 문화의 유입과 더불어 우리 사회에도 문화혁명이 일어났다. 문화적 혁명은 서태지의 음악과 더불어 등장했다. 그의 음악은 음악적으로 새롭다는 것에 그치지 않고, 우리 사회에 여전히 뿌리 깊게 박혀있던 권위주의적인 문화와 억압적인 도덕에 대한 비판으로 이어졌다.

이런 사상적 문화적 변화는 정치 지형의 변화를 야기했다. 정치에서도 시민운동이 등장했다. 시민운동은 70~80년대 민중 운동의 한계를 비판하면서 등장했다. 시민운동은 새로운 방식의 운동을 제안했다. 시민운동은 법적으로 보장된 인권에 기초하면서 이를 평등권과 생존권으로 확장시켰다. 시민운동은 법적인 권리를 이용하여 합법적인 투쟁에 주력했다. 시민운동은 거리에서의 항의를 중지하고, 법정을 무대로 삼아 언론과 방송에 호소했다.

바로 이런 배경 위에서 정치적으로 포스트모던 자유주의가 출현했다. 포스트모던 자유주의자는 참여라는 개념을 중심으로 응집하였다. 그들은 87년 민주화에도 불구하고 사회의 민주화가 충분하게 확산하지 않았다고 판단했다. 그들은 현재의 민주주의가 간접 민주주의이기 때문에 진정한 민주주의가 실현되지 못하니, 직접 민주주의를 도입하여 대중의 참여를 강화한다면 민주화를 완성할 수 있다고 믿었다. 이렇게 직접 민주주의와 참여를 강조하므로 그들은 참여민주주의자라고 지칭되었다. 그들은 가상기술과 통신기술, 뉴미디어의 발달로 과거에는 실현하기 어려웠던 직접적인 참여가 이제는 어렵지 않게 실현될 수 있다고 보았다. 참여민주주의 세력을 바탕으로 노무현이 대통령으로 당선되었다. 참여민주주의는 노무현 대통령의 정치적 이념으로 부상했다. 노무현은 자신의 정부에 참여정부라는 이름을 붙였다.

그러나 참여민주주의가 정권을 획득한 이후 정치적 실천의 결과는 어떠했나? 참여민주주의를 통해 우리 사회의 억압적 권위주의, 불평등과 불공정이 제거되었나? 결론은 "아니다!"일 것이다. 왜 참여의 강화에도 불구하고 민주화는 완성되지 못했나?

참여민주주의의 실패

일이 어디서부터 어떻게 어긋났는지를 한번 생각해 보자. 노무현 대통령의 승부사적인 투쟁(탄핵 정국)을 통해 참여민주주의자가 중심이 된 '열린우리당'(2003년 창당)이 다수당으로 부상하였다. 사회 개혁을 추진해야 할 결정적인 시기가 도래했다. 그런데 이 순간 참여민주주의자들은 머뭇거리기 시작했다. 이 머뭇거림 이후 모든 것은 어긋나 버렸다.

참여민주주의 세력이 결정적인 순간에 머뭇거린 이유는 무엇인가? 노무현 대통령의 정치 세력은 다수의 연합 세력이라 하겠다. 그 중심에는 참여민주주의자가 있었지만, 그 오른편에는 자유민주주의자가 있었다. 그리고 그 왼편에는 진보주의자가 있었다.

이들 세력은 보수우익에 대해 투쟁한다는 점에서는 서로 합의할 수 있었다. 그리하여 연합세력으로서 노무현 대통령의 정부가 들어설 수 있었다. 그러나 이들은 개혁을 실천하는 시기에 이르자 다시 분열했다. 자유민주주의자, 참여민주주의자, 진보주의자는 서로 대립하기 시작했다.

참여민주주의에서 자유로운 합의의 주체는 시민이다. 시민이란 아무런 내용이 없는 순수한 형식적 주체일 뿐이다. 그런 점에서 참여민주주의자는 김대중 정부 시절 민족애에 기초하는 민족주의적 감성을 이해하지 못하였다. 노무현 대통령이 김대중 정부의 대북 송금을 문제 삼자 민족애를 지닌 자유민주주의자(김대중 지지자)들이 노무현에 대한 지지를 철회했다.

이어서 노무현 대통령은 신자유주의적인 국제적 압력에 굴복했다. 그는 진보주의자의 반대에도 불구하고 한미 FTA를 추진했다. 한미 FTA가

당시 적극적으로 강제되었던 것은 아니다. 노무현 대통령은 실추된 대중적인 지지를 보수와의 연합을 통해서 얻으려 했고, 이 때문에 반쯤은 자발적으로 FTA를 추진했다. 그 결과 진보주의자들이 노무현 대통령을 떠났다.

김대중 정부 이래로 더욱 확산한 신자유주의적인 국내 개혁의 결과 사회는 양극화되기 시작했다. 도시와 농촌, 정규직과 비정규직, 기성세대와 청년세대 사이의 갈등이 심화되었다. 도시와 정규직, 기성세대는 노무현의 신자유주의로부터 이득을 얻었다. 반면 노무현 대통령에 대한 농촌과 비정규직, 청년세대의 지지는 철회되었다.

결과적으로 노무현 대통령 밑에는 순수한 참여민주주의자만이 남았다. 그러나 참여주의자에게는 확고한 신념이 없었다. 그들은 본래 진리라든가 가치라는 것을 인정하지 않는다. 그들은 항상 대중의 합의만을 선택의 기준으로 삼는다. 노무현 지지 세력이 이런 저런 이유로 산산이 흩어지게 되자 이제 대중적 합의가 존재할 수 없었다. 참여민주주의자는 자신의 정치적 책임조차 방기하고 말았다. 그들은 그때마다 떨어져 나간 자유민주주의자나 진보주의자를 핑계로 삼아 자기의 무기력을 위로했다.

욕망의 절대화와 배제 전략

당시의 상황을 너무 단순화한 감이 있지만, 이상의 역사적 과정을 보면 포스트모던 자유주의가 금과옥조로 삼고 있는 합의라는 개념이 얼마나 무기력한 것인지 잘 알 수 있다. 어떤 수행해야 할 가치를 갖지 않은 채 모든 것을 합의에 맡기려 할 때 실제로 합의는 이루어지지 않으며, 오직 무기력만이 지배할 뿐이다.

나는 위에서 자유와 욕망의 충돌로 현실적으로 합의가 어렵다고 봤으며, 이 경우 일어나는 무기력에 대해 언급했다. 그런데 이런 합의가 현실적으로 불가능하게 되면 어떻게 되는가? 아메리카노 자유주의가 암시하듯이 각자 자기가 욕망하는 것을 수행하면 되는가? 커피야 각자 원하는 것을 마실 수 있으나, 사회는 모든 욕망을 받아들일 수는 없다. 사회에서는 어떤 선택이나 어떤 결단이 필요하다.

합의가 불가능해진 경우에도 포스트모던 자유주의자는 본성상 그 외에 다른 어떤 것에도 의존할 수 없다. 합의에 강박을 느끼는 이들은 합의되지 않는 상대를 배제하기 시작한다. "저 집단과는 도저히 이야기가 되지 않아!" 이런 판단이 내려지게 되면, 상대는 이성적 합의를 넘어선 존재, 비이성적 존재로 전락한다. 상대가 일단 이런 비이성적 존재로 전락하게 되면, 그런 존재에게는 더는 인권도 평화도 관용도 허용될 수가 없다. 왜냐하면, 상대는 더는 인간이 아니기 때문이다. 이런 순간이 도래하게 되면, 심지어 어떤 폭력을 사용해서라도 그들을 제거하고 싶은 충동이 출현한다.

그들은 포스트모던 자유주의자답게 충동에 충실하기로 결정한다. 아니 그들은 배제와 제거의 충동을 참을 수 없다. 지젝은 정신분석학적으로 자유주의자의 이면에 초자아가 있다고 했다. 이런 초자아는 합의되지 않는 타자에 대한 배제와 폭력을 강화하는 힘이 된다.

그렇다면 합의가 불가능하게 된 진짜 이유는 어디에 있는가? 사실 문제는 포스트모던 자유주의자가 욕망을 절대화한다는 데 있다. 그들은 욕망을 가지고 있는 존재이다. 그들의 자유는 욕망에 충실한 자유이다. 욕망을 제약하는 것은 아무 것도 없다고 보았다. 욕망을 제약하는 어떤 진리도, 어떤 가치도 인정하지 않는다. 그것이 바로 아메리카노 자유주의이다.

이렇게 욕망이 절대화되었기 때문에 사실은 합의가 불가능한 것이 아닌가? 합의가 불가능하니 배제와 폭력이 나온다. 욕망의 절대화, 아메리카노 자유주의, 그것이 곧 배제와 폭력의 출발점이다.

진보당에 대하여 포스트모던 자유주의자들이 마녀사냥과 종북몰이를 전개했을 때, 그들은 그 책임을 진보당의 종북주의에 돌렸다. 그들은 자신의 욕망에 대해서는 반성하지 않는다. 그들에게 상대의 책임은 절대화된다. 상대의 잘못을 절대화하면, 상대는 비합리적이며 대화할 수 없는 존재가 된다. 진보당 비례 경선 사태를 '피해자와 가해자가 뒤바뀐 빽소니 사건'이라고 규명한 IT전문가의 말을 빌리자면, 빽소니는 자기의 욕망을 감추고 상대의 잘못을 절대화하는 데서도 나타난다고 하겠다.

자주성과 진리

이상에서 나는 포스트모던 자유주의자들의 마녀사냥과 종북몰이를 그들의 기본 개념으로부터 설명하려 시도했다. 동시에 나는 이 책에서 그들을 비판하는 나 자신의 견해를 분명히 하려고 했다.

그러면 나 자신의 입장은 무엇인가? 나는 인간은 자주적이라는 데서부터 출발하려고 했다. 포스트모던적인 자유는 욕망을 절대화한다. 포스트모던 자유주의자는 이처럼 자신의 욕망에 종속되기 때문에 자주적이지 못하다. 자주적이라는 것은 자신의 욕망조차 넘어설 가능성을 가진 존재를 말한다. 자주적이란 어떤 외부적 내부적 강제에도 굴복하지 않고 내부적인 욕망과 충동의 힘에도 구애되지 않는 절대적인 선택의 힘을 말한다.

나는 이런 자주성에 입각하면서 사회적 합의는 진리나 가치에 의해 제약되어 있다고 말하고자 한다. 포스트모던 자유주의의 합의 개념에는 진리라는 것은 없으며, 진리와 허위는 구별될 수 없다. 진리와 허위가 구별되지 않으니 가치 있는 것과 없는 것도 구별되지 않는다. 다시 말해서 진리의 해체가 포스트모던 자유주의의 대전제이다.

진리의 해체가 강조된 이유는 근대가 진리라는 이름으로 비(非)-진리를 억압했기 때문이다. 근대는 백인과 기독교와 남성이 진리이므로 비-진리인 흑인과 비기독교와 여성을 지배하는 것은 마땅하다고 생각했다. 이 때문에 포스트모더니즘은 진리라는 개념 자체를 해체하고자 했다. 포스트모던 자유주의의 합의도 이런 진리의 해체를 전제로 한다.

그러나 진리의 해체라는 말처럼 기만적인 것은 없다. 진리나 가치가 해체된 다음 텅 빈 것만 남는 것은 아니다. 각자에게는 욕망이 있다. 결국 진리가 해체되면 욕망이 지배하게 된다. 진리가 해체되니 욕망이 절대화된다.

포스트모던 자유주의는 진리와 가치가 미리 존재하는 것이 아니므로 합의가 가능하다고 말한다. 그러나 현실은 그 반대이다. 진리와 가치가 제거되고 자기의 욕망을 절대화할 때 합의는 왜곡되거나 심지어 불가능해진다. 따라서 합의는 진리와 가치를 기초로 해야 한다. 그럴 경우에만 욕망의 지배를 막을 수 있기 때문이다.

포스트모더니즘은 진리와 가치에 대해 너무 성급하게 포기한 것이 아닐까? 객관적인 진리 그 자체에 접근하기는 어렵지만 그래도 여러 대안들이 남아 있다. 헤겔의 변증법적 진리론은 아직도 남아 있는 가능성 중의 하나이다. 진리나 가치에 대해 우리는 물론 겸허해져야 한다. 절대적 진리는 없다. 그렇다고 진리가 없는 것은 아니다. 진리의 개연성은 여전히 남아 있다. 절대적 진리가 오만한 진리라면 이런 진리는 겸허한 진리일 것이다. 변증법은 겸허한 진리, 겸허한 가치를 제시하는 이론이다. 변증법은 기본적으로 대상이든 사람이든 낯선 타자와 대화를 통해 진리에 도달하며, 낯선 타자와의 모순과 대립을 인정하고 이를 포용하는 진리론이다. 변증법은 자기 자신에 대한 끝없는 반성을 통해 진리에 이르려 한다.

마땅히 겸허하게 말해야 하겠지만 합의 이전에 진리와 가치가 있는 것이 아닌가? 사회는 신중한 합의에 기초해야 하지 않을까? 신중하다는 것은 곧 진리와 가치 판단을 고려한 합의를 말한다. 나는 이런 신중한 합의가 민주주의를 살릴 수 있는 길이라는 점을 제시하고 싶었다.

진리와 가치가 합의의 전제라 하더라도, 진리와 가치가 합의 없이 강요될 수 있다는 것은 아니다. 진리나 가치도 구성원이 받아들여서 수용하는 한에서만 진정한 의미를 지니게 된다. 자주성을 가진 구성원이 이해하고 받아들일 수 없는 진리나 가치는 추상적인 진리와 가치에 불과하며, 구체적이고 현실적인 진리나 가치는 아니다.

문제 제기가 중요하다

그러므로 나는 포스트모던 자유주의자들이 절대화한 합의는 비판하지만, 합의와 민주주의를 전적으로 거부하고자 하지 않는다. 합의를 거부한다면, 결국 플라톤적인 철인왕에 의존하지 않을 수 없다. 나는 독재체제도 거부하거니와 이처럼 철인왕의 전제도 받아들 수 없다. 왜냐하면, 인간은 자주적인 존재이기 때문이다. 인간은 자주적인 존재이므로 그 누구도 그의 선택을 막을 수 없다. 그런 점에서 합의는 절대적으로 필요하다. 다만 합의가 절대적이지 않고 진리와 가치에 의해 인도되어야만 한다는 것을 말하고자 한다.

나의 의도가 이 책에서 얼마나 잘 드러났는지는 유감스럽게도 자신할 수 없다. 나는 그저 '어째서'라는 물음으로 시작한 나의 글을 독자들이 하나의 문제제기로 받아들여 주기를 기대할 뿐이다. 나의 답은 중요하지 않다. 나는 내가 문제를 제기했다는 것으로 만족한다. 그것은 '포스트모던 자유주의가 왜 타자를 배제하는 폭력주의로 전락하게 되었는가?'하는 문제이다. 독자들이 이 글을 마지막까지 읽어준다면 고마울 뿐이며, 어떤 비판이라도 감수하겠다.

진리와 가치, 진보와 이상이 무시당하는 신자유주의 사회에서 나의 철학적이고 모험적인 글을 책으로 내겠다는 '무모한' 결정을 내린 도서출판 말의 최진섭 대표에게 고마움을 표하면서 이 글을 마친다.

2014년 7월

동아대 명예교수 이 병 창

1장 문제는 친노다

- 친노란 무엇인가?
- 목적과 수단의 전도, 권력을 위해 유보된 혁명
- 첫 번째는 비극으로, 두 번째는 희극으로
- 변화된 역사적 현실과 야권연대
- 비판적 지지가 아닌 연합전선 세워야
- 안철수가 단일후보였다면?
- 중도의 자리 선점한 자가 선거에서 승리
- 안철수의 눈물
- 공정성과 승리의 기준이 대립한다면?
- 보수정당 비판적 지지는 그만두자

문제는 친노다

친노란 무엇인가?

단도직입적으로 말하자. 여러 말이 많지만, 따지고 보면 패배의 결정적인 원인은 친노이다. 정확하게 말한다면, 친노 지도적인 지식인들(정치인, 학자, 언론인 등)이다. 친노 대중들에게 정치적 책임을 묻는다는 것은 난센스일 것이니 처음부터 그들은 빼놓고 말하자.(필자 주 : 이 글은 18대 대선 패배 직후 쓴 글이다. 시기적으로 많이 지났지만 근본적인 뜻이 친노 비판에 있는 것이 아니라 진보정당 강화론에 있다는 점에서 다시 읽어도 무방하리라 생각한다).

패배의 원인이 친노에 있다는 사실은 친노도 알고 있을 것이다. 물론 이를 친노 스스로 고백한 일은 없다. 그러나 생각해 보자. 대선 이후 일부 대표적인 친노들이 발 빠르게 책임을 전가하기 위해 노력했다. 통합진보당 후보 이정희를 비난하더니, 무소속 안철수 후보가 단일화를 망쳤다는 비난도 들린다. 심지어 17대 대선에 비한다면 선전했다는 궤변도 들린다. 몇몇 친노 언론을 통해 확산되는 이런 책임 전가가 친노의 무의식적인 죄의식이 아니라면 무엇이란 말인가?

절망적인 것은 무의식적인 죄의식에도 불구하고 친노는 스스로 무엇을 잘못했는지를 이해하지조차 못한다.

지금 친노는 혹 이렇게 생각할지 모르겠다. 우리가 정치적 차원에서 부패했다는 말인가? 우리가 정치적 차원에서 무능했다는 말인가? 그건 아니다. 나는 친노를 잘 안다. 내가 알고 지내는 주변 사람 대부분이 친노다. 나 역시 노무현 대통령 말기까지만 해도 누구 못지않은 친노였으니, 친노가 다른 정파에 비해 부패하거나 무능하지 않다는 것쯤은 잘 안다.

그들은 인간적으로 본다면 매력적인 인물이기도 하다. 문재인 후보를 생각해 보라. 문재인 후보를 옹립한 친노들이 문재인 후보를 어느 정도 닮지 않았다면, 그게 이상한 말일 것이다.

부패도 아니고 무능도 아니고 인격적으로도 뛰어나다면, "도대체 왜 우리에게 책임을 물으려 하는가?"라고 친노는 항의할 것이다. 좋다. 그러면 내가 말하겠다. 우선 누가 친노인지를 말해야 한다.

친노를 단순히 노무현 옹립세력이라고 말한다면, 문자적인 의미에서는 틀린 말은 아니다. 그러나 친노란 실질적으로는 그 이상의 의미를 지닌다.

'87년 체제'라는 말이 있다. 그것은 정치적으로 대통령 직선제를 비롯한 여러 가지 제도들을 총괄하는 말이다. 87년 체제의 근간 중의 하나로, 어쩌면 가장 중요한 개념이 바로 '비판적 지지'라는 개념이다.

87년 처음 등장할 당시에 비판적 지지는 진보적인 지식인의 김대중 지지 입장을 지칭했다. 그러나 이때만 해도 비판적 지지자(속칭 비지)는 일부였다. 어찌 보면, 대부분의 비판적 지지자는 김대중에 대해서 어정

쩡한 태도를 취했다. 그들은 현실적으로 김대중을 지지하더라도, 내심 김대중이라는 인물에 대해 저항감을 지니고 있었다. 그것은 김대중의 정치적 입장이 한참 보수적이었다는 한계 때문이었다. 김대중이 지니는 현실적인 제도권 정치인의 모습도 그런 저항감을 야기했다.

그런데 16대 대선에서 노무현이 등장하자 비판적 지지라는 입장은 대다수 지식인을 사로잡았다. 그것은 노무현 후보의 투쟁 경력이나 김대중 후보 보다 한 걸음 더 진보적인 정치적 입장 때문이었다. 또한 노무현 후보가 지닌 서민적 매력, 솔직하고 격정적인 연설, 부패하지 않은 참신한 모습 등이 비판적 지지의 확산에 기여했다.

노무현 등장 이후에는 굳이 비판적 지지라는 말조차 필요 없었다. 비판적 지지자 대부분은 노무현과 자기를 동일화했으니, 노무현 정권의 보수화라든가 몇 가지 현실적인 타락은 정치적인 현실상 불가피하게 일어난 현상으로 간주되었다. 이렇게 해서 비판적 지지자가 아닌 '친노'라는 이름의 지식인이 출현했다.

비판적 지지가 이렇게 친노로 변화하면서 비판적 지지와 친노 사이에는 상당한 차이가 발생했다. 그 차이를 규명하는 것은 현재 친노의 실패를 규정하는 데 중요한 의미를 지닌다.

비판적 지지란 한마디로 보수 야당과 진보적 지식인의 연합을 의미한다. 이때 연합은 대등한 관계는 아니다. 전자는 당적 기반을 지니고 후자는 개인적인 자격으로 참가한다. 이론적으로는 보수 야당을 견인하는 것 또는 소위 '레닌적 참여'란 것이었지만, 실제로는 보수 야당이 자신에게 부족한 인물을 동원하는 것, 다시 말해서 보수 야당의 세력 확장에 불과했다.

그에 반해 친노는 중도 야당과 진보적 지식인의 결합인데, 그 결합은 진보적 지식인 쪽에서 더 적극적이었다. 진보적 지식인은 단순히 중도 야당을 견인하는 정도가 아니라, 중도 야당 장악을 목표로 했다. 그 결과 정권의 주요 포스트가 비판적 지지자, 즉 친노의 손에 들어왔다. 인물로만 본다면, 정권은 이미 진보의 손에 있었다고 해도 과언은 아니었다. 그러나 실제로 노무현 정권이 추진하고 실행한 정책들을 본다면, 이것은 김대중 정부와 크게 다르지 않은 보수적 정책이었다. 심지어 통일에 관해서는 김대중 정부보다도 한참 뒤떨어진 입장을 보여주었다. 부동산 정책의 실패는 (종합부동산 세금으로 아무리 위장했다고 하더라도) 명백히 반진보적인 태도를 노골적으로 드러냈다. 친노는 중도야당과 진보적 지식인이 결합한 것이다. 대통령과 정부가 진보적이었는데, 정책은 중도적이라는 이상한 체제가 바로 친노라는 체제이다.

비판적 지지와 친노의 차이를 내란 중인 자기 나라를 떠나 이웃 나라에 망명하여 임시수용소에 사는 사람들의 삶에 비유해 보자. 이들의 태도는 두 가지이다. 하나는 아무렇게나 천막을 친다. "곧 돌아갈 텐데." 라고 하면서 말이다. 다른 하나는 견고하게 집을 세운다. 임시수용소이지만 앞으로 죽을 때까지 살아야 할 곳이니까 말이다. 그러나 어느 편이든 임시수용소에 살고 있는 것은 동일하다.

마찬가지로 비판적 지지나 친노는 중도 야당에 의존하는 것은 동일하다. 비판적 지지는 세력 관계 상 중도 야당에 종속되었다. 친노는 그 스스로 권력의 주역이었지만 정책적으로는 중도 야당에 매달린 존재가 되었다.

목적과 수단의 전도, 권력을 위해 유보된 혁명

친노가 노무현 정권의 주역이었다고 말할 수 있을까? 단순하게 보자면 노무현 정권은 친노와 민주당의 대립 속에 있었다. 그런데 양자의 우열은 변화했다. 노무현 정권의 초기에 친노와 민주당 사이의 관계에서 보면, 친노의 주도권은 극히 미약했으니 친노가 주역이었다고 말하기 어렵다. 그러나 노무현 탄핵 이후(열린 우리당 시절 그리고 약간의 부침이 있지만 현재 민주당까지를 보면) 친노가 당내 권력을 장악했으므로 주역이었다고 말해도 될 것 같다.

앞에서 말했듯이 이렇게 당의 주역을 친노가 장악했음에도 불구하고 당의 정책은 중도 야당의 정책이었다. 진보적 지식인들이 주역이 되었으면서도 정책은 이렇게 중도적이라는 것을 어떻게 이해해야 할까? 진보적 지식인, 즉 친노가 기만적이었다는 말인가? 그렇게 보는 정치 비평가도 있다. 그러나 나는 그렇게 보고 싶지 않다.

내 생각에는 친노가 중도 야당 쪽에 끌려 다녔다고 본다. 친노는 주역이었지만 자신을 억제했다. 왜냐하면, 중도 야당 지지 세력의 존재가 자신의 정치적인 목숨을 장악하고 있기 때문이다. 조금만 참으면 되겠지, 참자, 또 참자 하다가 결국 모든 것을 잃어버린 경우이다. 노무현 사후에 사람들은 이렇게 말했다. 어차피 그렇게 될 바에야, 속 시원하게 해보다가 죽었더라면 한이라도 없지! 이 말이 무엇을 의미하는가? 사람들이 오죽 답답했으면 그렇게 말하는 것일까?

이런 것을 구조적 종속이라 말 할 수도 있다. 미국의 흑인 대통령 오바마가 흑인을 위한 정책을 결코 펼치지 않는 것과 같다고 하겠다. 그 이유가 구조 탓만은 아닐 것 같다. 나는 여기서 수단과 목적이 전도되는 현상을 발견한다.

모든 혁명이 이렇게 전도되는 경향이 있다. 원래 권력은 혁명을 위한 수단이었다. 그런데 실천 과정에서 권력을 위해 혁명은 유보된다. 친노 역시 권력과 혁명의 이런 전도를 벗어나지 못했다. 여기서부터 친노의 정치적 타락이 시작된다. 오해하지 말자. 이런 타락은 부패와 권력 남용 등을 의미하는 것이 아니다. 타락이란 곧 전도를 말한다.

이제 거의 모든 친노는 진보의 입장을 불가능한 유토피아라고 생각한다. 김대중 시절 비판적 지지자는 자신의 노선이 일시적이며, 진보적 입장으로 되돌아갈 거라고 자신을 위로했다. 물론 이는 자기기만에 불과했고, 그들은 결코 되돌아간 적이 없다. 그런데 친노는 아예 되돌아간다는 생각조차 버리고 말았다. 친노는 진보의 입장을 노골적으로 버리지는 못한다. 친노는 진보의 입장을 유토피아의 지위로 상승시켰다. 친노에게 진보는 숭고한 이상, 즉 접근할 수 없는 대상이다. 라캉 식으로 말하자면, 진보는 '궁정적 사랑'(중세 기사들의 여왕 숭배)의 대상이 된 것이다.

첫 번째는 비극으로, 두 번째는 희극으로

비판적 지지는 비극적으로 파산했다. 역사적으로 본다면 비판적 지지는 나름대로 의의가 있었다. 87년 민주화와 김대중·노무현 민주정부가 그 소산이다. 그러나 이제 더는 비판적 지지가 지속할 수 없음이 분명했다. 87년 체제는 전환해야 했다.

“

노무현 대통령 퇴임 이후 친노는
대선 패배의 정치적 책임을 지고 정치일선에서 물러났다.
그런데 노무현 대통령이 자살하자
국민적 동정을 바탕으로 친노가 다시 부활했다.
아무 반성도 없이, 비판적 지지라는 파산된 노선으로 친노가 돌아왔다.
이렇게 하여 비판적 지지라는 역사적 비극이
역사적 희극으로 전환했다.

”

노무현 대통령 퇴임 이후 친노는 대선 패배의 정치적 책임을 지고 정치일선에서 물러났다. 그런데 노무현 대통령이 자살하자 국민적 동정을 바탕으로 친노가 다시 부활했다. 아무 반성도 없이, 비판적 지지라는 파산된 노선으로 친노가 돌아왔다. 이렇게 하여 비판적 지지라는 역사적 비극이 역사적 희극으로 전환했다.

사기꾼이 도박자를 파멸시키는 방법은 간단하다. 도박자는 몇 번 패배 끝에 상당한 성공을 거둔다. 도박자는 그 성공에서 느꼈던 쾌감을 영원히 잊지 못한다. 상당한 승리 이후, 그때부터 그에게 열린 것은 파멸의 길이다.

마찬가지이다. 역사에서도 승리야말로 패배의 원인이다. 비판적 지지는 두 번의 역사적 성공을 거두었다. 특히 노무현의 성공은 감동적이었다. 그러므로 친노는 이번 선거에서 다시 한 번 비판적 지지라는 전략을 세웠다. 검증된 성공의 전략이었으니 이번에도 성공하리라 믿었을 것이다.

단, 비판적 지지에는 전략상 한계가 있다. 중도 야당이 진보적 지식인을 끌어들인다면, 정책은 적어도 명분상으로는 좌 클릭을 하게 된다. 어떤 정책의 경우는 실질적으로 진보적으로 변화하기도 했다. 그 결과 전체적인 이미지에 있어서는 중도보다 진보 쪽으로 좌클릭을 한다.

이제 전통적인 중도 야당의 지지자들이 자리하고 있는 중도의 자리가 비게 되고, 중도 후보가 성장하게 된다. 그러기에 15대, 16대 모두 문국현 같은 중도 후보가 등장했다. 이번에도 역시 안철수 후보가 그 자리를 차지했다.

이렇게 중도 후보가 등장하더라도 여기에 적합한 전략이 있었다. 바로 단일화이다. 그러므로 매번 단일화가 반복된다. 이렇게 반복되는 단일화는 87년 체제의 근본적인 전략인 비판적 지지에 원인이 있다.

그러나 이번에는 안철수 후보와의 단일화에도 불구하고 정권을 획득하는 데 실패했다. 그것은 무슨 이유 때문인가? 친노는 두 번의 성공이 가능했던 역사적 현실 자체가 이미 지났음을 간과했다.

이미 역사적 현실은 변화했는데 과거의 전략에 집착하는 친노의 모습이야 말로 파멸을 모르고 과거의 쾌락을 되찾으려 하는 도박꾼의 모습과 무엇이 다르겠는가? 좋게 말해도 그것은 역사적 향수에 불과했다. 그러면 역사적 현실이 어떻게 변화했다는 말인가?

친노에게 책임이 있다고 했는데, 이제 더 분명하게 말하자면 비판적 지지라는 전략에 책임이 있다고 해야 하겠다. 그러니 친노의 책임이라 해도 친노에게 개인적인 책임을 묻는 것이 아니라는 점을 다시 한 번 밝혀둔다.

비판적 지지라는 전략 자체는 87년 민주화, 김대중 정부, 노무현 정부를 실현하는 데 성공적이었다. 그러니 전략 자체가 잘못이라는 것은 결코 아니다. 다만 이제 비판적 지지라는 전략의 토대가 되는 역사적 현실이 지나가 버렸음에도 불구하고 그런 전략에 고착된 것이 문제라는 것이다.

변화된 역사적 현실과 야권연대

역사적 현실의 변화를 상세하게 규명하는 것은 이 글의 한계를 넘는다. 그것은 나의 능력으로 감당할 수 없는 일이다. 여기서는 비판적 지지라는 전략과 관련해서 간단하게 살펴보자.

비판적 지지는 한 정당 안에 중도와 진보를 아우르려는 전략이다. 중도와 진보가 서로 어울리는 것은 단순한 야합은 결코 아니다. 그럴만한 역사적 현실이 토대가 되었기 때문이다. 그런 토대 위에서 중산층과 민중 세력이 공통의 이해를 추구했다. 비록 연합이 제시하는 정책에 대해 중산층과 민중이 모두 만족할 수는 없었지만, 중산층이나 민중이 결사반대하는 정책은 없었다. 그러기에 약간의 불협화음에도 불구하고 서로 몸을 기대어서 공동으로 싸울 수 있었다.

IMF 이후 신자유주의 경제정책으로 사회의 양극화가 일어났다. 이런 양극화 가운데 중산층과 민중의 이해도 서로 대립했다. 그런 대립이 심각하다는 것은 이제 누구나 느낄 수 있다.

중산층은 민중이 요구하는 어떤 정책은 결코 받아들이지 못한다. 반면 민중은 중산층이 요구하는 정책은 결코 수용하지 못한다. 예를 들어, 부동산정책을 보자. 중산층은 집값이 상승하는 것은 아니더라도 적어도 현상 유지를 바란다. 그러나 민중은 집값이 지금보다 더 떨어지도록 부동산 정책을 조정하기 바란다.

이런 중산층과 민중의 대립 속에서 비판적 지지를 통해 구성된 민주당은 이쪽저쪽에서 한계에 직면했다. 민주당이 진보 쪽으로 좌 클릭하면 중산층이 떨어져 나갔다. 민주당이 보수 쪽으로 우클릭 하면 이번에는 진보층이 떨어져 나갔다. 노무현 정부 이후 민주당이 우왕좌왕하는 사이에 중산층도 진보도 모두 떨어져 나갔다. 그 결과 이번 대선이 시작되기 전에 민주당의 지지 세력은 거의 15~20 퍼센트 정도로 위축되어 있었다.

이렇게 역사적 토대가 변화했으므로 두 집안, 즉 중산층을 기반으로 하는 보수 야당과 민중을 지반으로 하는 진보적 지식인이 한 개의 정당 안에 있기 힘들다는 것은 분명하다. 이렇게 역사적 토대가 변화했다면, 두 개의 정당을 조직해야 했다. 중산층의 자유주의적 정당과 민중의 진보정당이다. 그런 다음에 두 개의 정당이 공동으로 연합전선을 세우는 것이 적절한 전략이라 하겠다. 역사는 이런 경우를 위하여 인민전선이라는 개념을 이미 마련해 두었다. 우리 식으로 말하자면 야권 연대이다.

어떤 사람들은 "비판적 지지도 연합이고 연합전선도 연합인데, 뭐가 다르냐?"라고 물을 것이다. 그런데 양자를 결코 혼동해서는 안 된다. 전자에서 진보적 지식인들은 당적인 기반이 없다. 반면 후자에서 진보는 당적 토대를 갖는다. 이 양자가 현실적으로 얼마나 차이를 갖는가 하는 것은 정치 현실에 참여한 친노라면 더욱 절절하게 느낄 것이다.

결국, 비판적 지지라는 전략에 도취해 있던 친노는 여전히 한 개의 정당 안에 두 세력을 묶으려는 시도를 하였다. 그런 시도 끝에 통합을 강조한 '통합민주당'을 세웠다. 이것이 바로 친노가 벌인 역사적 희극의 출발점이었다.

비판적 지지가 아닌 연합전선 세워야

역사적 현실이 변화했다는 것은 사회경제학적 분석이 필요한 문제지만, 거꾸로 정치적 현실을 통해서 충분하게 짐작할 수 있다.

생각해 보자. 이번 대선에서 안철수가 끝내 민주당에 들어오지 않았던 이유는 무엇인가? (2014년 지방 선거를 계기로 안철수는 민주당으로 입당했다. 그러나 그것은 개인적인 입당이다. 그를 지지하는 대부분의 중도 세력은 당 밖에 머물렀다. 결과적으로 안철수는 개인적으로는 정치적 위상을 높일 수 있었으나 중도 세력을 묶는다는 안철수의 정치적 실험은 이미 종료했다고 보아야 할 것이다.) 그것은 안철수를 지지하는 중산층이 민주당이 너무 왼쪽으로 좌 클릭했다고 생각하기 때문이 아닌가? 결국, 단일화에도 불구하고 안철수 지지세력 약 25퍼센트는 박근혜 쪽으로 넘어가고 말았다. 아마 이들의 대부분이 그 말 많은 50대가 아닐까?

거꾸로 왜 친노는 끝내 안철수를 단일 후보로 받아들일 수 없었는가? 여론조사는 안철수가 단일후보 된다면 승리할 수 있다는 희망을 명백히 보여주지 않았던가? 여러 핑곗거리가 있었지만, 결국 친노 진보 세력이 볼 때 안철수는 자신이 받아들일 수 있는 한계 너머에 있다는 생각 때문이 아닌가?

이렇게 대선 선거 중에 이미 두 세력은 더는 단일 정당에 묶여 있을 수 없을 정도로 대립한다는 것이 분명해졌다. 이것은 그 토대가 되는 사회경제적인 차원에서 중산층과 민중의 이해가 대립하기 때문이라고 생각할 수 밖에 없다.

이런 두 세력의 분화는 이미 오래전부터 시작됐으며, 이에 대한 적절한 전략은 이미 국민이 제시해 주었다. 그것이 바로 2012년 4·11 총선의 결과이다. 지난 총선에서 민주당에서는 아직 친노가 분명하게 드러나지 않았다. 당시 민주당은 전반적으로 우클릭의 관성 아래 있었다. 그 결과 민중 세력의 지지가 약화되었으며, 민중 세력은 통합진보당에서 새롭게 자신의 대변자를 발견하였다. 민중의 의지는 이제 민주당을 넘어서기 시작했다. 이런 상황을 반영해 총선은 민주당과 통합진보당의 당 대당의 연대, 즉 연합전선 또는 야권 연대의 전략으로 수행되었다.

그 결과는 어떠했나? 민주당은 기대만큼은 아니지만, 명백히 앞선 총선보다는 승리했다. 통합진보당은 자축할 만큼 상당한 승리를 거두었다. 전체적으로 본다면 야권 연대의 승리였다. 만일 총선과 같은 분포가 대선에서 유지된다면 충분히 승리할 수 있다고 사람들은 기대했다. 총선의 결과는 민주당이 중도의 위치로 이동하고, 좌익의 빈자리를 통합진보당이 차지하라는 국민의 명령이라 하겠다.

안철수가 단일후보였다면?

그러나 친노는 국민의 명령을 오해했다. 친노는 통합진보당의 승리에 현혹되어(아니면 배가 아팠을까?) 국민의 명령을 전반적인 좌클릭으로 해석했다. 그 결과 민주당을 좌클릭해 통합진보당의 자리를 빼앗자는 전략을 세웠다.

그것이 바로 친노의 등장이었다. 친노가 전면에 등장하면서, 민주당을 비판적 지지의 노선에 따라서 재구성하였다.

이것은 나쁘게 해석하면 친노의 욕심이었고, 좋게 보아도 시대착오적인 전략이었다. 친노의 전면 등장에도 불구하고 여론은 악화되었다. 왜냐하면, 현실적 토대의 분화에도 불구하고 친노를 억지로 뭉쳐 놓았기에 민주당에 포섭될 수 없는 좌·우 양측의 한계가 발생했기 때문이었다. 통합민주당은 역설적이게도 반통합민주당이 된 것이다. 악화한 여론 때문에 친노가 오히려 위기의식에 사로잡혔다.

"

2012년 대선에서 야권 후보들만 본다면
안철수 · 문재인 · 이정희의 관계 속에서 문재인은 중도의 자리를 차지한다.
그런데 전체를 놓고 본다면
(이명박) · 박근혜 · 안철수 · 문재인 · (이정희)의 관계에서 문재인은 좌파다.
이런 구도에서 승자의 자리가
안철수 자리라는 것은 너무나도 분명하다.

"

그런데 이런 친노를 구해준 사건이 발생했다. 그것이 바로 통합진보당 사태였다. 엄밀하게 말한다면, 통합진보당 사태는 진보당이 아니라 오히려 민주당이 함정에 빠지는 사건이었다. 그게 바로 보수 우익의 작전이었다.

마케팅에 관해 잘 모르지만, 포지션이 제일 중요하다는 이야기는 들었다. 마찬가지로 정치도 일종의 마케팅이라 본다면, 제일 중요한 것이 포지션일 것이다. 포지션이란 상대적이다. 객관적 본질에서 중도라는 입장은 없다. 타자와 비교하여 내가 중도가 되는 것이다.

2012년 대선에서 야권 후보들만 본다면 안철수·문재인·이정희의 관계 속에서 문재인은 중도의 자리를 차지한다. 그런데 전체를 놓고 본다면 (이명박)·박근혜·안철수·문재인·(이정희)의 관계에서 문재인은 좌파다.

이런 구도에서 승자의 자리가 안철수 자리라는 것은 너무나도 분명하다. 내가 말하는 것은 안철수라는 자리이지, 어떤 개인 안철수가 아니다. 그러므로 대선에서 문재인이 승리하기 위해서는 안철수라는 자리에 문재인이 들어서야 했다.

그런데 이런 포지션의 원리를 선거기획에서 날고 긴다는 민주당 및 친노의 전략가, 정치구단들이 몰랐을 리 없다. 그럼에도 불구하고 그들은 자기도 모르는 사이에 이정희가 들어설 자리에 들어섰고, 그 결과 안철수를 불러냈다. 결국, 문재인은 안철수 왼쪽에 서게 되었으니 통탄해야 할 일은 바로 이 포지션의 실패이다.

이런 포지션의 실패를 역사적 과정을 통해서 다시 복기해 보자. 그 출발점은 총선 이후 민주당의 좌 클릭이다. 민주당이 좌 클릭을 한 것은 무슨 이유인가? 그것은 앞에서 말했듯이 대선에서 통합진보당이 일으킨

바람 때문이었다. 그 바람은 사실 당시까지만 해도 중도였던 민주당이 지닌 한계 때문에 일어났다. 즉 민주당을 지지하던 급진민주주의자들의 지지표가 통합진보당 지지로 이동해 버렸다. 그런데 친노는 이 바람을 국민 전체의 좌경화로 이해하면서 드디어 자신의 기회가 왔다고 판단했다. 그 결과 선거 이후 민주당에서 친노가 전면적으로 등장해 당내 중도파를 제치고 좌 클릭을 단행했다.

그러나 그 자리에 이미 통합진보당이 들어섰으니 민주당이 좌 클릭하려면 통합진보당을 그 자리에서 쫓아내야 했다. 그런데 민주당의 친노에게 기회가 나타났다. 통합진보당에 내분이 발생한 것이다. 민주당은 진보당의 내분을 즐겼다. 그 결과 진보의 위치에 빈자리가 생겨났고, 민주당은 재빠르게 이를 차지했다.

그런데 이렇게 민주당이 좌 클릭 하게 되자 이번에는 다른 쪽에서 문제가 생겼다. 현실적인 토대에서 중산층과 민중 사이에 틈이 벌어 질대로 벌어졌는데, 민주당이 좌 클릭하니 중도의 자리가 더욱 크게 비게 된다. 이런 비어 있는 중도의 자리를 채운 것은 바로 안철수였다.

안철수가 스스로 나왔던가? 나는 그렇게 생각하지 않는다. 안철수는 대학교수로 머무르려고 했고, 그를 불러낸 것은 문재인과 친노였다. 개인적인 의도가 아니라 객관적 구조상 그렇게 되었다는 말이다.

그러면 민주당의 친노 세력에게 기회를 마련해 주고, 결국은 대선에서 친노와 민주당을 함정에 빠지게 만든 통합 진보당 사건은 친노 자신이 계획한 것인가? 나는 아니라고 생각한다. 친노는 다만 종속적인 주체에 불과하다. 이 모든 게임을 신의 위치에서 계획한 절대적 주체가 있다면 그것은 누구이겠는가?

통합진보당을 누가 파괴했는가? 범죄가 발생했을 때 그것을 통해 이익을 얻은 자를 최우선적으로 범죄의 용의자로 보는 것이 합리적 판단이다. 마찬가지로 정치적 사건의 원인을 이해하기 위해서는 그 사건으로 누가 이익을 얻었는지를 보라고 한다. 이런 합리적 판단에 따르자면, 통합진보당을 파괴한 최우선적인 용의자는 틀림없이 보수 우익이다.

중도의 자리 선점한 자가 선거에서 승리

박근혜가 선거에서 승리하기 위해서는 중도의 자리로 밀고 들어와야 했다. 이명박이 선거에서 승리한 것도 그가 중도의 자리를 선점할 수 있었기 때문이다. 그것을 알고 있는 박근혜, 이미 보수의 지지를 굳혀 놓은 박근혜는 이번에 중도의 자리로 밀고 들어가기로 했다. 그런데 당을 아무리 빨간색으로 치장하고 이름을 바꾸더라도 그 자리는 민주당이 차지하고 있었으니, 민주당을 밀어내지 않으면 그 자리에 들어설 수가 없다. 그래서 민주당이 좌클릭할 수 있도록 해야 했다. 그 함정을 파기 위해서는 그에 앞서 통합진보당을 좌파의 자리에서 몰아내야 했다. 통합진보당을 파괴함으로써 최대의 이익을 얻은 자는 박근혜이니, 박근혜가 바로 통합진보당을 파괴하고 민주당과 친노를 함정에 빠뜨린 절대적 주체이다.

문제는 민주당과 친노가 아직도 자신이 함정에 빠진 사실을 깨닫지 못했다는 것이다. 진보당을 파괴한 유시민이야 적의 간교한 술책에 놀아났으니 말할 것도 없다. 그러나 소위 동지라는 관계에 있었던 친노가 통합진보당 사태에서 조중동과 같은 대열에 섰다는 것은 도저히 이해할 수 없는 일이다. 진중권, 조국, 공지영 등 친노 지식인의 당시 행태를 보라. 박지원, 이해찬 등 친노 정치인의 발언을 보라. 〈한겨레〉, 〈경향〉, 〈프레시안〉 등 친노 언론의 무책임한 보도를 보라. 그게 동지가 동지에게 할 말이었던가? 적어도 침묵만이라도 지킬 수 없었을까? 통합진보당이 제대로 길을 찾을 수 있도록 기다릴 수는 없었던 것인가?

어떻든 좋다. 정치란 비정한 것이니. 그러나 동지를 쳐서 친노가 얻은 것이 무엇이었던가? 결국, 스스로 적의 함정에 빠진 것 아니었던가? 참으로 역사의 아이러니는 생각할수록 기가 막힌 일이다.

친노는 나의 친구들이었고 앞으로도 그럴 것이다. 비록 이번 선거에서 그들이 시대착오적인 전략을 취했지만, 그들은 아직은 젊고 양심적이니 다시 정치적으로 재기할 것을 믿어 의심하지 않는다. 그들은 곧 시대에 부합하는 새로운 전략으로 다시 돌아올 것이고, 멀지 않아 승리를 얻을 수 있을 것이다. 나는 믿는다. 그러나 한 가지만은 분명하게 하자. 자신의 자멸적인 어리석음에 대한 반성의 표시로서 동지인 통합진보당에 범한 잘못은 사과해야 한다. 그래야만 친노 역시 이번에 범한 어리석음에 대해 용서를 얻을 수 있을 것이라 믿는다.

안철수의 눈물

포지션으로 본다면 안철수의 자리가 승리의 자리였다. 실제로 대선 기간 내내 거의 모든 여론조사에서 안철수가 단일후보가 된다면 박근혜를 이길 수 있다고 했다. 그러면 당연히 안철수가 야권 단일후보가 되었어야 하는 것이 아닌가?

단일화 경선 규칙으로 안철수가 주장했던 것이 바로 이것이다. 이길 수 있는 후보로 단일화하자는 것이다. 경선 규칙이란 거기에 짜 맞추어 제안되었다. 그런데 안철수의 제안은 친노에 의해 거부되었다. 그 이유는 간단하다. 그런 규칙으로는 공정한 게임이 되지 않는다는 것이다. 갑자기 친노 언론에서 안철수는 불공정 선수가 되어 버렸다. 그에 대한 여론은 악화되었고, 결국 그는 자진 사퇴를 택했다.

문재인이 후보가 된 것은 공정한 것이었는지는 모른다. 그런데 그가 후보가 된다면 패배한다는 여론조사의 결과는 거의 오차 없이 그대로 실현되었다. 그렇다면 공정성과 승리의 기준이 어떻게 이렇게 배치될 수 있는가? 공정성과 승리의 기준이 대립한다면, 우리는 무엇을 선택해야 하는가?

공정성과 승리의 기준이 대립한다면?

이 문제를 철학적인 논의로 끌고 나갈 수도 있다. 공정성은 절차의 문제이다. 승리란 결과를 문제 삼는다. 전자는 절차적 정의론자의 주장이다. 후자는 결과적 정의론자의 주장이다. 이에 대해 진지한 철학적 논의가 필요하겠지만, 대체로 전자가 옹호되는 경우도 있고 후자가 옹호되는 경우도 있다는 식으로 절충해 놓기로 하자. 목적의 선택이 문제라면 전자가 옹호된다. 반면 수단의 선택이 문제가 되면 후자가 옹호될 것이다.

생각해보자. 우리가 안철수와 문재인 두 사람 중에서 대통령을 선택해야 하는 문제라면 절차적 공정성이 결정적으로 중요하다. 이런 선택은 최종적인 목적의 차원에서 일어나는 것이다. 그런데 단일화 경선의 경우는 두 사람 가운데 누구를 선택해야 박근혜라는 상대와 싸워 이길 수 있는가 하는 문제이다. 이것은 목적을 위한 수단을 선택하는 문제이며, 이런 수단의 선택은 합목적성에 비추어 선택되어야 마땅하다. 공정성이란 여기서 합목적성에 종속하지 않을 수 없다.

결국, 나의 철학적인 판단으로 볼 때 승리를 기준으로 삼아야 한다는 안철수의 주장이 오히려 합리적인 주장이었다. 나의 철학적 판단을 믿지는 않더라도 안철수의 주장이 적어도 그렇게 불합리하지 않다는 점은 동의할 수 있을 것이다. 그러므로 안철수의 주장에 대해서 지식인과 언론은 객관적으로 충분한 논의를 했어야 한다.

그러나 문제는, 정말 문제는 당시 그 어떤 지식인도, 그리고 그 어떤 진보 언론도 객관적인 논의를 하지 않았다는 것이다. 언론을 장식하던 친노 평론가들, 예를 들어 진중권과 조국 등은 안철수에 대한 공격에 앞장섰다. 친노에 의해 장악된 진보 언론은 연일 안철수 제안의 불공정성만을 과장하여 보도했다. 이런 분위기는 어떤 지식인도 감히 안철수를 옹호하러 나갈 수 없을 정도로 일방적이었다.

결과적으로 제대로 된 논의도 없이 여론은 악화되었고, 안철수는 사퇴하지 않을 수 없었다. 사퇴를 발표하는 그의 눈에서 나는 분노의 눈물을 보았다. 분노를 참는 그의 얼굴은 긴장되었지만 아름다웠다. 그리고 나는 생각했다. 이미 대선은 패배했다고. 나중에 그가 분노를 다스리고 다시 문재인 후보를 위해 뛰기 시작했을 때 나는 그의 엄청난 인간적 도량을 보았다. 나라면 결코 그렇게 하지 못했다.

나는 그때 통합진보당을 매장하려 했던 마녀사냥이 떠올랐다. 통합진보당을 부정선거의 당으로, 종북의 당으로 몰아가던 그 무시무시한 마녀사냥이 다시 한 번 안철수를 향하여 쏟아진 것이 아니냐? 이번에는 불공정 메이커라는 낙인을 찍는 마녀사냥이다. 나는 그런 마녀사냥식의 여론에 대해 분노했다. 정말 친노가 이렇게 권력화 되었는가?

그러나 솔직히 말해서 나는 감히 나설 생각은 하지 못했다. 나는 통합진보당 사태에서는 감히 친노 언론에 저항하고자 했다. 내가 통합진보당 평당원이니까 말이다. 그러나 이번 문제에 관해서는 내가 관여할 문제가 아니었다. 나는 이정희 후보를 지지하고 있었으니까 말이다. 그러나 이렇게 말해놓고 보니 정말 부끄럽다. 사실 나 역시 마녀사냥식 여론을 두려워했던 것 같다.

대선에서 패배한 지금 다시 한 번 묻는다. 친노 지식인과 친노 언론인이 당시 과연 공정하고 객관적인 태도를 취했던가? 친노가 이미 합리적 여론 형성 자체를 불가능하게 할 정도로 권력화한 것은 아닌가?

보수정당 비판적 지지는 그만두자

이제 결론을 내릴 때다. 평소 나는 직접적인 정치 현실에 대해서는 거리를 뒀다. 정치적 현실에서 한 걸음 떨어져 철학적인 차원에서 현실 문제를 파악하는 것이 나의 직분이라고 믿어왔다. 그런 내가 2012년 통합진보당 사태에서 대선 패배에 이르기까지 몇 번에 걸쳐 당파적인 정치 평론을 써왔다.

솔직히 철학자로서는 부끄러운 일이다. 안타까운 마음에 뛰어들기는 했지만, 직분에도 맞지 않고 글의 수준도 높지 않다는 점은 스스로 잘 알고 있다. 나는 이제 다시 나의 직분이라고 할 철학적인 글쓰기로 돌아가야 한다. 앞으로 나의 취향에 맞지 않는 이런 직접적인 정치 평론을 쓰지 않게 되기를 바랄 뿐이다.

그러나 마무리를 위해서라도 몇 가지 이야기를 더 하지 않을 수 없다. 내가 글을 쓴 목적이 이제 거의 드러났겠지만, 이번에는 과거의 관점이 아닌 미래의 관점에서 정리하여 보자. 즉 "그럼 우리가 무엇을 해야 하는가?"라는 물음에 대한 답이다. 먼저 지금까지 친노를 비판했지만, 나 역시 친노였고 그런 비판에서 벗어나지 못한다는 것을 다시 한 번 말한다. 단순명료하게 말하자. 이제 보수정당(또는 중도)을 비판적으로 지지하는 일을 그만두자. 이제 민중의 바다 위에 독자적인 정당을 강화하자.

친노의 뿌리나 지금 독자정당 세력의 뿌리는 사실 같다. 그것은 민중의 바다이다. 다만 현실적인 참여의 길과 더 먼 미래를 준비하자는 길 사이의 차이에 불과했다. 현실 참여파는 비판적 지지에서 친노에 이르기까지 적지 않은 역할을 해왔다. 그런 가운데 그들의 뿌리였던 민중의 바다를 망각했다. 그러나 이제 그들 앞에 반전의 기회가 왔다. 지금이 우리 모두의 뿌리인 민중의 바다로 돌아갈 때이다.

그렇다고 중산층에 바탕을 둔 국민정당(말이 국민이지, 실은 중산층 정당)의 역할이 없다는 것은 아니다. 앞에서도 거듭 말했지만 두 개의 전선이 필요하다. 중산층과 민중이 결합된 하나의 정당, 하나의 전선이 아니라 각기 자기의 고지를 점령하기 위해 투쟁하면서 협력하는 두 정당이 필요하다는 것이다.

그런데 지금 국민정당이야 안철수가 하든 현재 민주당이 담당하든 누군가는 하게 되어 있고, 상당기간 동안 여전히 강력한 힘을 가질 것이다. 그러나 안타깝게도 또 하나의 전선을 맡을 민중의 진보정당은 지난해 철저하게 파괴되었다. 그러니 우리가 할 일은 진보정당을 강화하는 일이 아니겠는가?

많은 비판적 지지, 친노 세력은 이미 현실 정치에 참여했고, 다시 민중의 바다로 나가기는 어려울 것이다. 좋다. 자신이 이제 현실에 안주하고 싶다면, 계속 현실에 참여해서 그런 속에서나마 가능한 한 양심적이고 정력적으로 활동하기를 바란다. 그게 안철수의 신당이든 민주당이든 무엇이 되든 그런 국민정당 속에서 중심이 되기 바란다.

다시 한 번 말하지만 친노는 양심적이고 유능하므로 그런 중심이 되기에 절대 부족하지 않다. 비판적 지지 또는 친노 세력 가운데 아직도 젊었을 때 가졌던 민중의 나라에 대한 꿈을 버리지 않은 사람들도 있을 것이다. 그런 사람들에게 나는 호소하고 싶다. 정말 잘 생각했다. 우리가 원래 서려 했던 민중의 바다로 돌아가자. 그리고 민중을 바탕으로 하는 독자적인 진보정당을 강화하자. 우리가 아니라 다음 세대에 가능할지도 모를 민중의 나라를 지금부터라도 준비하자.

민중의 독자적 정당을 강화한다 하더라도 그 정당이 직접 정권교체의 주역이 되기는 아직 멀었을 것이다. 그러기에 이 길은 춥고, 배고프고, 고통스러운 길임이 틀림없다. 그러나 민중의 독자정당이 성장하여 확고한 뿌리를 내리는 것이 곧 국민정당을 통해 정권을 교체할 길이 된다. 민중의 정당이 파괴되면 국민정당이 아무리 통합에 통합을 거듭하더라도, 결국 선거에서 패배하게 됨을 이번 대선이 보여주었다.

안타깝게도 진보정당은 지난해 보수 집권 세력에 의해 철저하게 파괴되었다. 사분오열된 진보 세력의 모습은 참담하다. 그러나 아직도 남아있는 힘이 있으니 절망할 일은 아니다. 아직도 간난한 투쟁을 통해서 민중의 바다에 진보정당의 씨앗을 뿌려왔던 사람들이 있다. 우리로서는 그 사람들에게 조금이라도 도움이 되는 일을 해야 한다. 그것이 비판적 지지로부터 친노에 이르기까지, 우리가 말만 하고 결국 이루지 못한 것에 대해 우리의 죄를 갚는 유일한 길이 아닐까 싶다.

2장 자유주의 비판

정당의 자유 부정하는 자유주의자와 '헌법 안 진보'

아니나 다를까. 드디어 박근혜 정권이 통합진보당의 해산심판을 헌법재판소에 청구했다. 이미 입을 맞춘 듯 민주와 중도(민주당, 안철수) 쪽은 즉시 동일한 반응을 내놓았다. 그것은 기본적으로 차분하게 헌법재판소의 결정을 기다려 보자는 것이다. 이런 주장은 조작된 내란음모 사건이 발생하자 일부 진보(정의당, 심상정) 쪽에서 주장했던 주장과 맥을 같이 하고 있다. 그들은 진보도 헌법 질서 안에 있어야 한다고 주장했다. 이미 그때부터 해산심판 청구는 정해진 길이었다.

민주와 중도, 그리고 '헌법 안 진보'의 태도를 언뜻 보면 무척이나 차분한 대응이라서 의아하게 보인다. 그러나 이런 차분한 대응 뒤엔 악마의 발톱이 감춰져 있다. 그들의 차분한 대응에서 음흉한 냉소마저 느껴진다.

우선 생각해 보자. 과연 법이 정당의 해산을 심판할 권리를 가지는가? "무슨 말이냐?"고 반문하는 사람도 있을 것이다. 헌법재판소에 정당 해산을 심판할 권리가 부여되어 있지 않는가? 그러니 법이 심판하는 것은 너무나도 당연한 것이 아닌가? 그들은 이렇게 말할 것이다. 하지만 이는 옳지 않다. 왜 그런가?

유사한 예를 들어 보자. 법은 도덕을 심판할 수 있는가? 물론 최근까지 법은 도덕 위에 군림해 왔다. 그래서 얼마 전까지만 해도 이혼은 법적으로 금지되어 있었다. 지금도 성적 소수자에 대해서는 법적으로 많은 제약이 가해지고 있다. 그럼에도 불구하고 점차로 법이 도덕 위에 군림할 수 없다는 주장이 일반화되고 있다. 도덕은 어디까지나 법이 아니라 도덕적 판단에 맡겨야 한다는 것이다.

도덕의 자유

그렇지만 도덕이 아직까지는 법으로부터 완전한 독립을 이루지 못하고 있다. 도덕이 개인적인 차원을 넘어서 사회적인 영향을 미치고 있으므로 법적인 제약을 완전히 제거하기 어렵기 때문이다.

19세기 독일의 법 철학자 옐리네크는 법과 도덕의 관계를 간명하게 정리한 바 있다. 법은 '도덕의 최소한이며 또한 최대한'이라는 주장이다. 다시 말해서 도덕 가운데 사회적으로 영향을 미치는 최소한만을 법적으로 제약해야 한다는 것이다. 동시에 이런 최소한의 영역에서 법은 강제적인 폭력을 통해 도덕을 보호하는 만큼 법이 사용하는 수단은 도덕적 수단의 극한, 즉 최대한이라고 한다. 이와 같은 옐리네크의 주장은 법이 도덕의 영역에 관여하는 것을 극도로 자제해야 한다는 데 그 본래 뜻이 있다고 생각한다.

중요한 것은 '왜 법이 도덕의 영역에 개입하기를 자제해야 하는가?'라는 문제이다. 간단하게 말하자면, 법은 과거의 가치이다. 반면 도덕은 미래의 가치이다. 사회는 끊임없이 변화한다. 그런 변화에 따라서 그 시대의 도덕도 변화하기 마련이다. 그런데 만일 법이 도덕을 제약한다면, 과거의 가치를 가지고 미래 사회의 삶을 제약하게 된다. 따라서 새로운 사회에 맞는 새로운 도덕이 창조적으로 출현할 수 없게 된다.

쉽게 말해서 19세기 억압적인 도덕률로 오늘날 청년의 삶을 규제한다고 생각해 보라? 얼마나 답답할 것인가? 새로운 창조적 문화가 불가능하게 될 것이다. 그러므로 오늘날 도덕에 관하여 법이 개입하는 것을 배척하고, 도덕은 자유로운 선택의 영역으로 넘기는 것이 대세가 되었다. 그것이 바로 도덕의 자유이다.

정당의 다양성 막으면 민주주의 진화 어렵다

마찬가지다. 법과 정치의 관계도 법과 도덕의 관계와 동일하다. 기본적으로는 법은 정치에 관여할 수 없으며, 또한 관여해서도 안 된다.

정치는 인민의 의지를 실현하는 것이다. 그런데 인민의 의지는 사실 알기 어렵다. 그것은 끊임없이 역동적으로 변화하기 때문이다. 그래서 인민의 의지는 오직 신만이 안다고 말해진다. 필자는 김대중 선생의 "정치는 곧 생물이다."라는 말을 좋아한다. 이 말은 인민의 의지가 역동적으로 변화한다는 것을 잘 표현하고 있다. 지금까지 정치적 형식 가운데 인민의 의지를 찾아내는 데 가장 적절한 방식이 민주주의다. 대다수 대중의 선택을 통해서 인민의 의지를 추측할 수 있기 때문이다.

그러나 민주주의에는 여러 가지 한계가 많다. 그 가운데 하나가 정당의 문제이다. 민주주의에서 인민의 의지는 대중의 선택을 통해서 드러난다. 대중의 선택은 현실적인 민주주의에서는 정당에 대한 선택일 수밖에 없다. 정당이란 미리부터 인민의 의지를 일정한 방식, 즉 선험적으로 표현한다. 대중은 정당을 통해서 표현된 여러 가능성 가운데 하나를 선택한다. 만일 대중이 선택하고 싶은 것이 있어도 정당을 통해서 미리 표현된 것이 없다면, 대중은 선택할 수 없게 된다. 인민의 의지는 이런 경우 왜곡된 방식으로 출현할 수밖에 없다.

그러므로 민주주의에서 정당이란 자발적으로 생성되어야 하며, 또한 다양성을 지녀야 한다. 정당이란 좌에서 우로 펼쳐지는 다양성 속에서 자기의 의미를, 그것도 다른 정당들에 대해 상대적으로 지니게 된다. 만일 이런 자발적인 다양성이 없다면, 인민의 의지가 왜곡되고 정당조차 자신의 정체성을 상실한다. 이리 되면 민주주의 질서 자체가 위기에 빠진다. 그것은 마치 생물학적 진화론이 주장하는 것과 마찬가지이다. 진화의 경우에도 생물은 종적인 다양성을 만들어 놓는다. 이런 다양성이 있기에 환경의 새로운 변화가 있을 때, 이런 변화에 적절한 것들이 선택되면서 종의 지속성이 보장된다.

다시 말하지만, 인민의 의지가 역동적으로 변화하므로 그것에 따라서 정당도 자발적으로 새로이 출현해야 한다. 민주주의에서 정당은 다양해야 한다. 만일 이런 영역에 법이 개입한다고 생각해 보자. 이런 정당은 되고 저런 정당은 안 된다고 법이 미리 정한다고 생각해 보자. 법은 현실이므로 현실을 옹호하는 보수적 정당만 살아남게 된다. 그렇게 되면 이윽고 정당의 다양성은 사라지고, 새로운 정당의 자발적 생성은 불가능할 것이다. 만일 법이 나서서 정당을 제약한다면, 결국 인민의 의지 자체가 제대로 표현되지 못하게 될 것이니 민주주의라는 형식 자체가 그 의미를 상실하게 될 것이다.

물론 도덕의 영역은 자유이지만 사회적 영향력이 있으므로 법이 최소한의 개입을 하지 않을 수 없다. 정당도 마찬가지이다. 정당의 생성은 자유이다. 그러나 정당에 대해서도 최소한의 법적인 개입은 필요하다. 정당에 대한 법의 개입은 자칫하면 인민의 의지를 왜곡시켜 민주주의라는 질서 자체를 파괴할 수도 있다. 그렇다면 법이 정당의 자유를 얼마만큼 제약할 수 있을까?

법은 형법의 한계 내에서 정당의 자유에 개입해야

단순하게 말하면, 법은 형법의 한계 내에서만 도덕에 개입한다. 즉 도덕적 행위가 타인에게 실질적인 침해를 주었을 때만 제약하는 것이다. 마찬가지로 법은 형법의 한계 내에서만 정당의 자유에 개입할 수 있는 것이 아닐까? 다시 말하자면, 일개인의 행위가 아니고 집단적인 결정이 발생할 때 또 정당의 이념이 아니라 그것이 정당의 행동으로 나타나는 한에서만 법이 개입해야 한다는 것이다.

예를 들어, 진보당 내에서 이석기 의원을 비롯하여 지금 조작된 내란음모의 혐의를 받는 사람들을 생각해 보자. 백 번을 양보해서 그들이 앞으로 재판에서 유죄가 된다고 생각해 보자. 그렇다고 하더라도 그들은 진보당 내의 일부에 지나지 않는다. 진보당이 집단적인 결정으로 내란을 음모하지 않았다면, 진보당 자체가 그들에 대해 책임져야 할 필요는 없다.

또 예를 들어 보자. 진보당의 강령을 생각해 보자. 지금 정부가 문제 삼는 것은 '민중이 주인이 된다', '진보적 민주주의' 같은 표현이다. 유감스럽게도 이 자리에서 그 의미를 설명하기에는 시간적 여유가 없다. 필자는 이런 표현을 문제 삼는 사람의 상식을 의심한다. 정부의 주장이 정말로 억지이지만, 이런 표현이 민주주의를 부정하는 표현이라는 주장을 받아들여 보자. 그렇다 하더라도 그것은 이념의 문제일 뿐이다. 이념은 마음속에 있는 것이지 행동으로 나타나지 않은 것이다. 법은 마음속에 있는 관념에 개입해서는 안 된다.

정당의 이념은 사상과 양심의 자유가 누리는 자유를 누려야 한다. 만약 법이 이념에 제약을 가하면, 정당의 자발적 생성이란 불가능하며, 항상 현재의 현실을 옹호하는 정당만이 존재하게 될 것이다.

그러므로 정당의 해산을 헌법재판소에 신청하는 행위 자체는 지극히 제한적으로만 적용되어야 한다. 그것은 정당의 행위에 대한 형법의 판단 이후에나 비로소 가능한 신청이다. 그러므로 형법의 판단도 없이 정당 해산 심판을 청구한 것은 그런 행위 자체로 이미 반민주적인 행위다. 그럼에도 불구하고 보수와 중도, 헌법 안 진보는 차분하게 그 판단을 기다려보자고 한다. 그들의 차분함이란 냉혹한 미소이다.

붕어빵에는 붕어가 없다. 모양만 붕어이다. 마찬가지로 한국의 자유주의자들은 보수이든 중도이든, 아니면 헌법 안 진보이든 모양만 자유이다. 자유주의를 자처하는 그들은 정작 자유라는 개념은 이해하지 못한다. 그들은 정당의 자유를 부정한다.

진보당을 해체하려는 음흉한 자들은 겉으로 민주주의를 가장해서 이렇게 말한다. '민주주의를 부정하는 정당은 민주주의를 방어하기 위해서 제약되어야 한다.' 그러나 이런 주장도 어디까지나 어떤 정당이 형법적으로, 즉 집단으로 실제 행위를 통해 민주주의를 부정한다는 것이 입증되는 한에서만 타당하다.

옛날 박정희의 공화당을 생각해 보자. 박정희는 민주주의를 통해 당선된 이후 유신을 선포했다. 따라서 공화당은 미리부터 해산되었어야 했다. 현재 새누리당 역시 의심스럽기는 하지만 민주주의를 통해 정권을 잡았다. 그리고 지금 반민주주의적인 탄압을 서슴없이 실행한다. 따라서 새누리당은 위의 주장, 즉 "민주주의를 부정하는 정당은 민주주의를 방어하기 위해서 제약되어야 한다."는 주장에 따라서 해산되어야 한다.

그러나 진보당은 아니다. 진보당은 한 번도 실제 행위를 통해 당적인 차원에서 민주주의를 부정한 적이 없다. 심지어 이념상, 즉 마음으로부터도 민주주의를 부정한 적이 없다. 다만 '민주주의를 부정하는 정권에 의해' 반민주주의적인 탄압을 받고 있을 뿐이다.

교조주의자라면 이진경이 원조지

진보당을 해체하려는 음모의 대열에 드디어 이진경까지 등장했다. 나는 〈오마이뉴스〉(2013. 9. 26, '그들은 북한 정부 관점에서 정세 판단했다. 변하지 않으면 30년 뒤에도 이석기 꼴 난다')에 이진경이 등장하는 것을 보고, 사람을 골라내는 〈오마이뉴스〉의 눈에 정말로 감탄했다. 어쩌면 그렇게 운동의 변절자, 실패자, 배신자들만 모아놓았을까? 김영환, 주대환, 조승수, 김창수 그리고 이제는 이진경이라니!!

한마디만 하자. 그들이 그렇게 옳고 그렇게 잘한다면, 그들이 내세운 새로운 진보라는 것이 이미 진보당을 넘어서서 찬란하게 꽃피고 있어야 하지 않는가? 그런데 그들이 몸담은 진보세력은 왜 그 모양 그 꼴인가? 그들은 자기들이 왜 실패했는가를 반성할 생각은 없다. 진보당을 헐뜯고 파괴하면 자기들의 실패도 합리화되는 것인가?

그들이 그렇게 악담을 퍼붓고, 안 될 것이라고 장담하는 진보당은 여전히 굳건하게 대중에 뿌리박고 있기에 국정원이 온갖 조작으로 해체하려는 것이 아닌가? 그렇기에 그들이 알량한 진보주의자라는 이름으로 국정원 장단을 맞추러 〈오마이뉴스〉에 불려 나온 것이 아닌가?

나머지 사람들의 자기 합리화는 그저 연민을 불러일으킬 뿐이다. 그런데 이진경의 얘기만은 두고 볼 수가 없다. 80년대 말 운동에서 그가 범했던 엄청난 교조주의적인 과오에 대해 그는 지금까지 한 마디 반성도 한 적이 없었다. 그런 그가 이제 온갖 탄압과 고난을 겪으며 굳건하게 뿌리 내린 진보당을 또다시 음해하려 하다니! 이런 파렴치한 사람이 또 어디 있나? 그는 〈오마이뉴스〉에서 이렇게 말했다.

> 사회가 변하는 데 따라 운동도 계속 달라졌어야 하는데 그들은 전혀 달라지지 않은 상태였다.

이진경이 이렇게 말할 자격이 있을까? 과거 80년대 말, 그는 교조주의자의 전형이었다. 마르크스가 한 말을 한 자, 한 획이라도 고치는 사람은 수정주의자라고 선언했다. 그야말로 19세기 말의 마르크스 원전에 고착되었던 사람이 아닌가? 그는 20세기 초 전 세계 식민지 민족해방투쟁의 역사적 경험을 깡그리 무시했던 사람이 아닌가?

마르크스에서 들뢰즈, 가타리로 전향한 순수 교조주의자

하기야 이제 와서 그가 이런 말을 하는 이유를 모르지는 않는다. 90년대 후반에 이르러 이진경은 들뢰즈, 가타리의 프랑스 무정부주의 사상으로 전향하였다. 그렇게 해서 이진경의 '수유너머'가 탄생했다. 이런 전향과 더불어 그는 갑자기 마르크스주의를 깡그리 부정하고 만다. 자신의 말대로 사회가 변했으므로 운동도 달라져야 한다고 생각했던 것인가? 좋다. 그렇다면 과거 교조적이었던 자기 자신의 잘못을 고백했어야 하지 않을까?

그런데 내가 보기에 사실 이진경의 교조주의는 변함이 없다. 교조의 대상이 바뀌었을 뿐이다. 과거 그는 마르크스를 교조로 삼았다. 이제 그는 들뢰즈, 가타리를 교조로 삼을 뿐이다. 그에게 중요한 것은 누가 교조인가가 아니다. 그에게 중요한 것은 그가 누구이든 간에 교조가 있어야 한다는 것이다. 그는 순수 교조주의자이다. 그에게는 마치 어머니나 신처럼 교조가 필요하다.

이런 교조주의자가 다른 사람에게 구태의연하다고 말하는 이유를 모르겠다. 그런데 적어도 마르크스를 교조로 삼았을 당시 그에게는 적어도 마르크스의 원전을 문자대로 이해할 머리는 있었다. 물론 그는 마르크스를 자기의 시대에 맞추어 창조적으로 해석할 능력은 없었다. 그런데 다음과 같은 말을 보자. 그는 도대체 타인의 말을 문자대로 이해할 능력조차 상실하고 만 것이 아닌가 의심스럽다.

> 그런데 정전협정 폐기를 가지고 전쟁 상황이라고 생각한 것은 그들이 완전히 법에 얽매어 있었다는 것을 보여준다. 그것은 어떻게 보면 정부 관료들의 사고방식과 같다.

진보당 안에는 지난 3월 위기 상황을 정전협정 폐기 때문이라고 보았던 사람은 아무도 없다. 정전협정 폐기란 3월 북미 간의 전쟁 위기의 산물이지 위기의 원인은 아니다. 그런데 이진경은 진보당이 그렇게 생각했다고 믿는다. 그는 자기가 그렇게 믿기 때문에 진보당도 그렇게 믿을 거라고 생각하는 모양이다. 타인을 이해하는 것에 대한 그의 무능력은 다음 글에서 나타난다.

> 그렇다고 해서 오키나와 사람들은 오키나와가 미제 식민지라고 생각하지 않는다. 그저 미군기지의 문제라고 생각한다. 미군에 반대해 운동하지만 식민지 해방투쟁을 하는 것은 아니라는 것이다.

그러면 이진경은 오키나와 미군기지와 주한 미군기지가 같은 기지라고 생각하는 것인가? 군기지란 주둔군 협정을 포함하는 전체로 이해해야 하지 않는가? 일본과 한국에서 미군의 주둔군 협정만 간단히 비교해보라. 어떤 차이가 있는지 금방 드러날 것이다. 군기지가 있기 때문에 한국이 미국에 종속되는 것은 아니다. 미국에 종속되어 있기 때문에 미군의 군기지가 수도 한복판에 들어서는 것이다.

교조주의자였던 이진경, 이제는 타인의 말조차 제대로 이해하지 못한다. 더구나 현실감각의 문제에 이르면 전적으로 유치한 수준이다. 그래서 한미관계는 50년대 이후 많은 변화가 있었다고 전제한다. 그 변화가 어떤 것인지는 모르지만, 과연 미국의 한국에 대한 정치 경제적 지배력에 의미 있는 변화가 생긴 것인가? 또한 그는 진보당은 남한에서 벌어지는 노동운동에 관해서는 관심이 없고, 모든 운동을 통일 운동에 종속시킨다고 말한다. 그런데 진보당의 활동이나 당의 방침을 조금이라도 아는 사람이라면 이런 얘기를 할 수 있을까? 차라리 진보당은 노동운동도 하지만, 다른 정당들이 하지 못하는 통일운동도 더불어 한다고 말해야 옳은 이야기가 아닌가?

교조적 철학에 빠져 현실감 잃어버렸나

이런 이야기들은 그가 너무 철학에 빠져서 자기 시대, 자기 주위에서 무엇이 일어나고 있는지 전혀 관심이 없다는 것을 말해준다. 그는 마르크스를 교조로 삼다가 이제는 들뢰즈, 가타리를 교조로 삼는 가운데 너무 형이상학적이고 추상적인 사유에 매몰되었다. 제발 이진경은 이제 현실감각을 회복하기를 바란다. 이제 교조적인 철학은 그만해라. 교조주의자의 현실감각 부족은 아래와 같은 글에 이르면 어안이 벙벙해질 정도다.

> (이석기는) 그 둘 중에 하나는 선택했어야 했다. 그런데 그것도 하지 않았다. 둘 다 하면서 겹쳐놨으니 이것(지하운동조직)이 문제가 됐을 때 이것이 깨지고, 이것의 제약으로 인해 여기(정당) 활동도 제약될 수밖에 없다.

이런 주장은 지금 진보당이 대중적 정당이면서 동시에 지하정당이라는 주장이다. 이 주장은 국정원이 조작한 '아르오(RO)'라는 조직을 혁명조직으로 전제하는 경우에 성립하는 말이다. 그런데 이진경은 요새 뉴스도 보지 않는 모양이다. 국정원의 발표를 곧이곧대로 믿는 사람은 이제 일베 외에는 없다. 이진경이 일베는 아닐 것이다. 그는 현실감각을 잃다 보니 일베 수준으로 전락한 모양이다.

그는 현실감각을 잃어버릴 정도로 철학에 몰두했는데 철학조차 잘하는 것 같지 않다. 다음 글을 보면 그는 자신의 사유가 논리적으로 명확한 것처럼 자랑한다. 그는 진보당을 옹호하는 사람들이 논리적 모순을 범했다고 말한다.

정치범의 경우는 '맞아, 그런데 뭐가 잘못됐나?'라고 싸우고, 조작인 경우에는 '조작이고 거짓이다.'라고 싸우는 건데 사상의 자유를 얘기하려면 전자여야 한다. 조작이라고 말하는 순간 사상의 자유를 걸고 싸울 수 없다.

그의 주장은 녹취록이 조작이라면 사상의 자유를 주장할 필요가 없다는 것이다. 진보당의 5월 12일 모임은 본래 전쟁을 반대하고 평화를 정착시키려는 취지였다. 그런데 그 가운데 소수가 더 적극적인 행동이 필요하다는 제안을 제기했다. 물론 이런 제안은 비판적으로 기각되었다. 그런데 녹취록을 짜깁기하면서 이런 일부의 제안을 전체의 주장으로, 단순한 제안을 마치 합의와 결의의 결과인양 조작하였다.

그러면 소수의 제안은 어떤가? 그것은 사상의 자유에 속하는 것이다. 민주정당에서 제안은 누구나 자유롭게 할 수 있다. 잘못된 제안은 민주적인 과정을 통해서 폐기된다. 중요한 것은 이런 민주적 과정에서 합의하고 결의한 것이 무엇인가 하는 것이다. 그런데 소위 진보연한 인사들은 그런 제안조차 금기시하고 그런 제안이 있었다면, 그 즉시 신고하고 당으로부터 제명해야 한다고 주장한다. 그런 인사들은 사상의 자유를 억압하는 변절자, 배신자라고 비난받아 마땅하다.

나도 오랫동안 철학을 했다. 그러나 내 눈에는 조작했다는 주장과 사상의 자유를 탄압한다는 주장에 어떤 모순도 없다. 이진경의 글을 읽고 또 읽어 보지만, 그의 글에서 발견한 것은 교조주의와 이해능력 결핍, 현실감각결여, 논리적 사유 결핍밖에 없다.

자유주의자는 왜 국가적 폭력에 기생하게 되었는가?

언젠가 K(미안하지만 이름은 생략하겠다)라는 문화평론가의 강연을 들은 적이 있다. 내가 관여했던 어떤 연구소에서 그를 초청했다. 그의 얘기는 흥미로웠다. 그는 컴퓨터의 발달 과정을 설명하면서 퍼스널 컴퓨터라는 것이 미국 서부 히피 정신에서 출현했다고 말했다. 그는 마이크로소프트를 비난하고 애플을 찬양했다. 애플이 히피 정신의 맥을 잇고 있기 때문이라 한다. K는 60년대 미국으로 유학을 갔고, 거기서 히피 정신의 아름다움을 몸으로 배웠다고 한다.

히피의 자유주의에는 흑인이 없다

그런데 이야기를 듣던 중에 당시 초미의 관심사였던 부시의 이라크 침공에 관한 질문이 그에게 던져졌다. 그는 독재자를 제거하는 것은 미국의 의무라고 단호하게 대답했다. 나는 그 말에 충격을 받았다. 이라크의 후세인이 독재자라 하더라도 미국이 다른 국가를 침공하는 것이 당연하단 말인가? 히피 정신을 배운 그가 그렇게 단호하게 국가적 폭력을 옹호하는 데 할 말을 잃었다.

히피주의란 무엇인가? 개인의 자유를 그토록 고양했던 정신이 아닌가? 히피들 사이에는 어떤 차별도 없었고, 모든 일은 자유로운 합의를 통해 해결했다. 소위 자유주의자들의 전범이 있다면, 그게 바로 히피라 하겠다. 그런 히피가 어떻게 해서 국가적 폭력을 옹호한다는 말인가? 생각해 보니 '히피에는 흑인이 없었다.'라는 말이 떠올랐다. 히피의 마지막 음악축제가 결국 백인 히피가 흑인 히피를 살해하는 것으로 끝났던 역사를 상기해 보라.

자유주의자가 국가적 폭력을 옹호하는 것은 이 땅에서 흔한 일이다. 자유주의자가 만든 가장 잔인한 말이 종북주의라는 말이다. 이 말은 자신의 정치적 경쟁자를 빨갱이로 몰아서 처단했던 반공 보수가 만든 말이 아니다. 이 말은 자신의 정치적 경쟁자를 제거하기 위해 다름 아닌 자유주의자들이 만든 말이다. 그 원조가 누군지 몰라도 이 말을 퍼뜨린 자는 자유주의자 진중권이다.(편집자 : 2001년 사회당 원용수 대표가 "종북세력과는 당을 같이 할 수 없다."라고 말한 것이 최초 발언으로 알려져 있다.) 이들은 자신의 정치적 경쟁자를 그들이 악으로 삼고 있는 국가보안법에 고발했다.

진중권의 자유주의

자유주의가 기꺼이 국가적 폭력을 환영한다는 것은 자유주의자 진중권의 최근 말 속에도 분명하게 나타난다. 최근 내란음모 조작 사건의 진행과정에서 검찰이 이 사건 피해자들을 기소하였을 때 증거는 달랑 의심스러운 녹취록 하나뿐이었다.

그런데 진중권은 이를 평가하면서 "이런 녹취록뿐이라면 내란음모로 피해자들을 처벌할 수는 없다."라고 했는데, 왠지 아쉬워하는 느낌마저 들었다. 그러면서 그는 국정원과 이석기 의원이 공생관계라고 말했다. 조작과 탄압을 일삼는 국정원이 있기에 이석기나 진보당과 같은 투쟁적 혁명가들이 출현하는 것이며, 거꾸로 이석기나 진보당과 같은 자들이 있기 때문에 국정원이 정당화된다는 것이다. 나의 뒤통수를 때리는 말은 바로 이 뒤의 말이다.

국정원이 정당화된다는 말은 무슨 뜻인가? 이석기나 진보당이 탄압의 빌미를 제공했고, 국정원의 조작과 탄압도 인정될 수 있다는 말이 아닌가? 그의 말에는 제발 국정원이 나서서 이석기와 진보당을 제거하기 바라는 갈망이 들어 있는 것 같다.

생각해 보라. 천만 번을 양보해서 이석기나 진보당이 잘못된 진보라 해 보자. 그렇더라도 그것은 진보 내부에서의 차이이다. 그들은 항상 민주 진보주의자들과 어깨를 나란히 하면서 고난의 투쟁에 함께 나섰다. 그런 그들을 자신이 이해하지 못한다고 해서, 그들의 입장이 자신의 입장과 대립된다고 해서, 조작과 탄압을 해도 된다는 말인가?

반대파의 피를 요구하는 자유주의자의 모순

일반적으로 자유주의자는 스스로 평화주의자라 한다. 반전 시위대를 막아선 경찰들의 총구에 필요한 것은 사랑이라면서 꽃을 꽂아 주던 히피야말로 자유주의자의 표상이다. 그런데 어떻게 해서 이런 자유주의자들이 오히려 국가적 폭력을 갈망하는 것일까? 왜 이들은 반대파의 피를 요구할까? 평화주의자의 이런 전략은 어디에 근거할까?

이런 전략을 이해하기 위해 여러 철학적 관점을 도입할 수 있다. 그런 관점 중의 하나로서 자유주의의 논리 내에서 '타자'의 문제를 제기하고 싶다.

자유주의자는 타자(the other)를 어떻게 이해하는 것일까? 그는 타자를 처음에는 막연하게 자신과 동일한 존재라 본다. 물론 약간의 차이는 있겠지만, 그것은 아메리카노냐, 다방 커피냐 하는 차이일 뿐이다. 본질에서는 동일한 존재야! 내가 자유를 욕망하듯이 그 역시 자유를 욕망하지! 자유란 보편적 가치이니까. 그러므로 자유주의자들은 처음에 너무나도 관대하게 말한다. 차이를 인정하자. 그리고 서로 대화하자. 그리고 합의하자.

실상 이들의 관대함은 상대방이 자기와 동일한 존재라는 점을 전제로 하는 관대함이다. 자유주의자는 곧 자기로서는 이해할 수 없는 절대적으로 낯선 타자에 부딪히게 된다. 미국의 자유주의자는 자기로서는 도저히 이해할 수 없는 이슬람 종교적 독재에 부딪힌다. 한국의 자유주의자는 자기로서는 도무지 이해할 수 없다는 북한의 세습에 부딪힌다. 자유주의자들은 자신의 욕망을 낯선 타자에게 강제적으로 투사한다. 그러므로 자유주의자들의 눈으로 볼 때 이슬람 국가와 북한의 국민은 독재자의 억압에 의해서 자신의 근본적인 욕망에 대해 말도 하지 못하는 가련한 존재가 된다. 그리하여 자유주의자는 억압된 국민을 자기가 대변하기로 결심한다. 그들은 낯선 타자인 독재자에게 보편적 인권의 이름으로 개입하기 시작한다.

"

자유주의자가 국가적 폭력을 옹호하는 것은
이 땅에서 흔한 일이다. 자유주의자가 만든 가장 잔인한 말이
종북주의라는 말이다. 이 말은 자신의 정치적 경쟁자를
빨갱이로 몰아서 처단했던 반공 보수가 만든 말이 아니다.
이 말은 자신의 정치적 경쟁자를 제거하기 위해
다름 아닌 자유주의자들이 만든 말이다.
그 원조가 누군지 몰라도
이 말을 퍼뜨린 자는 자유주의자 진중권이다.

"

나는 이슬람이나 북한의 통치자들이 독재자인가 아닌가에 대해 이 자리에서 논하고자 하지 않는다. 문제는 '독재자냐 아니냐'하는 판단은 어디까지나 자유주의적 개념 틀을 전제로 한다는 것이다. 이런 자유주의의 개념 틀이 모든 나라에서 유효한 틀인가? 그것은 아니다. 예를 들어서 일본을 보자. 자유로운 선거는 있지만, 수십 년간 자민당의 집권이 이어지는 나라는 독재국가인가 아닌가? 중국을 보자. 중국은 일당독재를 표방하는 나라이다. 정치적 자유권이 존재하지 않는다. 그럼에도 불구하고 자유주의자들은 중국을 독재국가로 비난하지 않는다.

낯선 타자에 대한 두려움

문제는 이렇게 자유주의자들이 이해할 수 없는, 절대적으로 낯선 타자에 부딪힐 때 생기는 자유주의자의 심리이다. 그들은 낯선 타자에 부딪히게 되면, 곧이어 자기 앞에 펼쳐져 있는 이해할 수 없는 심연 앞에서 섬뜩한 두려움을 느끼게 된다.

이런 섬뜩한 두려움은 두 가지 조건에 부딪히면 폭발적으로 증폭한다. 하나의 조건은 사회의 구조적 붕괴가 발생한다는 조건이다. 이런 붕괴는 사실 그 사회 구조에 내재하는 대립에서 필연적으로 나오지만, 평소에는 잠재적이어서 눈에 띄지 않던 것이다. 그런데 이런 대립이 누적하고 마침내 폭발하면서 사회의 구조적 붕괴가 발생한다. 예를 들면, 자본주의의 시장의 불균형이 축적되어 마침내 공황으로 폭발하는 경우이다.

바로 이런 경우 구조적 붕괴는 갑작스럽게 출현하는 것이고 이해할 수 없는 것이므로, 그것을 설명하기 위해 외적인 적대 세력의 침투라는 가설이 도입된다. 다시 말해 내적 원인의 외적 원인으로의 전치이다. 나치즘이 자본주의 사회의 붕괴를 유대인의 음모로 설명했던 것이 이런 전치의 전형적인 예다.

또 하나의 조건은 낯선 타자에게서 발생하는 것이다. 평소에도 낯선 타자는 섬뜩한 두려움의 대상이다. 그들을 이해할 수 없으므로 그들이 무엇을 할지 모른다는 불안감이 출현한다. 그런 낯선 타자에게서 위협적인 징조가 출현한다고 해 보자. 이런 위협적 징조는 자신의 두려움 때문에 실제적인 위협으로 증폭된다.

이 두 가지 조건이 만나게 되면, 외부의 조그마한 위협이 사회를 근본적으로 뒤흔드는 위험으로 느껴진다. 이제 자유주의자들의 증오감은 폭발한다. 이들은 자신들의 출발점이 평화였다는 것조차 잊어버리고, 차이를 인정하자는 그들의 근본 입장조차 망각한 채 '적들에게 죽음을'이라는 목쉰 절규를 외치는 것이다. 이제 국가적 폭력이든 나치적 폭력이든 적들만 제거한다면 기꺼이 환영받게 된다. 이렇게 하여 자유주의자들은 폭력주의자로 전락하게 된다.

그렇다면 결론적으로 어떻게 해야 하는가? 문제는 자유주의자들이 낯선 타자 앞에서 두려움에 빠지는 것이다. 이런 두려움의 원인은 자유주의자들이 가지고 있는 상식과 이성이 사실은 역사적으로 제한된 것이기 때문이다. 그러므로 낯선 타자를 이해하기 위해서는 자신의 상식과 이성을 벗어나는 반성이 필요하다. 이런 반성이 곧 진리를 향한 추동력이 된다.

물론 절대적 진리를 발견할 수는 없다. 그러나 자신의 한계를 넘어서려는 부정 변증법의 반성적 진리는 가능하다. 이런 진리, 반성의 진리, 부정 변증법의 진리에 기초하는 민주주의가 진보적 민주주의이다.

아메리카노 자유주의는 '일베'의 원조

–자유는 진실에 기초해야

나는 요즈음도 아메리카노를 마실 때면 항상 지난해 8월에 일어난 엉뚱한 논쟁이 떠오른다. 이른바 '아메리카노' 논쟁이다. 아메리카노를 포기하지 않겠다는 유시민의 발언 때문에 아메리카노는 갑자기 자유주의의 상징이 되어 버렸다. 누구에게나 자기가 좋아하는 것을 선택할 권리가 있는 것이 아닌가? 나는 아메리카노를 좋아하니까 아메리카노를 먹는다. 이런 논리에 아무런 문제가 없다. 그것은 취미의 영역에 속하고 개인적 선택의 문제이다.

자유주의의 확산

과거에 가치평가의 대상이 되었던 많은 것들이 요즘에는 이렇게 개인적 선택의 문제 속에 들어간다. 예를 들어, 과거에는 옷을 입으면 거기에는 소위 문화적 규범이 있었다. 그런데 요즈음 옷을 어떻게 입든 그것은 그 사람의 개성을 표현하는 것으로 간주한다. 최근 나도 칠칠하지 못하게 옷을 입어 보니 오히려 자유로운 느낌이 들어 좋았다.

이런 식으로 오늘날 자유주의가 확산되고 있다. 모든 것은 자유로운 선택의 문제가 된다. 심지어 문학과 예술, 정치적 입장 그리고 철학조차도 자유로운 선택의 문제로 간주한다. 예를 들어, 과거에 철학에는 진리라는 기준이 있었다. 그 기준에 따라 치열하게 논쟁이 일어났다. 요즈음은 철학자들이 만나는 곳에서 아무도 논쟁하지 않는다. 너는 너의 철학, 나는 나의 철학, 모든 것이 오케이이다. 이게 철학일까? 자유주의가 마침내 철학까지 집어삼켜 버렸다. 이런 자유주의의 확산 가운데 가장 흥미로운 것은 요즈음 자주 언급되는 소위 일베(일간베스트저장소 www.ilbe.com) 현상이다.

심지어 수구꼴통들조차 자신의 정치적 입장을 긍정적 가치로 포장해 왔다. 박정희도 자신의 독재를 '한국식 민주주의'라 했으며, 전두환조차 쿠데타로 정권을 잡은 군바리를 모아놓고 이름 해서 '민주정의당'이라 했다. 그런데 일베만은 정말 특이하게도 지금까지 모든 사람이 추악한 것으로 비난하는 모든 입장을 자유롭게 선택한다. 그들은 일제의 식민지 지배를 옹호하고, 박정희·전두환의 군부독재를 자랑스러워한다. 모든 여성을 '김치년'이라 비하하며, 호남인을 경멸하고 지역감정을 노골적으로 부추긴다.

일베는 자기들이 선택한 것이 어떤 긍정적 가치가 있다고 생각하는 것 같지는 않다. 그런 것을 옹호하는 근거를 제시하지도 않는다. 오히려 일베는 자기들이 선택하는 것이 어떤 가치도 없는 쓰레기라는 것을 스스로 잘 알고 있는 것으로 보인다. 그럼에도 그들은 추악한 것을 스스로 선택한다. 아마도 그들은 자신이 자유롭게 선택할 수 있는 사람이라는 것을 보여주기 위해서 남들이 선택하지 않는 것을 일부러 선택하는 것 같다.

유시민의 아메리카노로부터 일베의 추악한 자유주의까지 시공간적 거리는 멀지 않다. 그것은 자유주의의 무한정한 확산이라는 흐름에서 출현한 계기일 뿐이다. 이 양자를 매개하는 고리가 소위 포스트모던 자유주의라는 것이다. 나는 이런 포스트모던 자유주의를 유시민의 아메리카노에 빗대어 아메리카노 자유주의라 부르겠다.

참여민주주의와 자유만능주의

아메리카노 자유주의, 즉 포스트모던 자유주의란 무엇인가? 자유주의는 두 가지 계기를 가진다. 하나는 자유로운 상품교환과 같이 사회적인 구체적 자유의 계기이다. 다른 하나는 시민적 권리로서 자유권의 계기이다. 전자는 내용적 계기이고 후자는 형식적 계기이다. 그런데 두 가지 계기가 서로 구속적일까? 그렇지는 않다. 두 가지 계기 가운데 어느 것이 우위인가에 따라서 내용적 자유주의와 형식적 자유주의가 구분된다.

내용적 자유주의는 구체적 자유를 우선시한다. 그러므로 이런 자유를 위해서는 자유로운 선택의 권리가 일부 제한될 수 있다고 보기도 한다. 이런 자유주의가 곧 소유권을 불가침의 원리로 보았던 로크적인 자유주의이다. 반면 형식적 자유주의란 시민적 권리로서 자유권이라는 계기를 우선적으로 본다. 따라서 형식적 자유주의는 개인의 자유로운 합의에 의한다면 그로부터 어떤 내용이 나오든지 간에 그것을 인정한다. 루소가 인민의 일반의지에 따라 소유권을 제한하려 했던 것은 이런 형식적 자유주의를 잘 보여준다. 현실정치에서는 전자, 즉 내용적 자유주의가 일반적으로 자유주의로 불리며,

반면 형식적 자유주의자가 민주주의자로 불린다.

이와 같은 형식적 자유주의가 극단화하면, 모든 사회 정치적 문제는 개인의 자유로운 합의가 결여된 데서 파생된다고 주장한다. 따라서 이런 자유로운 합의가 회복되기만 한다면 모든 사회 정치적 문제가 해결된다고 본다. 바로 이런 입장은 일반(참여) 민주주의 이론이라 알려지는데, 일반적으로 포스트모던 자유주의라 불린다. 이런 자유주의 이론은 철학적으로 독일의 의사소통이론가 하버마스와 미국의 정의론자 존 롤스에 의해 주장된 적이 있다.

포스트모던 자유주의는 현대 자본주의가 파편화되면서 더욱 기승을 부리게 되었다. 근대적 자본주의만 해도 사회에는 일정한 구조가 존재한다고 보았다. 즉 자본의 필연적 법칙이 존재한다는 것이다. 그러나 현대 자본주의에 이르면 이런 구조가 해체된 듯이 보인다. 자본주의는 마치 맹목적 우연에 의해 지배되는 것처럼 보인다. 그 결과 자유의 구체적 내용은 사라지고, 오직 형식적인 자유만이 절대화되면서 이른바 포스트모던 자유주의가 출현하게 된 것이다.

더구나 현대의 기술적 발전 때문에 개인의 자유로운 합의를 제약했던 여러 조건이 극복될 가능성이 주어졌다. 특히 오늘날의 온라인 기술을 이용한다면 직접 민주주의가 실현될 수 있고, 이는 포스트모던 자유주의가 확산하는 주요 지지대를 이루고 있다.

그런데 필자가 일반(참여) 민주주의라는 긍정적 표현 대신 포스트모던 자유주의라는 부정적인 표현을 사용하는 이유는 무엇인가? 참여민주주의가 개인의 자유로운 합의를 만능시하지만, 실제로 그 결과는 자기와 정반대라는 것을 주장하기 위함이다.

합의가 독재를 부르는 역설

자유로운 합의, 포스트모던 자유주의는 무척이나 아름다운 말임에도 불구하고 곧 그 한계를 누설하고 만다. 왜냐하면, 자유로운 합의란 그 형식상 이미 자기 모순적인 것이기 때문이다. 잠시 논리적 사유를 전개해 보자. 자유로운 합의를 통해서 형성되는 일반의지는 개인의 개별적 의지를 넘어선다. 그럼에도 불구하고 이런 일반의지는 그것을 담지 할 구체적인 개인의 의지가 없다면, 단순한 추상적 관념에 불과하게 된다. 만일 일반의지를 실현하기 위해 구체적 개인이 일반의지를 담지하게 한다면, 이번에는 개인이 자기의 사적인 이해를 일반적 의지로 주장하는 전도가 일어난다.

쉽게 말해서 자유로운 합의가 독재로 전도 된다는 역설이 발생한다는 것이다. 이것은 자유로운 합의라는 조건 자체가 만들어내는 필연적 결과이다. 그런데 자유로운 합의의 자기모순은 여기에 그치지 않는다. 우리의 사유를 여기서 한 걸음 더 앞으로 밀고 나가 보자.

일반의지를 담지하는 자가 개별자라면 일단 모든 개별 시민이 그 자격을 갖게 된다. 그와 동시에 모든 시민은 서로 다른 시민이 독재자가 될 가능성을 예감한다. 그러므로 서로서로 의심하는 가운데 다만 혐의가 있다는 의심 때문에 서로를 죽이게 되는 일반적인 공포가 출현하게 된다.

이미 루소적인 일반의지, 즉 자유로운 합의의 자기모순은 역사적으로 프랑스 혁명기에 로베스피에르의 공포정치로 실현되었다. 헤겔은《정신현상학》에서 프랑스 혁명의 공포정치를 평가하면서 의심 때문에 마치 배추 밑동을 자르듯 사람의 모가지가 잘렸다고 말한다.

자유롭다고 꼭 민주적인 결과를 낳을까?

마찬가지가 아닐까 한다. 오늘날 발달한 인터넷 기술로 직접민주주의가 가능하게 되었다. 그러나 직접민주주의의 결과는 이미 철학적으로 예상된 것처럼 참혹하다. 그것은 유시민이 실험했던 참여당의 현상을 보면 분명하게 드러난다.

그가 건설한 참여당의 경우 인터넷 게시판을 이용해 당원들의 직접적인 참여를 가능하게 했다. 그러나 그 결과 일반의지가 지배했던가? 아니다. 오히려 항상 유시민의 의견이 관철되었다. 그는 이런 여론 지배력을 가지고 당을 좌지우지했다. 이런 결과는 당원들의 참여가 부족해서 일어난 것일까? 아니다.

진짜 원인은 참여가 확대되었다는 데 있다. 즉 참여가 증가하면서 일반의지가 형성될수록 그것을 실현할 개별적 의지가 요구된다. 참여당 내에서 이를 실현할 힘은 유시민 외에 달리 없었으며, 그 결과 유시민이 일반의지의 담지자로 선택된다. 이제 유시민은 자신의 실천력을 담보로 자신의 의지를 강제한다. 그는 이렇게 말한다. 당신들의 의견은 좋지만, 현실적으로 실현되려면 이렇게 해야 하지 않을까요? 결국, 실천력이 없는 당원들은 그의 의견을 받아들이면서 그것을 일반의지로 공표하지 않을 수 없다.

자유는 진실에 기초해야

참여당에서 볼 수 있는 것이 유시민의 독재적 여론 지배력이라면, 그가 통합진보당에 참여한 이후 보여주는 행태는 '일반적 공포'라는 말 그대로이다. 참여당에서와 달리 실천적 의지를 갖춘 집단들이 다수 출현했다. 그 결과 의심이 출현하였다. 그가 부정 경선이라는 말을 제기했을 때, 그는 자기에 비추어 상대방을 이해했다. 그는 자기에게 부정의 가능성, 즉 여론을 조작할 가능성이 있다는 것을 잘 알았고 실제로 조작했다. 그러므로 그는 상대방에게도 부정의 가능성이 있다고 의심했다. 그의 의심은 모든 후보가 다 부정을 저질렀다는 논리적 비약으로 전개되었다. 자유로운 합의가 역설적으로 일반적 공포를 자아냈다.

유시민의 참여민주주의, 즉 아메리카노 자유주의의 연장선상에서 일베의 자유주의가 존재한다고 볼 수 있다. 모든 것이 자유로운 합의에 달렸다면 먼저 자신이 자유롭다는 것을 입증해야 할 것이 아닌가? 그러므로 일베는 자신이 자유롭다는 것을 보여주기 위해 모든 추악한 것을 스스로 선택한다. 일베의 선택은 악을 위한 악의 선택, 즉 순수 사악한 자유이다. 유시민과 진중권의 자유주의가 일베 자유주의의 원조이다. 유시민과 진중권이 하지 못했던 것을 일베가 수행한 것이다. 아메리카노 자유주의의 진짜 결과가 일베의 모습이다.

그렇다면 이런 자유주의에 대안이 있는가? 이 자리에서 대안을 논리적으로 전개할 여유는 없지만 그래도 간단하게 언급하지 않을 수 없다. 필자가 생각하는 대안은 자유가 진실에 토대를 두게 하는 것이다. 자유로운 합의를 무시하고 제거하자는 것은 아니다. 다만 진리가 자유로운 합의에 따라 결정되는 것이 아니라 자유로운 합의가 진실에 기초해서 이뤄져야 한다는 것이다. 자유로운 합의는 진실이 도래하기까지 기다려야 한다.

누가 죽산 조봉암을 죽였는가?

역사를 아는 사람은 기억하리라. 죽산 조봉암을! 그는 진보당 당수로서 1957년 대통령 선거에서 이승만에게 위협적인 존재로 부상했다. 이승만은 차기 선거에서 조봉암과 진보당을 제거하지 않고서는 승리할 수 없다고 판단했다. 이승만 정권은 조봉암을 간첩사건에 연루시켜 사형한 뒤 진보당을 해체하였다.

조봉암을 죽이고 진보당을 해체한 책임자는 당연히 이승만이었다. 그러나 이승만의 음모에 조연이 있었다. 그들은 침묵으로써 이승만의 음모를 지원했다. 이 조연이 누구였는가? 역사가들은 당시 장면이 이끌던 민주당이 조연이었다고 믿는다.

민주당은 조봉암과 진보당의 무서운 기세에 위협을 받았다. 조봉암과 진보당의 기세가 계속되면 민주당은 제2 야당으로 전락할지도 모른다는 위기감 때문에 그들은 조봉암과 진보당에 대한 이승만의 음모를 침묵으로써 지원했다.

지금 이 땅에서 과거 조봉암과 진보당을 압살했던 음모를 다시 한 번

보게 된다. 물론 이번 음모의 주연은 새누리당 정권이다. 그러나 이 음모에서 조연으로 나선 이들을 보면서 나는 치를 떤다. 소위 자유주의자들, 소위 민주주의자들, 소위 국민주의자들, 그들의 언론, 그들의 정당이 바로 그런 조연들이다.

그들도 마찬가지이다. 위기감을 느낀 것이다. 모든 문제는 마땅히 한두 석으로 구색이나 갖춰야 할 통합진보당, 그들이 의심스러워하는 주사파가 이번 선거를 통하여 위력적인 모습을 보여준 데 있다. 이들 조연은 이를 묵과할 수가 없었다. 그들은 차라리 이명박 새누리당의 음모에 동조하고 만 것이었으리라.

지금 통합진보당의 당사가 검찰에 의해 침탈되었음에도 불구하고 소위 자유주의자, 소위 민주주의자, 소위 국민주의자들 어느 누구도 나서서 항의하지 않는다. 일일이 언급할 수 없지만, 그들의 입장은 대체로 차라리 잘 되었다는 식이다. 아무렴 주사파가 국회에 들어오는 것보다는 낫겠지. 이게 그들의 생각이다.

지금(2012. 5) 이명박·박근혜 정권이 진보당 당사를 침탈한 것을 보면서 비애감이 드는 이유는 어쩌면 역사가 이렇게 반복되는가 하는 생각 때문이다.

이들 조연들이 모르는 게 하나 있다. 4 · 19가 왜 실패했는가? 그것은 4 · 19 이후 분출하는 민중적인 요구를 수용할 통합된 정당이 없었기 때문이었다. 진보당과 조봉암이 있었다면 분명 그런 역할을 수행했을 것이다. 당시 민주당으로서는 그런 요구를 수용할 능력이 없었고, 결과적으로 민주당은 지리멸렬했다. 그 틈을 노린 것이 바로 5 · 16 쿠데타 세력이고. 민주당은 침묵으로 동조한 대가를 역사로부터 받은 것이다.

지금 이 땅의 소위 자유주의자들, 소위 민주주의자들, 소위 국민주의자들, 진보당 밖에도 있고 당 안에도 우글우글한 이들도 동일한 대가를 받지 않을까? 반복되는 역사 앞에 나는 통곡하고 싶다.

나에게 돌을 던져라

–유시민의 논리와 이정희의 논리

나의 삶의 원칙 중의 하나는 끝까지 이론적인 태도를 견지하는 것이다. 시민 사회적인 실천이라면 몰라도 정당 정치적인 참여는 하지 않는다는 것이다. 그동안 나는 이 원칙을 잘 지켜왔다. 다만 현재는 통합진보당의 당원이다. 그러나 단 한 번도 어떤 모임에 나가본 적이 없다. 그것은 내가 속한 분회에 물어보면 알 것이다. 다만 진보의 정치를 후원하기 위한 참여에 불과했다.

이렇게 나 자신을 밝히지 않을 수 없는 것은 지금 내가 쓰는 글이 오해를 자아낼 수도 있기 때문이다. 나는 명백히 말하는 데 결코 당권파가 아니다. 당권이 아니라 당직 근처에도 가보지 않았다. 그렇지만 나의 글은 당권파를 옹호하는 것처럼 보일 것임을 안다.

그럼에도 이 글을 쓰는 이유는 지금 우리 시민사회가 특히 진보주의자들이 너무나도 위험한 사고방식에 빠져 있기 때문이다. 나는 볼테르만한 능력이 없고, 에밀졸라와 같은 열성도 없다. 그러나 누군가 그런 역할을 해 야 할 것 같아서 지금 이 글을 쓴다.

무엇이 위험한 사고방식인가? 지금 많은 진보주의자, 지식인, 그리고 언론이 한결같이 주장하는 논리가 있다. 그것은 국민의 눈높이에 맞추어 억울하더라도 당권파는 당을 위해 자기를 희생하라는 것이다. 그것이 정치의 논리이고, 통합진보당이 제3당이 되었으니 이제 정치의 논리에 따라야 한다는 것이다. 나는 이것을 유시민의 논리가 칭하겠다. 실제 그는 이런 주장을 해 온 것으로 안다.

역사를 공부해 본 사람이라면, 이런 논리가 너무나도 익숙하게 들어온 나치의 논리임을 잘 알 것이다. 나치가 주장했던 것이 국민이다. 그것을 위해 그들은 유태인을 희생양으로 삼았다. 왜 유태인이었던가? 유태인이 유럽의 변방에 있었기 때문이다. 마찬가지로 나치는 유럽의 경계선상에 떠돌던 집시를 박멸했다.

희생양의 논리

정치의 세계에서 이런 희생양의 논리는 자주 사용되어 왔다. 아주 가까운 예로 이라크 전쟁을 들어보자. 부시는 알 카에다의 테러에 대해 이라크 후세인 정권을 희생양으로 삼았다. 왜 이라크였던가? 후세인이 이슬람이고, 또 독재자이니 죄를 뒤집어쓰기에 가장 적절한 대상이었기 때문이다.

나는 지금 진보언론과 진보지식인이 그들 스스로 그토록 무서워하던 나치의 논리에 그대로 빠져들었다는 것이 도대체 어떻게 된 영문인지 이해하지 못하겠다. 그러나 대략 짐작 가는 것은 있다. 그것은 바로 '종북파'라는 딱지이다.

"

지금 이정희가 외롭게 오직 혼자만의 힘으로
이 정치의 논리, 나치의 논리, 유시민의 논리에 맞서고 있다.
나는 힘이 없다. 나는 그저 학자에 불과하다.
나는 아무도 읽지 않는 철학을 공부할 뿐이다.
그러나 나는 이정희와 같이 지금 박해받는 편에 서고 싶다.
나에게 돌을 던져라.

"

당권파는 오래전부터 종북파라는 딱지를 부여 받았다. 최근 그런 딱지를 붙인 것이 잘못이라는 점이 공인되었다. 그러나 한번 붙여놓은 딱지는 쉽게 떨어져 나가지 않는다. 여전히 그들은 시시때때로 종북파라고 불린다.

그런데 종북파란 무엇인가? 그들은 우리 사회에서 유대인과 같은 처지에 있다. 마치 유대인이 음모의 소굴이라 여겨졌듯이 우리 사회는 종북파가 모든 음모의 소굴인 것처럼 두려워한다.

그들이 소수였을 때는 그래도 참아 줄 수도 있었다. 그러나 마침내 제3당의 자리를 차지하자 위기감이 고조될 수밖에 없었다. 이런 나의 주장을 단적으로 실증하는 사실이 있다. 오늘 아침 〈조선일보〉(2012. 5)를 보라. 거기에는 이렇게 쓰여 있다. "주사파가 대한민국의 법을 만든다."라고. 나는 이 위험한 나치적인 선동이 바로 그간 사태의 진짜 원인을 밝혀준다고 생각한다.

전후 나치와 같은 범죄를 막기 위해 등장한 이론이 바로 인권이론이다. 그것은 소수파, 주변인을 비롯한 누구에게도 법적인 보호를 받을 권리가 있다는 것이다. 이런 인권이론에 기초하여 무죄 추정의 원칙 등과 같은 여러 법의 원칙들이 확정되었다. 나는 이런 인권이론을 법치의 원리라 하겠다. 이것이 바로 이정희 대표의 논리이다.

한 사람의 억울한 희생자라도 막는다

이른바 진보 지식인과 진보 언론은 이구동성으로 이정희 대표를 사악한 종파주의자로 그려놓았다. 나는 그렇게 생각하지 않는다. 이정희 대표는 소수 당권파를 옹호하기 위한 것이 아니다. 한 사람의 억울한 희생자를 막는다는 것은 인권의 논리를 옹호하는 가장 결정적인 투쟁이다. 그러므로 이정희 대표는 그 참을 수 없는 비난을 들어가면서도 무릎을 꿇지 않았다.

오늘 유시민의 논리에 굴복한다면 앞으로도 우리 정치는 끊임없이 희생양을 만들 것이다. 오늘 당권파가 희생당하면 다음에는 유시민 자신이 그 희생양이 될 수도 있다. 이정희가 싸우는 것은 바로 이것이다. 이 위험한 나치의 논리이다.

지금 이정희 대표가 외롭게 오직 혼자만의 힘으로 이 정치의 논리, 나치의 논리, 유시민의 논리에 맞서고 있다. 나는 힘이 없다. 나는 그저 학자에 불과하다. 나는 아무도 읽지 않는 철학을 공부할 뿐이다. 그러나 나는 이정희 대표와 같이 지금 박해받는 편에 서고 싶다. 나에게 돌을 던져라.

나는 유대인이다

나는 유대인이다. 왜냐면, 나는 남북의 평화협력을 믿는다. 그렇게 말하면 나는 이 남한 땅에서 종북파로 낙인된다. 나는 종북파로 찍히기 싫어서 어느 자리에서나 남북 관계의 문제가 나오기만 하면 다른 자리로 도망간다. 사람들은 비겁하다고 한다. 솔직하게 말씀하시라고. 그 사람들이야 국가보안법의 보호를 받으니 솔직히 말하겠지. 그러나 나는 솔직하게 말하면 감옥에 가야 한다. 그저 남북의 평화협력을 옹호했다고 하더라도 감옥에 가야 한다.

그래도 때로 분노한다. 남북의 대결을 역설하는 사람들 때문에. 그때는 참을 수 없어서 분노하는데, 그러면 돌아오는 것이 종북파라는 딱지이다. 그 때문에 다들 나를 싫어한다. 그러니 점차 침묵하고 또 침묵할 수밖에. 글을 쓰면 스스로 검열한다. 과거 안기부 때문에 검열하는 것 이상으로 종북파가 될까 봐 검열한다. 박정희·전두환 시절만큼이나 나는 나를 검열하는 〈한겨레〉 신문을 두려워한다. 나는 〈한겨레〉가 두려워 끊지 못한다. 그래서 나는 이 땅의 유대인이다. 니들은 아느냐, 내가 두려워서 밤마다 떨고 있는 것을? 이렇게 떨고 있으므로 나는 유대인이다.

나는 유대인이다. 왜냐면, 나는 아직도 통합진보당의 부정선거를 믿지 않는다. 나는 수십 년간 대학에 있어서 운동권이 어떻게 선거하는가 매년 보아왔다. 남들이 보면 저건 웃기는 부정선거이다. 그러나 잘 보면 그들처럼 정직하고 깨끗한 선거가 없다. 나는 청년 학생을 믿는다. 나는 그들 운동권을 믿는다. 그런데 과거 운동권 출신조차 그런 것은 부정선거라 한다. 민주노총, 〈한겨레〉, 〈경향신문〉 모두가 부정선거라 한다. 나는 안 믿는다. 그러나 그렇게 안 믿는다면, 〈한겨레〉에서 말하는 것처럼 소름 끼치는 인간이 되어 버린다. 나는 소름 끼치는 인간이다. 그러니 유대인이다.

내가 할 수 있는 것은 아무것도 없다. 나는 사람들에게 말한다. 진실을 보라고, 형식적인 것이 아니라 내용을 보라고. 작은 것이 아니라 전체를 보라고. 억압된 자의 진리는 이렇게 마음속에 있다. 그러나 사람들은 말한다. 진중권이 말한다. 형식적인 것과 세부적인 것이 진리라고. 표면적인 사실의 세계는 지배자의 세계이다. 지배자의 진리와 억압된 자의 진리가 다르다는 것을 진중권은 알까? 나는 억압된 자의 진리를 말하고 싶다. 그러니까 그것은 유대인의 진리이다.

나는 유대인이다. 그러니 다시는 〈한겨레〉를 보지 않겠다. 〈한겨레〉야 민족 같은 것보다 정권을 획득하는 것이 더 중요하니까. 나는 다시는 소위 진보주의자들을 만나지 않겠다. 그들은 국가보안법의 보호를 받고, 나는 유대인이니까. 그래서 나는 오늘(2012. 5. 15) 〈한겨레〉를 끊었다. 나는 〈한겨레〉의 창간독자이다. 그러나 나는 소름 끼치는 유대인이다.

3장 아메리카노 자유주의와 종북몰이

불온이 사라지고 화석만 남은 시대

–진리, 가치, 이념은 없고 생존만 중요한 포스트모던 세대

얼마 전 그러니까 설날 연휴 즈음이다. 집으로 찾아온 젊은 대학생들과 잠시 이야기를 나눈 적이 있다. 전직이 교수라서 그런지 학교를 그만둔 이후에도 대학생들을 보면 왠지 마음이 기쁘다. 이야기하던 도중에 우연히 정치 이야기가 나오게 되었다. 그때 대학생들은 이구동성으로 자기는 정치적으로 중도라고 말했다.

그래서 생각해 보았다. 중도라니? 이처럼 모호한 말이 없다. 새누리당과 민주당 사이에 중도라면 안철수 신당이다. 신당을 지지한다는 말일까? 그런데 새누리당과 민주당 그리고 통합진보당, 정당들을 이런 순서로 배열하면 중도는 민주당이니, 민주당을 지지한다는 말일까? 한참을 생각해도 대학생들이 말한 중도라는 말의 의미를 정확하게 이해할 수 없었다. 그러다가 갑자기 '아차'하면서 떠오른 생각이 있었다.

대학생들이 "나는 정치적으로 중도다."라고 했을 때, 그 중도라는 말은 사실 의미가 없는 말이었다. 중도라는 말의 원래 의미가 무엇이든 중도에 서면, 이쪽저쪽의 단점을 피하고 그 장점만 취할 거라는 기대가 있으리라. 세상에 그런 중도가 있다면, 누군들 그걸 택하지 않겠는가? 역사적 현실에서 그와 같이 장점만 모아놓은 중도란 실제로 존재하지 않는 막연한 환상에 불과한 것이다.

그것을 대학생들이 모를 리 없다. 그러면서도 자기를 중도라 하는 것은 무엇이든 선택하기에는 세상이 너무 두렵다는 의미일 것이다. 만일 어떤 입장에 선다면 너무나도 무서운 어떤 것이 자기 인생에 닥칠지 모른다는 두려움, 그게 "나는 정치적으로 중도다."라고 표현한 이유로 보인다.

그들은 아마도 자기 선배의 인생이 IMF와 금융위기로 예상하지 못했던 타격을 받아 휘청거리는 것을 보았을 것이다. 도대체 이 세상이 앞으로 어떻게 변화할까? 그들은 마치 안갯속에 있거나 언제 터질지 모르는 화산 지대를 배회한다고 느낄 것이다. 어떻게 될지 모르는 이런 세상에서 가장 안전한 길은 중도가 아닌가. 그래서 그들은 자기가 중도라고 했던 것이다. 그건 내가 군에 갈 때 우리 어머니가 당부했던 것과 같은 말이다. 우리 어머니는 줄을 설 때는 항상 가운데 서라고 했다.

무리 속의 안전

젊은 대학생들은 지금 이렇게 세상을 두려워한다. 그런데 이런 두려움은 그들 대학생에게만 존재하는 것은 아니다. 그 두려움은 이미 선배 세대에게도 존재했고, 지금 대학생은 그들 선배로부터 두려움의 유전자를 전달받았다.

그 선배 세대들은 1997년 IMF와 2008년 금융위기로 폭발한 화산재를 직접 뒤집어썼던 세대이다. 그들은 눈물에 섞인 시꺼멓고 뜨거운 화산재를 손으로 훔치면서 이 세상의 이치를 깨달았다. 그렇다, 중요한 것은 아무 것도 없다, 오직 나의 생존만이 중요한 것이다. 그리하여 그들은 자기 이전 운동권 세대와 그들 자신을 구분시켰다. 그들의 이름이 바로 포스트모던 세대이다.

포스트모던 세대의 특징은 반이념이다. 그들은 이념이라면 온몸을 부들부들 떤다. 이념은 진리와 가치를 토대로 세워진다. 그러나 포스트모던 세대에겐 진리도 없고 가치라는 것도 없다. 이념이란 것이 무슨 의미가 있나? 오직 생존만이 중요하다.

그들에게 남은 것은 이제 자신이 욕망하는 것을 선택하는 것뿐이다. 나는 아메리카노를 좋아한다. 그러니 아메리카노를 선택하겠다. 나는 힙합을 좋아한다. 그러니 힙합을 선택하겠다. 현재 대학생들이 좋아하는 정당이 중도라는 환상적 정당이라면, 포스트모던 자유주의가 지향하는 정당은 유시민의 자유주의 곧 참여민주주의와 같은 노선일 것이다. 자유주의, 형식적 민주주의의 주장은 이렇다. 모든 것을 합의에 따라 처리하자! 다수가 합의하면 무엇이든 결정할 수 있다!

사람들은 이런 자유주의를 좋아한다. 나 역시 좋아했다. 적어도 유시민의 자유주의가 전도되기 전까지 말이다. 쉽게 발견되지 않는 함정이 이런 자유주의에 숨어 있다는 것을 그전까지는 몰랐다. 이 함정은 무엇인가? 민주주의의 논리를 거꾸로 뒤집어 놓고 보면 그 함정이 금방 드러난다. 그걸 뒤집으면 이런 종북몰이 논리가 된다. 다수가 원하는 것을 나도 선택해야 한다. 다수가 원하는 것을 선택하지 않는 자는 배신자이다. 종북논리가 그래서 등장했다.

아름다운 민주주의의 논리가 종북몰이 논리로 전도된 원인은 무엇인가?

그것은 포스트모던 자유주의자의 배후에 있는 생존의 두려움이 아닐까? 그들은 무리, 다수 속에 끼어들어 가야만 안전하다고 믿는다. 그들은 무리 속에서 서로 몸을 비벼대면서 안전하다는 쾌감을 즐기는 것이다.

결국, 이런 포스트모던 자유주의는 다수, 무리 속에서 타자를 배제하는 논리가 되었다. 개인의 자유를 절대화하는 반이념적인 포스트모던 자유주의가 타자를 배제하는 논리로 변질하는 이 기막힌 사건을 우리는 지난해 종북몰이에서 여실하게 보았다. 이 종북몰이에서 선봉에 섰던 사람들이 포스트모던 자유주의자들이었다는 사실을 우리는 이렇게 해서 이해하게 된다.

종북몰이란 실상 자기 자신의 두려움 때문에 나오는 것이다. 자기의 두려움이 외부의 적, 섬뜩한 타자라는 환상을 낳는다. 종북몰이란 두려움이라는 피를 먹고 사는 뱀파이어이다.

사유의 화석화

두려움이라는 불길한 그림자는 이제 이 나라 사람을 모두 질식하게 만들었다. 그래서 사람들은 더는 생각하기를 중지한다. 자유로운 사유만큼 두려운 것이 없기 때문이다.

온 나라에 사유가 히스테리처럼 경직되기 시작한다. 히스테리란 무의식적 욕망과 연계된 신체의 부위를 마비시킴으로써 욕망을 차단하는 기제이다. 마찬가지로 사람들은 혹시나 자유로운 사유가 두려운 생각을 불러일으킬지도 모른다는 두려움에 두뇌 자체를 마비시켜 버렸다. 화석화된 두뇌는 그 돌멩이의 무게에 따라서 시중에 팔려나간다.

그래서 전국의 대학에 서열이 매겨져 있다. 서열을 매기는 방식은 화석화된 사유의 무게에 따른 것이다. 우선 학생들은 교과서에 나오는 지식을 얼마나 잘 외우는가에 의해 대학에 들어가게 된다. 학원에서는 반복적으로 나오는 시험문제를 외우게 한다. 교수들은 외국의 이론을 얼마나 잘 베껴왔는가에 의해 평가된다. 외국에 가서 직접 베껴오면, 더 높은 평가를 받는다. 학생들은 대학에서 세상을 살아가는 데 유용한 기술적인 지식을 배운다. 살아가기에 필요하지 않은 지식이란 배울 필요도 가르칠 필요도 없는 지식이다. 심지어 같은 지식이라도 본국의 말(영어)로 된 지식은 한국말로 된 지식보다 무게가 더 나간다.

누구보다도 눈치가 빠른 삼성이 이 사실을 모를 리 없다. 그래서 대학마다 서열을 매겼는데, 그 순서는 두뇌가 화석화된 순서이다. 그런 식으로 서열을 매겼다고 사람들은 아우성이다. 그들은 왜 아우성치는 것인가? 그 순서가 돌멩이의 무게에 따른 순서라는 비밀이 폭로되는 것 때문이 아닌가? 정말 아우성쳐야 했던 것은 이미 모든 대학이 화석화되었다는 것이 아닐까?

이처럼 사유가 화석화된 원흉이 무엇인가? 왜 이 모든 사유의 화석화가 IMF 이후 지난 20년간 소리 소문도 없이 진행되었나? 거기에는 대학교수도, 학생들도 책임이 없다. 오직 책임이 있다면 그것은 바로 두려움이다. 내가 과연 생존할 수 있을까 하는 청년들의 두려움, 그것이 사유를 화석화시켰다.

그러므로 이제 두려움을 끊자. 프란치스코 교황께서 우리에게 두려워하지 말라고 하셨다. 이남종 열사가 두려움은 모두 가져가겠다고 했다. 이제 두려워할 것이 없다. 무엇보다도 두려움이 없는 눈으로 세상을 보자.

두려움 끊고 사유의 바다로

두려움이 없다면, 우리는 남들이 불온하다고 생각했던 것들 속에 새로운 가능성을 찾아낼 수도 있다. 예를 들어, 이석기 의원의 내란음모 사건을 보자. 이제 재판도 막바지에 이르러 사건의 실체는 어느 정도 드러났다. 종북몰이에 혈안이 된 조중동조차 포기한 사건, 기소를 유지해야 할 검찰도 신이 안 나는 사건이니 그 결과야 어련할까? 하지만 이런 어처구니없는 소동 속에 정작 중요하게 살펴보아야 할 것이 빠져있다.

이석기 의원이 제기한 문제를 보자. 그것은 한반도에 전쟁이 일어날 수 있다는 가능성의 문제이다. 그리고 이런 전쟁이 일어났을 때 진보주의자들이 어떻게 행동해야 하는가의 문제이다. 그 결론이야 어떻든 간에 이런 문제 제기는 귀중하다. 앞으로 진보주의를 사유하는 누구도 그 문제 제기를 피해나가지 못할 것이다.

두려움이 없이 새로운 사유의 바다로 나가자. 아래는 내가 좋아하는 니체의 말이다.

> 비록 온통 밝지는 않다고 하더라도 드디어 수평선은 다시 자유롭게 나타났다. 기다리고 기다린 끝에 우리의 배는 다시 모험을 떠날 것이다. 위험을 무릅쓸 것이다. 인식을 사랑하는 자의 모든 무모성이 다시 허용되어 진다. 바다 우리의 바다가 다시 열리고 있다. 아마도 이와 같은 자유의 바다가 아직까지 없었으리라.(《즐거운 지식》, 니체, 권영숙 역, 청하, 그중 제5부 '우리들 두려움 모르는 존재들', 290쪽)

세상은 끝없이 변화한다. 이런 변화를 헤쳐나가기 위해서는 미리 사유가 마련되어 있어야 한다. 사유는 유전자 풀(pool)과 같다. 생물은 새로운 상황에 부딪혔을 때 미리 보유하고 있던 유전자 풀을 통해 자기를 유지한다. 마찬가지로 사유도 그렇다. 새로운 상황에 부딪혀 그런 사유의 풀이 있기에 이 상황을 타개할 수 있다.

그런데 사유는 돌연변이가 필요하다. 그것은 생물의 종의 진화가 돌연변이를 이용해서 일어나는 것과 같다. 사유의 진화도 돌연변이를 통해 일어난다. 돌연변이는 겉보기에 흉측하고 심지어 파렴치할지도 모른다. 그러나 이런 돌연변이가 없다면, 사유의 진화도 없다. 그러면 사유의 풀이란 것도 없다.

이런 사유의 풀이 없다면, 우리는 마치 조선 시대 말 선비들의 처지에 빠질 것이다. 그때 세계는 변화했지만 조선의 선비를 지배해 왔던 세계관은 구태의연했다. 조선의 선비에게는 세계의 변화에 대응하기 위한 사유의 풀이 없었다. 그 결과 무기력하게 나라를 잃고 말았다.

요즘 우리 시대가 조선 시대 말과 유사하다는 소리가 자주 들린다. 그러기에 지금 사유의 모험이 더욱 간절하게 요구되는 시대이다. 이석기 의원의 불온한 사유보다 백 배 넘는 불온한 사유가 필요한 시대이다.

우리가 북한인권법 만들면 저들은 남조선자주화법 만들지 않을까

새해(2014) 벽두 박근혜의 기자회견 이후 통일이 대박이라며 노심초사 북한이 붕괴하기만 기다리더니 이제 북한 인권법을 가지고 난리가 벌어졌다. 민주당 대표 김한길 때문이다. 그는 새누리당의 북한 인권법 안을 대폭 수용할 의사를 밝혔다. 그 때문에 국회에서 낮잠 자고 있던 새누리당의 북한 인권법들이 다시 좀비처럼 살아났다.

북조선이 대한민국의 영토?

조선민주주의인민공화국(이하 조선)은 같은 민족이지만 독립된 국가이다. 그런 나라의 국민들에 대해 우리가 무슨 권리가 있어서 법을 만든다는 말인가? 헌법 3조를 근거로 아직 조선을 대한민국의 영토로 생각하는 것인가? 그렇다면 이 법안은 북조선이라는 독립 국가를 반란단체로 규정하는 국가보안법과 무엇이 다른가? 대체 무엇을 가지고 난리인가 싶어, 국회에 제출된 새누리당의 북한 인권법들을 찾아보았다.

그동안 무려 다섯 개의 법안이 제안되었던 모양이다. 아니나 다를까? 최근 제출한 심윤조 의원의 안을 빼놓고 나머지 제안들은(대표적으로 박근혜의 입이라는 윤상현 의원 안) 모두 북한 인권을 증진하기 위한 목적이 아니었다. 핵심은 '북한인권재단'이라는 데 있었다. 역시 돈 문제였군! 북한에 전단을 풍선에 매달아 퍼뜨리는 단체, 촛불 집회가 있으면 항상 맞은편에서 방해 집회를 여는 단체, 그런 단체의 명색이 북한 인권 단체다. 그런 단체를 지원하기 위하여 북한 인권 재단을 만들자는 것인데, 이거야말로 북한의 인권을 이용해 돈을 먹자는 게 아닌가? 북한 인권법이 아니라 새누리당 산하 단체 지원법이 정확한 이름이라 할 것이다.

새누리당의 북한 인권법

그나마 최근 제출한 심윤조 의원 안의 경우에는 북한인권재단 안이 빠졌으니 자기들도 약간 찔리기는 하는 모양이다. 하지만 심 의원 안의 핵심은 이 안 속에 조선의 국민을 '북한 주민'이라고 표현하는 데서 단적으로 드러난다. 역시 조선을 대한민국의 영토로 생각하고 있다. 나머지 구체적 내용에는 별반 먹을거리가 없었다. 그저 북한의 인권 개선을 위해 국가가 노력하자는 선언에 불과했다. 이런 선언이라면 자기들끼리 하면 되지, 왜 법으로 만들어야 한다는 말인가? 차라리 화성이나 금성이 우리 땅이라는 선언을 하는 게 더 멋진 일이 아닐까? 이해찬 전 총리가 새누리당이 발의한 북한 인권법에 대해 "내정간섭이자 외교적 결례"라고 일갈한 것도 충분히 이해된다.

사실 새누리당의 북한 인권법 속에 감추어진 것은 정치적인 것에 불과하다. 북한의 인권을 주장함으로써 야당을 종북으로 몰려고 했다. 그러고 보니 작년 자칭 반북 진보라는 진중권이 자기 손에는 종북을 가려내는 시볼레스(shibboleth 암호)가 있다고 했다. 그중의 하나가 북한에 인권이 있는지 없는지 하는 질문이라 한다. 바로 그렇다. 새누리당의 북한 인권법의 진짜 목적은 종북의 시볼레스이다. 그러니 북한 인권법이 아니라 종북몰이법이다.

민주당의 북한 민생법

이런 사실들이야 이미 천하가 잘 알고 있었다. 그러기에 민주당은 지금까지 새누리당의 북한 인권법에 반대했다. 민주당은 새누리당의 공격에 맞서기 위해 북한 민생법 안(윤후덕 안)을 만들었다. 그 핵심은 북한에 대한 인도적 지원에 있었다. 일본에 해일이 일어나고 중국에 지진이 났을 때도 대한민국은 지원했으니 조선에 대해 지원을 하자고 법을 만드는 것이야 문제가 없다.

물론 남을 돕더라도 남이 원하는 대로 해야 한다. 무조건 돕겠다고, 왜 도움을 안 받느냐고 마구 화를 내는 것은 순수한 태도가 아니다. 민주당의 민생법이 인도적 지원에서 평화통일을 지향하고, 남북 간 상호신뢰의 원칙에 따르겠다고 선언한 일은 합당한 처사이다.

그런데도 불구하고 민주당은 혹시나 새누리당의 종북몰이에 걸리지나 않을까 해서 뒤에 꼬리표를 달아놓았다. 그래서 이름이 북한 민생(인권)법이 된 것이다. 치사한 짓 같기는 하지만, 민주당의 딱한 처지가 이해되지 않는 것은 아니다.

이런 상황에서 민주당의 김한길 대표가 덜컥 자살골을 넣고 말았다. 새누리당의 북한 인권법을 대폭 수용하여 이제는 북한인권(민생)법을 만들겠다고 한다. 이제 강조점을 북한의 인권에 두겠다는 선언이다. 새누리당이야말로 호박이 넝쿨째 굴러 들어온 격이다. 민주당에 대한 종북몰이가 드디어 성공한 것이다. 작년 NLL 논란에서부터 연속적으로 민주당을 종북몰이했는데, 이제야 미련한 곰을 잡게 된 것이다. 그뿐 아니다. 아마도 이참에 새누리당은 북한인권재단 안을 부활 또는 강화할 것이다. 이왕 곰은 잡았으니 장사도 해야 하지 않겠는가? 국회의원이 벌이는 이런 개그콘서트 때문에 우리의 탁월한 개그맨들이 굶어죽게 생겼다.

국제적 개입법으로서의 인권법

그런데 도대체 조선이라는 나라의 인권에 왜 대한민국이 야단법석인가? 조선의 인권을 문제 삼는 자들은 인권에 한해서는 국제적 개입이 가능하다는 주장을 펼친다.

타국의 인권에 대한 국제적 개입은 원칙적으로 불가능하다. 부시가 후세인이 독재하는 이라크를 침공했던 역사와 그 결과를 너무나 잘 알고 있지 않은가? 설혹 국제적 개입을 하더라도 극히 제한된 방식으로만 가능하다. 그것은 국제기구를 통해야 하며, 일시적이어야 하고, 무엇보다도 직접적이 아닌 간접적인 방식(예를 들어, 내부의 저항 세력에 대한 지원)만이 인정된다. 이 문제에 관해서라면 필자는 철학적 토론을 사양하지 않겠지만, 지금은 그런 자리가 아니라 생략하겠다. 그런데 북한인권법 같은 법을 만들어 항시적으로나 직접적으로 국제기구를 통하지 않고 개입한다는 것은 국제법상 허용될 수 없는 일이다.

더구나 인권 운운하는 자를 보면, 북한 주민의 인권을 말하면서 그들을 국가의 성원이 아니라 반란단체가 지배하는 지역의 주민으로 모욕하고 있다. 그런 모욕도 모자라는지 그들의 자주성 자체를 짓밟는다. 북한의 주민은 독재에 저항할 능력이 없다는 것이다. 그러니 우리가 부채질해야 그들이 살아난다고 한다. 더구나 그들은 북한 정권에 대해 도덕적 분노를 쏟아낸다. 마치 자신이 북한 주민의 보호자나 대변자가 되는 양 말이다.

민주주의 사회에서 제일 더러운 짓이 타인을 도덕적으로 비난하는 것이다. 만일 타인이 나의 권리를 침해한다면, 그것은 법적으로 비판할 일이다. 그런데 타인의 도덕이 나와 다른데, 타인의 도덕이 나를 침해한 적이 없을 때 타인을 도덕적으로 비난한다면, 그것은 자기만족을 위한 것이다. 그런 불필요한 분노를 멈출 수가 없다면, 그것은 그 사람에게 정신적인 문제가 있다는 증거가 된다.

이번 기회에 분명하게 해야 할 일이 있다. 조선이 대한민국과 동등한 국가라면, 대한민국이 조선에 대해 취해야 할 태도는 무엇인가? 그것은 외교적인 관계이다. 다행히 조선과 대한민국은 같은 민족이다. 그리고 지정학적으로 공동운명에 처해 있다. 그러므로 같은 민족으로서 단결하여 공동으로 민족 전체, 작게는 우리 자신의 길을 개척해야 한다. 그런 외교적 관계, 실용적이고 능동적인 관계가 우리가 취해야 할 일이 아닌가?

자치국가로서의 북한

이와 같은 관점에서 본다면, 우리를 먹어치웠던 원수 일본과의 외교적 관계와 마찬가지로 우리는 조선과 관계해야 한다. 조선이 독재이든 말든 우리가 공동으로 우리 자신의 운명을 개척할 수 있다면, 왜 협력을 마다하겠는가? 명나라에 대한 사대 때문에 청을 오랑캐라 부르고, 청을 공격하려다가 제풀에 넘어가 치욕을 당한 조선 사대주의자의 길을 다시 되풀이해야 할까?

마지막으로 생각해 보자. 사람들은 이렇게 말한다. 하여튼 조선이라는 나라의 인권에 문제가 있는 것이 아니냐? 북한 인권법이야 말도 안 되는 허황한 일이지만 그래도 인권에 문제가 있다는 판단은 내릴 수 있는 것 아닌가?

물론 미국도 연구하는데 북한을 연구 못할 일은 없다. 학자로서 객관적인 사실에 기초해서 명확한 근거 위에 판단을 내린다면 그것은 환영한다. 물론 나는 동의하지 못하지만 이해할 수는 있겠다. 마찬가지로 다른 사람도 나의 판단에 동의는 하지 못하더라도 이해해 주리라 믿는다. 나는 학자이다. 그런 관점에서 나의 판단을 여기서 소개한다.

대한민국은 자본주의 사회다. 조선은 사회주의 국가다. 민주란 시민의 합의로 법을 제정하지만, 그 실행은 전문 관료에게 맡긴다. 물론 일부 행정책임자는 선출한다. 반면 사회주의 국가는 자치를 기본원리로 삼는다. 자치란 일단 민주적으로 법을 제정한다는 것을 전제로 해서 그 실행은 스스로 관리한다. 자치는 자주관리 체제이다. 여기에 전문 관료란 없다. 자치국가라도 하급 관료가 전혀 없는 것은 아니다. 상대적이라는 점을 명심하기 바란다.

민주주의와 자본주의, 자치주의와 사회주의는 서로 자랑거리가 있다. 물론 서로 비난거리도 있다. 내가 자랑하는 것은 상대의 약점이다. 상대가 자랑하는 것은 나의 약점이다. 우리가 민주주의를 자랑하듯이 그들은 자치를 자랑한다. 우리가 자유를 자랑하면, 저들은 자주성을 자랑한다. 우리가 인권을 자랑하면, 저들은 인간다움을 자랑한다. 사회주의에 대한 비난이야 실컷 들었을 테니 거꾸로 민주주의에 관해 비판하는 것도 들어 보라.

어떻게 보면, 민주주의는 시끄럽기만 하지 제대로 되는 일은 없다. 어떤 사람은 민주주의란 스포츠 경기와 같다고 한다. 이기면 천하를 얻을 듯 보이지만, 실제는 그저 한때의 흥분에 불과한 것이다. 왜 그런가? 실제로는 관료들이 지배하기 때문이다. 이 나라 어디에 우리가 참여해서 이루어지는 행정이 있는가? 우리는 노예처럼 관리되는 데 익숙하다. 민주주의 사회는 노예근성으로 가득 찬 사회가 아닌가? 물론 비판적으로 보면 그렇다. 그래도 나는 민주주의와 자유를 자랑한다.

민주주의와 사회주의의 자랑거리

그러면 사회주의를 보자. 이 나라에서 모든 것은 자치이다. 사회는 모두 코뮌으로 구성된다. 코뮌 내에서, 그리고 코뮌들 사이에서 모든 것이 참여자들의 자치이다. 여기서 생산과 정치는 따로 떨어지지 않는다. 생산이라는 일상적 삶 속에 이미 정치가 녹아들어 가 있다. 이런 자치국가에서는 정치가 사라진 것처럼 보인다. 그러나 일상적 삶 자체에서 분주한 생활정치가 일어나고 있다. 다만 외부의 관찰자는 그것을 모르는 것이다.

그러므로 어떤 사람은 사회주의의 국가에서 정치의 영역에 남은 것은 의례, 제례뿐이라 한다. 비유하자면 종교적 단체와 같다. 가장 신앙심이 강한 자가 종교의 수장이 되듯 사회주의에 대한 신앙심이 강한 사람이 지도자가 된다. 이런 지도자는 사회 전체를 상징적으로 대표할 뿐, 실제로 다스리지는 않는다. 실제로 모든 일은 자치적으로 처리하는 것이다. 물론 장점만 보면 그렇다. 그런 장점은 인정한다. 그래도 나는 자주성보다 자유가 좋다. 나는 인간답게 살기보다는 인권이 더 좋다.

모든 것은 서로 상대적이다. 우리는 민주주의라고 자랑만 하지는 말자. 저들에게도 자랑거리가 있다는 것을 인정해야 한다. 우리가 북한 인권법을 제정한다면, 그들은 남조선자주화법을 만들지 않을까? 제발 남과 북이 이런 식으로 싸우지는 말자. 서로 인정하고 서로 장점을 살려 민족 앞에 부딪힌 공동의 운명을 개척하는 것이 마땅할 것이다.

'반공 목사'의 신, 박정희

기독교의 역사에서 가장 우스꽝스러운 존재는 아마도 한국에서 해방 이후 등장한 '반공 목사'라는 존재가 아닐까? 반공 목사들은 '가스통 할배'와 '신나치 일베'의 무리 속에서 항상 지도적 역할을 자임해 왔다. 그들은 골방샌님인 뉴라이트보다는 훨씬 행동적이어서 더 실용적인 가치를 지닌다. 그들은 보수정권의 나팔수가 되어서 촛불집회에는 어김없이 나타나 군가인지 찬송가인지 아니면 유행가인지 도무지 구분되지 않는 노래를 불러왔다. 이런 반공 목사들이 중심이 되어, 2013년 10월 25일에는 박정희 추모제를 거행한 모양이다.

서울 도곡동 나들목교회에서 열린 추모제에서 반공목사들은 박정희를 가난에서 민족을 구한 의인으로 묘사하는 데 그치지 않고, 모세의 이미지를 빌려 독재자 박정희가 억압으로부터 이 민족을 해방했다고 주장했다. 심지어 반공 목사들은 "하나님이 독재하듯 대한민국에도 독재가 필요하다"고 말했다. 박정희는 하나님과 같은 존재이니까 그가 하는 독재는 인간의 독재와 달리 정당하다는 논리이다.

반공 목사들과 보수의 이론가 자리를 놓고 다투는 뉴라이트는 "박정희가 비록 독재는 했지만, 그래도 경제적인 성장은 이룬 것 아니냐"고 주장해 왔다. 이런 뉴라이트식 박정희 찬양 논리라면 굳이 고민해 볼 것도 없다. 히틀러를 참조해 보라. 그도 1차 대전 이후 경제공황 속에 허우적거리는 독일경제를 구했다고 평가된다. 그렇다고 누구도 히틀러를 찬양하지는 않는다.

이런 뉴라이트식의 찬양은 적어도 논리라는 것은 있는 데 반해, 반공 목사들의 박정희 찬양은 논리와는 전혀 상관없다. 그들은 박정희를 하나님과 같은 존재로 찬양하기 때문이다. 박정희가 하나님에 비교되는 것은 논리가 아니다. 그것은 어떤 편집증적인 신앙에 지나지 않는다. 아마 정통 기독교의 교리로 본다면, 이처럼 반기독교적인 주장은 없을 것이다. 그럼에도 불구하고 다름 아닌 정통 기독교를 자처하는 목사가 이런 주장을 하고, 이것이 한국 기독교에서 용인되고 있으니 문제는 더욱 심각하다.

목사와 노점상

필자는 이런 편집증적 신앙을 가진 반공목사라는 존재에 철학적 구미가 동한다. 그들은 누구인가? 그들은 어디서 나온 것인가? 이런 의문 앞에 떠오르는 한 장의 사진이 있다. 얼마 전 페이스북에서 보았던 사진이다.

그 사진을 보면, 선거용 스피커를 달고 시내를 질주하는 노점상 트럭에는 십자가가 세워져 있었고, 두 명의 반공 목사가 팬츠까지 홀딱 벗은 채 올라타고 있었다. 그들은 연도에서 놀라서 쳐다보는 시민들에게 목이 쉬도록 '종북 타도'를 외쳤다. 필자는 이 사진이야말로 반공 목사라는 존재를 가장 정확하게 폭로해 준다고 생각한다. 우선 생각해 보자. 그들은 왜 노점상 트럭을 타고 있는 것일까?

어떻게 보면, 이 점은 한국적 기독교의 생동성과도 연관된다고 본다. 종교제도는 나라마다 상당한 차이가 있다. 예를 들어, 독일에는 신도의 헌금이 없다. 국가가 종교세라는 것을 걷어서 각 종교에 할당해 준다. 그러다 보니 독일에서 성직자는 목사든 신부든 대중에게 전도하려 별로 애쓰지 않는다. 그런데 한국에서 종교는, 그 가운데서도 특히 개신교는 신도의 헌금에 기초한다. 한국에서 목사는 헌금을 내고자 하는 자발적인 신도들을 만들기 위해 정말로 눈물겹게 노력한다. 이 점은 대부분의 재정수입을 관광수입에 의존하는 한국의 불교가 대중 전도에 무덤덤한 것과 비교해 보면 잘 이해된다.

한국에서 기독교 특히 개신교는 대중들의 종교적 요구를 파악하고 이를 충족시키려 하면서 엄청난 생동적인 힘을 가지게 되었다. 그러다 보니 개신교 목사의 모습은 시장에서 물건을 팔기 위해 목이 쉬라고 외치는 장사꾼의 모습을 닮게 되었다.

스피커를 매달고 십자가를 치켜든 야채장수의 트럭이란 바로 대중을 찾아가는 떠돌이 장수의 애환을 담고 있어 심지어 애틋하게 보이기도 한다. 거슬러 올라가 보면, 그들의 핏속에는 장터를 쫓아 밤을 새워 걸어가는 보부상의 피가 흐르고 있을 것이다.

공포의 상품화

변증법적으로 본다면 사물에는 항상 두 가지 측면이 있다. 장점이 있으면 단점이 있고, 이 두 가지는 서로 분리된 것이 아니다. 오히려 그 장점이 다름 아닌 단점이 된다. 한국의 목사가 대중을 찾아가는 힘은 때로는 한국 기독교의 생동적인 힘이 되었지만, 때로는 한국 기독교의 절망적인 모습으로 나타난다. 그들은 대중의 진정한 종교적 욕구를 찾아내려 하기보다는 대중을 유혹하여 기독교라는 상품을 판매하려 한다.

종교적으로 대중을 유혹하는 가장 유리한 방법은 무엇이겠는가? 그것은 대중을 협박하는 것이다. 그들은 닥쳐오는 파국을 경고하면서 대중을 공포로 밀어 넣고, 이 공포를 벗어나기 위하여 종교라는 약을 사서 먹으라 한다. 이런 공포의 장사꾼은 서구 기독교의 역사에서도 흔하게 발견된다. 그 단적인 예가 14세기 페스트가 만연했을 때 서구 기독교가 벌였던 마녀사냥이었다. 그런 마녀사냥의 한국판이 기독교의 반공주의이다.

반공 목사의 경쟁력은 자신의 기독교가 얼마나 아름답고 진실한 것인가를 밝히는 데 있지 않다. 그들의 경쟁력은 대중을 유혹하는 능력에 있다. 그들은 대중의 공포감을 불러일으키는 능력으로 서로 경쟁한다. 그러므로 반공 목사들이 경쟁하는 상대는 진정한 기독교 목사는 아니다. 그들이 경쟁해야 하는 상대는 그들 못지않게 강력한 공포의 장사꾼인 종말론 목사이다. 서구에는 주로 종말론자가 시장을 주도한다. 한국에는 권력의 지형 때문에 북한에 대한 대중들의 막연한 공포심이 존재한다. 그 결과 한국에서는 세계 기독교상 독특한 반공 목사가 시장을 주도한다.

그러나 경쟁은 극심하다. 너무 많은 목사가 쏟아져 나오고 있다. 북한에 대한 대중의 공포심도 약화되고 있다. 극심한 경쟁에서 살아남기 위해 반공목사의 몸부림도 극심하게 된다. 그래서 그들은 마침내 대로에서 옷을 홀딱 벗었다. 일단 눈길을 끌어야 하기 때문이다. 그것은 영화제 때마다 가난한 여배우의 의상이 흘러내리는 실수가 반복되는 이유와 같다. 벌거벗은 채로 트럭을 타고 '종북 타도'를 외치는 반공 목사의 모습을 보면, 그들 사이의 극심한 경쟁이 정말로 가슴 아프게 느껴진다.

권력과의 결탁은 반공목사가 경쟁에서 이기기 위해 즐겨 사용해 왔던 또 하나의 수단이었다. 권력과의 결탁은 자유당 시절 정점에 이르렀다. 이승만 시대 자유당은 이런 반공 목사가 주도해서 결성했던 정당이다. 이 자유당을 통해 반공 목사들은 이승만의 독재를 지지해 주고, 그 대신 교회의 성장이라는 대가를 받았다.

박정희에 대한 신앙고백

이번 추모제에서 나온 박정희 찬양은 자유당 시절 반공 목사의 수준을 훨씬 뛰어 넘는다. 이런 극단적인 주장은 결코 단순히 경쟁에서 이기기 위한 수단이라는 수준을 뛰어넘는다. 이것은 이미 반기독교적인 주장이기 때문이다. 이런 반기독교적인 주장이 공포의 장사꾼이라는 반공목사의 진정한 본질을 폭로해 준다고 생각한다.

반공 목사들이 대중의 공포를 자극할 때 거기 하나님은 더는 존재하실 리 없다. 하나님은 그들의 추악한 현장에서 이미 떠나셨다. 지금까지 반공목사들은 하나님이 떠나셨다는 것을 몰랐으나, 이제 드디어 무의식적으로나마 이를 깨달았다. 그들에게 사라진 하나님은 무의식적인 환영으로 다시 그들에게 되돌아왔다. 이렇게 되돌아온 환영의 신이 바로 박정희이다.

왜 하필이면 환영의 신이 박정희인가? 고려 시대 비극적으로 살해된 최영 장군이 그 후 무당들의 가장 중요한 신이 되었던 것을 기억해보자. 자신의 부하에 의해 10월 26일 살해된 박정희야말로 환영(幻影)의 신으로서 가장 적합하기 때문이 아닐까? 박정희가 김재규에게 총살된 10・26 전날, 반공 목사가 모여 박정희에 대해 신앙고백 한 것은 결코 우연이 아니다.

북미전쟁과 진보주의자의 태도

–전시작전권 환수 재연기에 붙여서

전시작전지휘권 환수가 또 연기되는 모양이다. 전작권 환수는 노무현 대통령이 온갖 비난을 무릅쓰고 추진했던 것이 아니었던가? 그런데도 불구하고 전작권 환수 재연기에 대해 야당도, 노빠도, 입진보도 아무 말이 없다. 일부 지식인은 아마도 '그까짓 전작권 환수가 좀 늦어진들 어쩌랴? 지금까지 수십 년간 전작권 없이도 잘 살았는데.'라고 생각하는 모양이다. 이런 어리석은 판단, 어쩌면 지식인으로서 무책임한 판단은 왜 만연하고 있는가?

한반도 전쟁 일어나면 북미 전쟁이 될 듯

우선 한반도 전쟁의 성격을 다시 한 번 생각해 보자. 지난 1994년의 미국 클린턴 정권에 의해 조성된 북폭 위기와 2013년 봄 미국의 무력시위는 공통적으로 시사하는 바가 있다. 우선 전쟁의 가능성이란 문제이다. 남한의 대부분 지식인은 한반도 전쟁이 일어나지 않는다고 생각한다. 여기에는 중국의 전쟁 억제설, 북한의 가공할 방어능력(북핵을 포함하여), 미국의 전쟁 여력 결핍론, 남한의 지형학적 절대 불리설(수도권 문제) 등이 이론적 근거로 제시된다. 그러나 1994년과 올해의 경험은 전쟁 억지에 대한 이 모든 이론적 근거가 원칙적으로 상대적 관계에 기초하는 것이며, 따라서 역사적으로 가변적이라는 것을 보여준다. 상황은 유동적이며 따라서 전쟁의 가능성은 언제라도 상존한다. 1994년, 2013년의 한반도 위기는 전쟁 불가능성을 믿는 지식인을 비웃듯이 전개되었다.

또 하나의 시사점은 앞으로 한반도에 일어날 전쟁의 성격에 관한 것이다. 남한의 대다수 지식인은 앞으로 한반도 전쟁이 일어난다면, 그것은 6·25 전쟁을 모델로 발발한다고 생각한다. 전쟁은 기본적으로 남북 간의 전쟁이며, 미국은 이 전쟁에서 외부 세력이라는 것이다. 그러나 1994년과 올해의 경험은 이런 전제를 근본적으로 뒤집어 놓았다. 앞으로 한반도 전쟁이 벌어진다면, 그 기본 구도는 북미 간의 전쟁이 될 것이다. 그러므로 정확하게 표현하자면, 한반도 전쟁이 아니라 북미 전쟁이라고 해야 할 것이다.

북미 전쟁은 우리의 운명을 정말 비극적으로 만들어 놓는다. 1994년이나 올해의 경험을 통해서 볼 때 그 전쟁은 우리가 원하지도 않고, 우리가 알지도 못한 사이에 진행될 가능성이 높다. 1994년 당시 김영삼 대통령조차 북폭 위기의 진행과정을 알지 못했다. 올해 대부분의 국민은 북미 간의 무력시위가 일종의 전쟁이었다는 사실에 대해 정확히 알지 못했다.

북미 간에 전쟁이 일어난다면, 우리는 총알받이로 나가야 한다. 북미 전쟁이 벌어지면, 지금까지 피와 땀으로 건설한 이 나라는 초토화되고 만다. 한미동맹, 전시작전권, 주한미군기지 때문에 한국은 북미 전쟁에

휘말려들고 만다.

이 전쟁에 남한이 개입하게 되면, 우리가 쟁취했던 민주주의도 날아가 버리고 만다. 전쟁을 미국이 주도하고, 국민 대다수 의사와 무관하게 전개되는 한 전쟁이 민주주의를 파괴할 것은 틀림없다. 전쟁은 이 땅의 친미·군부·독재 세력에게 날개를 달아 줄 것이다. 전쟁으로 자유로운 시민의 권리는 제약될 것이며, 반공·반북 이데올로기가 지배하게 될 것이다. 국지전이라도 벌어지면, 전쟁 이후에는 수십 년간 독재의 그늘 아래 살아갈 수밖에 없게 될 것이다. 이 무슨 더러운 운명인가?

'북미전쟁'에서 진보주의자는 자주적 태도 견지해야

어떻게 하면 이런 비참한 운명을 극복할 수 있을까? 북미 간의 전쟁에 대한 지식인의 윤리적이고 실천적인 태도는 무엇이어야 하는가? 아마도 남한의 지식인이 이런 문제에 대해 가장 각성된 의식을 가지고 논의한 것은 지난 5월 12일 진보당 경기도당의 합정동 마리스타 교육관 모임이었다고 생각한다.

당시 모임에서 무엇이 논의되었는지 정확히 알지는 못한다. 그때 상황을 보여준다는 녹취록은 조작된 흔적이 너무 완연해서 믿을 수 없기 때문이다. 또한 당시의 모임은 그저 이런저런 의견을 들어보는 수준이었고, 확고한 결의나 합의를 내리는 단계가 아니었다. 앞으로 그들이 다시 한 번 모일 수 있었다면 어떤 결정이 내려질지 아무도 알지 못한다. 그럼에도 불구하고 녹취록을 통해 북미 전쟁의 문제를 대하는 남한 진보주의자의 기본적 자세를 대강 짐작할 수 있다.

"

이처럼 북미 전쟁에서 우리의 주동적 태도가
전쟁중립 · 평화노선이라 한다면,
여기서 결정적인 담보가 바로 전시작전권의 회수이다.
전작권은 북미 간의 전쟁에 남한이 끌려들어
가는 가장 직접적인 인계철선이다.
최소한 전시작권권만 회수된다면,
북미 간의 전쟁에 대해 우리가 참여할 것인가,
말 것인가는 우리가 자주적으로 결정할 수 있게 된다.
전작권은 전쟁 중립 · 평화노선을 위한
결정적인 담보가 된다.

"

그 기본자세는 진보주의자는 전쟁에 대해 자주적 결정을 내려야 한다는 것이다. 전쟁은 우리 자신의 운명을 결정하는 최고의 사건이다. 우리의 의사와 무관하게, 알지도 못한 채 전쟁에 끌려들어가서 되겠는가? 전쟁을 하든 말든 그것은 우리의 자주적 의지로 결정되어야 한다.

당시 모임에서 나온 이야기 중에 핵심적인 주장은 바로 전쟁에서 주동적 태도를 보여야 한다는 의견이다. 전쟁이 일어난다면, 남한의 지식인 대부분이 취할 태도는 무엇이겠는가를 생각해 보라.

그들은 아마도 두 가지 태도를 보일 것이다. 하나는 일신의 안위를 위해서 전쟁에서 도피하는 것이다. 그것은 우선 나부터 살고 보자는 극히 초라한 개인주의적 사고방식이다. 또 하나의 태도는 무기력하게 전쟁에 끌려들어가는 태도일 것이다. 어떻든 남한의 국민이기에 국가의 결정에 따라야 한다고 생각하는 이들은 국가의 명령을 거부하는 것을 비애국적인 태도로 판단한다. 그러나 북미간의 전쟁의 성격과 그 결과를 고려해 본다면, 남한의 진보적 지식인으로서 도저히 이런 무기력한 태도를 보일 수는 없을 것이다.

5월 12일 모임에서 이석기 의원은 바로 그렇기 때문에 북미 간에 전쟁이 벌어졌을 때 남한의 진보적 지식인은 주동적인 태도를 취해야 한다고 말한다. 이는 민주주의와 평화를 사랑하는 진보주의자의 목적에 맞는 적극적인 태도를 말한다.

전쟁 중립, 평화노선 위해 전작권 반드시 환수해야

그렇다면 전쟁 중 남한 진보주의자의 '주동적 태도'는 무엇인가? 녹취록을 보면, 이석기 의원은 이를 문제로서 제기하였을 뿐 대답하지는 않은 것으로 보인다. 모임에 참여한 대다수의 입장이 무엇인지는 녹취록에 나와 있지 않다. 한 두 사람이 습격이나 무장 등에 대해 언급한 것은 미증유의 전쟁이란 문제 앞에서 당혹한 나머지 본래의 논점에서 잠시 일탈한 것으로 보인다.

녹취록은 주동적 태도만 제시했지 그 뒤에 답은 없다. 그 뒤의 답은 이제 남한 진보적 지식인의 논의에 맡겨져 있다. 5월 12일의 모임은 문제제기로서 이미 선도적인 역할을 수행했다.

그러면 이제 같이 논의해 보자. 필자의 생각부터 말해 보려한다. 진보주의자의 주동적 태도란 전쟁 반대를 의미하는 것으로 본다. 그것은 우선 북미 간의 전쟁이 발발하지 않도록 반대하는 것이다. 그리고 만일 우리의 의사와 무관하게 전쟁이 일어난다면, 우리는 이 전쟁에서 중립을 취하고 전쟁 불개입, 전쟁 거부를 실천해야 한다. 간단히 말해서 “북미 간에 싸우려면 당신들의 땅에서, 당신들끼리 싸워라, 우리는 빠지겠다.” 라는 것이다. 이것을 필자는 전쟁중립 평화노선이라 부르고자 한다. 북미 간의 전쟁이 현실적으로 발생했을 때 과연 이런 태도가 가능한가? 더욱 구체적 논의가 필요하지만 여기서는 생략하기로 하자.

이처럼 북미 전쟁에서 우리의 주동적 태도가 전쟁중립·평화노선이라 한다면, 여기서 결정적인 담보가 바로 전시작전권의 회수이다. 전작권은 북미 간의 전쟁에 남한이 끌려들어 가는 가장 직접적인 인계철선이다. 최소한 전시작권권만 회수된다면, 북미 간의 전쟁에 대해 우리가 참여할 것인가 말 것인가는 우리가 자주적으로 결정할 수 있게 된다. 전작권은 전쟁 중립·평화노선을 위한 결정적인 담보가 된다.

올 봄 상호 간 무력시위는 간신히 진정되었다. 그런데 북미 간의 전쟁 위기가 사라진 것은 아니다. 아마도 매년 이런 무력시위가 재발할 가능성이 높다. 따라서 언제 이 무력시위가 실전으로 전환될지 모른다. 그러니 전작권 환수는 한시라도 급하다.

전작권 환수를 반대하는 반공보수는 우리가 작전권을 수행하기 위한 능력이 없다거나 전쟁에서 미국의 도움을 받기 위해서는 불가피하다는 궤변을 논한다. 하지만 전작권 때문에 우리가 자발적인 의사와 무관하게 전쟁에 끌려들어간다는 사실을 고려해 볼 때 이처럼 무책임한 논의는 없다.

만일 전작권이 환수된다면, 미국은 북한과 함부로 전쟁을 벌일 수 없다. 전작권 환수는 북미 간 전쟁을 막는 가장 확실한 지렛대이기도 하다. 전작권 환수를 연기해서는 안 된다.

포스트모던 자유주의의 배제논리와 종북몰이

국정원이 발표한 소위 'RO'(아르오 Revolution Organization 혁명조직)라는 혁명조직의 내란음모 사건은 누가 보아도 조작한 것으로 의심하기에 충분했다. 전혀 실체도 없는 조직, 의심스러운 녹취록 하나 빼놓고는 찾을 수 없는 증거들, 너무나 빤히 드러나 보이는 국정원의 의도 때문에 이 사건은 발표 직전부터 대다수 언론으로부터 조작이라는 의심을 받았다.

그럼에도 불구하고 이 사건이 불러일으키는 반향은 엄청났다. 짜깁기한 것이 분명해 보이는 녹취록에 나오는 몇몇 단어는 대중의 공포감을 불러일으켰다. 전후 맥락을 살펴보지도 않고, 이 단어만 가지고 무차별한 박해가 이루어졌다.

그런 여론의 박해는 매카시즘 광란이 차라리 무색했을 정도였다. 그런데 진보 인사로 불리는 자들조차 이 사건 피해자에게 앞을 다투면서 침을 뱉고 옆구리를 발로 찼다. 이런 자들의 선동은 대중들의 막연한 공포감을 더욱 부채질하면서 매카시즘적 광란을 부추겨 왔다. 도대체 소위 진보연하는 자들조차 이런 매카시즘적인 박해에 가담했다는 사실을 우리는 어떻게 이해해야 할까?

이번 내란음모 조작 사건은 지난해 진보당에 대한 종북몰이의 연장선에 있다. 몇 마디 위협적인 단어는 북미 간의 전쟁이라는 상황에 덧붙여지면서 마치 '북한의 침공 시 남한 내의 봉기'라는 느낌을 주도록 조작되었다. 대중의 공포감도 그렇겠지만, 소위 진보연한 자들의 선동 역시 '드디어 종북주의자가 정체를 드러냈구나'하는 넘겨짚기에 토대를 뒀다.

민족문제 이해 못하는 포스트모던 자유주의자

그렇다면 문제는 다시 종북몰이다. 자유주의와 종북몰이는 어딘가 어울리지 않는 말이다. 그런데도 불구하고 지난해부터 자유주의자는 이런 종북몰이의 선봉에 섰고, 가장 철저한 하수인이 되었다. 어떻게 해서 자유주의자들이 이렇게 기회주의자로 전락했는가? 여기에는 자유주의자의 배제논리가 감추어져 있다. 자유주의자의 배제논리가 발전해온 역사를 잠시 살펴보자.

거듭 말하지만, 지금 필자가 '자유주의'라 하는 것은 근대적 자유주의가 아니다. 이 자유주의는 자유로운 합의에 따라 모든 것이 결정될 수 있다고 믿는 포스트모던적 자유주의이다. 이런 자유주의가 우리나라에서 일반화 된 것은 90년대 포스트모더니즘이 등장하면서부터다.

포스트모던적 자유주의는 처음에는 무척이나 관대하게 보인다. 그들은 이렇게 주장한다. 서로의 차이를 인정하자. 누구도 배제하지 말자. 우리는 모든 것을 자유로운 합의로 결정하자. 참으로 좋은 말이다. 특히 80

년대 말 운동권의 과학주의, 엘리트주의에 식상했던 사람들에게는 포스트모던적 자유주의는 신선한 충격을 주었다. 이런 자유주의는 대중에게 호응을 얻을 수 있었고, 그럼으로써 노무현 정권의 탄생에 결정적으로 이바지했다고 평가할 수 있다. 그러나 포스트모던적 자유주의는 곧 그 한계를 드러내고 타락하기 시작했다. 그 증상이 처음 드러난 곳이 바로 남북관계였다.

원래 포스트모던적인 자유주의는 80년대 운동권을 휩쓸었던 민족주의를 이해할 수 없었다. 왜냐하면, 자유주의자가 볼 때 사회는 시민들의 합의로 이루어진 것에 불과하기 때문이다. 중요한 것은 시민이다. 그리고 자유로운 합의이다. 여기에 굳이 심리적 집단으로서 민족이라는 개념이 끼어들 여지가 없다. 민족은 마치 지연이나 학연처럼 불합리한 것이고 시민들의 자유로운 합의를 방해하는 것, 비이성적인 심리적 강제가 아닌가? 이들이 보기에 민족이라는 어떤 확실한 실체가 존재하는 것도 아니다.

그러므로 그들은 민족주의자가 주장하는 민족통일은 필요 없는 것은 아니겠지만 시급한 것은 아니라고 보았다. 당장 급한 것은 내적인 억압을 제거하고 가난한 삶을 향상시키는 것이다. 물론 자유주의자는 남북 간의 긴장과 대립을 유지하는 것은 남한 사회를 과도하게 왜곡시킬 수 있고, 남북 간의 교류와 협력은 서로에게 이익이 되는 것이니 남북 간의 평화와 협력 정도는 필요하지 않겠느냐고 말한다. 하지만 그까짓 것, 안 되면 말지 뭐. 그들은 민족문제는 이 정도로 가볍게 치부해 버렸다.

김대중의 남북화해가 민족통일론자의 민족적 단결 주장에서 영향을 받은 것이라면, 노무현 정권의 남북관계는 자유주의자의 긴장해소라는 입장에 토대를 둔 것이다. 그런 점에서 적어도 민족문제에 관한 한 노무현 정권이 김대중 정권에 비해 오히려 후퇴했다는 평가를 듣는 것도 사실이다.

반북주의와 종북몰이

이명박 정권이 들어서면서 남북의 관계가 극단적인 긴장과 대립의 국면으로 전환하게 되었다. 이런 국면은 지금까지도 이어지고 있다. 이렇게 상황이 변화하게 되자, 드디어 자유주의자들이 감추고 있던 모순 아니 위선이 우선 남북관계의 영역 곧 민족문제에서 누설되기 시작했다. 이런 국면에서 자유주의자들은 어떤 태도를 취했나를 보자.

남북 간의 긴장과 대립이 고조되었다면, 반공보수는 그렇다 하더라도 적어도 자유주의자라면 오히려 남북의 평화와 협력을 위해 더욱 적극적으로 노력해야 했다. 물론 북한 쪽에도 책임이 있을 것이다. 그러나 북한 쪽의 책임을 묻기 전에 먼저 우리 자신에게는 책임이 없었는가를 반성해야 하지 않았을까? 우리가 반성하면서 북한에게 반성을 요구하는 것이 진정한 자유주의자가 마땅히 취했어야 할 태도가 아니었을까? 그런데도 오히려 소위 진보연하는 자유주의자들은 남북의 긴장 책임을 전적으로 북한에 돌리면서 반공 보수가 추진한 남북의 대결에 동조하고 말았다.

예를 들어, 북핵 문제를 보자. 북한은 여러 번 북핵을 폐기하겠다고 했다. 대신 남북과 미국 사이에 평화협정을 맺자고 했다. 북한은 알제리의 예를 거론하면서 미국의 북폭 위기가 상존하는 한에서 북핵을 폐기할 수 없다고 항의했다. 그와 같은 북한의 위기의식이 과장된 것이라고 볼 수는 있다 하더라도 위협을 당하는 자로서는 일리가 있는 말이 아닐 수 없다. 물론 북핵이 우리에게 위협적인 것도 사실이다. 그렇다면 서로가 위협을 제거하면 되지 않는가? 그 길은 이미 나와 있으며, 그것이 바로 평화협정이다. 이렇게 서로서로 위협을 해결해 나갈 적절한 방법이 있음에도 불구하고, 오히려 진보연한 자유주의자들은 북핵의 위기만 강조하면서 반북 대결주의에 동조하고 고취했다.

이렇게 반북주의가 등장하면서부터 자유주의자들이 타락하기 시작했다. 그들은 북한을 민주주의를 전복하려고 위협하는 외부 세력으로 파악하기 시작했다. 이제 북한은 자유로운 합의의 대상에서 배제되었다. 북한은 대결과 제거의 대상이 되었다. 이런 배제와 대결의 논리에 빠져든 자유주의자들은 여전히 남북의 평화를 추구하는 진보세력을 낙인찍기 시작했다. 그들은 평화적 진보세력을 북한을 추종하는 종북세력이라 규정했다. 그들은 자기들의 자유주의를 진보세력으로부터 차별화시키려 했다.

원래 반북 대결주의는 반공보수의 논리이다. 이 논리는 내부에서 자유주의자와 진보주의자들의 연대를 파괴하려는 논리이므로 그 결과는 항상 반공보수의 헤게모니로 끝나게 된다. 반북 자유주의자들은 자기도 모르는 사이에, 아니면 반쯤은 의식적으로 반공보수의 헤게모니에 기여하게 됐다.

자유주의와 배제 논리

이쯤에 와서 포스트모던적 자유주의의 본래 입장이 무엇이었는지 되돌아보자. 차이를 인정하자, 누구와도 자유롭게 합의하자, 자유주의는 평소 이렇게 주장했던 것 아닌가? 그런데 어느새 이런 자유주의 속에 배제의 논리가 작동하기 시작한다. 배제를 향한 그들의 사유과정을 재구성하자면 이렇다. 저 사람은, 저 집단은 도저히 상식적으로 이해할 수 없다. 비이성적 존재이다. 저 사람, 저 집단과 더는 대화할 수 없다. 그러므로 저들은 배제하자. 우리는 우리끼리만 합의하자.

원래 타자란 무엇인가? 그 타자란 우리와 차이가 있는 존재가 아닌가? 그 차이는 그저 나는 아메리카노를 좋아하고 너는 다방 커피를 좋아하는 수준이 아니다. 어떤 경우 그 차이는 근본적인 차이일 수도 있다. 근본적 차이에 부딪히면 타자는 도저히 이해할 수 없는 대상이 된다. 그들은 경계 선상에 존재하는 모호하고 의심스러운 존재가 된다. 그런 타자가 바로 절대적 타자, 낯설고 두려운 타자이며 곧 경계인이다.

그들이 이렇게 이해할 수 없고, 낯설고, 두려운 이유는 무엇인가? 어쩌면 우리가 전제하는 상식이, 어쩌면 우리가 숭배하는 이성이 한계가 있는 것 아닐까? 우리의 상식과 우리의 이성이야말로 역사적으로 사회적으로 제한된 상식이고 이성이 아닌가? 다시 말해, 우리가 타자를 이해하지 못하는 것은 우리 자신의 한계이며, 우리 자신의 책임이다.

자유주의자는 자신의 상식과 자신의 이성을 절대화하면서 타자를 대화의 대상, 자유로운 합의의 대상에서 배제한다. 결국, 자유주의자는 자신의 원래의 논리, 즉 합의를 고수하지 못한다. 배제의 논리에 사로잡히게 되면서 그들은 북한에 대해서는 대결주의, 즉 반북주의에 빠지게 되었으며, 내부적으로는 자신의 타자를 종북주의자로 규정했다. 외부의 두려운 위험이 자신들의 안온한 가축적 세계, 자기들끼리만 합의하는 자유주의자의 세계에 침투하며, 누군가 내부에서 그들의 조종을 받을 것이라는 환상이 종북주의라는 말로 형상화된 것이다. 그런 환상이 자그마한 단서를 발견하면, 내란음모라는 어마어마한 조작사건도 그럴듯하게 들리게 된다.

자유주의자에게 구원의 길이 있는가?

앞으로 자유주의자의 논리는 어떻게 발전할까 예견해 보자. 자유주의자의 배제 논리는 더욱 확산할 것이다. 같은 민족인 북한을 배제하고, 이어서 내부에서 같은 동료인 진보세력을 종북주의자로 배제했다. 이제 그들 사이에서도 배제의 논리가 작동할 것이다. 멀지 않아서 자유주의자는 마르크스주의자를, 마르크스주의자는 자유주의자를 배제할 것이다. 자유주의자 사이에서도 서로를 배제하여 유시민은 진중권을, 진중권은 유시민을 서로 배제할 것이다. 결국, 자유주의자에게 남는 것은 오직 자기 혼자이다.

고독한 개인만 남은 자유주의자에게 유일한 대안이 있다면, 모든 개인을 넘어선 절대적 보편자를 요청하는 것이다. 그것이 소위 '만인의 만인에 대한 투쟁'을 선포했던 홉스가 계약론적으로 가정했던 절대자이다. 또는 이와는 반대급부로 서로가 서로에 대해 독재자가 되지 않을까라는 일반적인 공포가 출현하게 될 것이다.

결론적으로 자유주의자에게 구원의 길이 있는가? 있다. 문제는 순수한 자유주의가 현실적으로는 존재할 수 없다는 데 있다. 어떤 자유주의자도 일정한 상식과 이성을 전제로 하지 않을 수 없다. 문제는 이 상식과 이성을 절대화하는 데 있다. 배제의 논리는 여기서부터 나온다. 그러므로 자신의 상식과 이성을 넘어서 진실을 추구해야 한다. 나는 다시 한 번 말한다. 자유주의를 폐기하고자 하는 것이 아니다. 자유주의자가 암암리에 전제하는 상식과 이성의 한계를 주장하려는 것이다. 그러므로 자유주의는 진실에 귀를 기울여야 한다. 자유로운 합의는 진실에 따라야 한다. 진실에 기초한 민주주의, 그것이 진보적 민주주의이다.

다카키 마사오의 '유신정신'과 국정원의 내란음모

국정원이 사건을 저질렀다. 아니 '저질렀다'는 표현보다는 '싸질렀다'는 표현이 더 적절한 것 같다. 일단 싸지르고 나서 '차차 수습하면 되겠지'하고 국정원은 생각했을 것이다. 그렇게 해서 내놓은 작품이 내란음모 사건이다.

국정원이 앞으로 내놓을 증거가 무엇일지 자못 궁금하다. 이럴 때 퍼뜩 생각난 것은 천안함 사건 때 국제적 조소 거리가 되었던 '1번' 증거다. 어뢰 잔해에 '1번'이라고 매직으로 갈겨 써놓고, 그것을 북한 소행의 증거라고 우겼던 사건 말이다. 천안함 사건은 엉터리없는 조작 사건임에도 불구하고, 정부가 끝내 우기고 또 우기니까 그런 대로 통해 버렸다. 이제 천안함 사건이 조작이라고 믿는 사람들조차도 그 생떼가 지겨워서라도 입을 닫았다.

이렇게 된 데에는 결정적인 원인이 있다. 첫째 원인은 천안함을 폭침시킨 범인으로 지목된 당사자인 북한에 아무런 항변의 권리를 주지 않았다는 것이다. 물론 국제적으로 북한이 자신의 무관함을 누누이 주장했다. 그러나 우리 언론은 그런 북한의 항변을 한 줄도 제대로 알리지 않았다. 그러니 당사자의 항변도 없이 일방적으로 두들겨 패는 일은 거의 혼자서 샌드백 치는 일만큼이나 쉬운 일이었으리라. 그래 놓고는 자신이 승리했다고 두 팔을 번쩍 드는 꼴이라니, 정말 가관이었다.

'안 되면 되게 하라'는 유신정신

또 다른 원인이 하나 더 있다. 그것은 바로 유신 정신이다. 필자가 말하고 싶은 것이 바로 이것이다. '안 되면 되게 하라'는 유신 정신은 바로 다카키 마사오의 정신이다. 그는 일제 강점기에는 만주에서 항일군의 토벌대로 활약했고, 해방 이후에는 남로당의 군사조직에 속했다. 그리고 동료를 밀고하고 복권하더니 마침내 쿠데타에 성공했다. 그는 절대 다시는 대통령이 되지 않겠다고 하면서 삼선개헌을 추진했고, 그 다음 해에 유신헌법을 선포하고 총통이 됐다.

보통 사람은 이런 표변을 스스로 견디어 나갈 수 없다. 이런 표변을 거리낌 없이 수행하는 자라면, 그는 자신이 믿고 있다고 주장하는 것을 전혀 믿지 않는 사람이다. 심지어 그가 혈서를 쓰든, 손가락을 자르든 말든 말이다. 그가 믿는 것은 오직 자기 자신이고, 그는 자신의 목적을 달성하기 위해서는 무엇이든 할 수 있다. 바로 이것이 '안 되면 되게 하라'는 유신정신이라 하겠다.

이런 다카키 마사오, 유신의 정신으로 가장 철저하게 교육받은 세대가 유감스럽게도 50년대에 태어난 우리 같은 세대이다. 우리 세대는 국민교육헌장을 외우지 못하면 매타작을 당했다. 그러니 지금 애국가는 잊어

버렸어도 국민교육헌장의 첫 소절은 어김없이 외울 수 있다. 심지어 술에 취해서도 말이다. 우리는 민족중흥의 역사적 사명을 띠고 이 땅에 태어났다. 이 사명을 어떻게 추진할 것인가? 이 물음과 답변 속에 국민교육헌장 본래 뜻이 담겨있다. 그 방식이란 바로 '안 되면 되게 하라'는 정신이다. 그러므로 국민교육헌장에서 '민족중흥의 사명'이란 겉보기에 지나지 않고, 그 본래의 뜻은 세상에 모든 것은 수단이며, 목적은 오직 나 자신이라는 다카키 마사오의 정신, 유신정신이다.

'안 되면 되게 하라'는 다카키 마사오의 정신을 군대에 적용하면, 그게 바로 군바리 정신이다. 이런 군바리 정신이 만들어 내놓은 최대의 걸작이 바로 '1번' 증거이다. 도올 김용옥이 일갈했듯이 제정신을 가진 사람치고 어떻게 1번 증거를 가지고 증거라고 우길 수 있었겠는가? 유신정신, 다카키 마사오의 정신, 군바리 정신이 아니었다면, 이 '1번' 증거를 증거로 만드는 것은 도대체 불가능한 일이었다.

박근혜 시대에 전두환, 노태우의 하나회 이래 척결되었다던 정치군인이 다시 출현했다. 그들 신흥 정치군인이 박근혜 정권의 안보 라인을 장악했다. 그 대표자가 바로 국정원장 남재준이다. 그는 군바리 정신의 소유자답게 다카키 마사오의 정신을 발휘하기 시작했다. 그 첫 번째 작품이 바로 남북 정상의 회의록을 공개해 버린 일이다. 국제 관례상 있을 수 없는 이런 일, 그 때문에 앞으로 외국의 어떤 정상도 한국과의 정상회담이라는 것을 꺼림칙하게 생각할 일을 저지르고서도 그는 눈 하나 깜찍하지 않았다. 남재준은 무조건 밀어붙였고, 조중동의 지원 덕분에 오히려 그는 문재인 의원을 코너로 몰아넣었다.

“

이번에도 국정원과 남재준에게는 유신정신이 있다.
아무 증거라면 어떠랴! 조중동의 지원도 있으니, 우기면 된다.
천안함 사건에서도 다카키 마사오의 정신이 통했고, NLL 사건에서도 통했다.
그러니 이번에도 통할 것이다.
그들은 이렇게 생각하면서
'아멘' 아니 '박멘'하고 성호를 그을 것이다.

”

승리감에 도취한 그가 또 하나의 일을 싸질렀다. 그게 바로 이번 내란 음모 사건이다. 언론에 언급되는 증거들은 포복절도할 만한 증거라는 것이 이미 드러났다. 무슨 총기를 준비해서, 무슨 통신 시설과 무슨 유류 시설을 점거해? 무슨 녹취록이 있고, 무슨 집회가 있어?

상식적으로 내란을 음모했다는 사람이라면, 그런 식으로 행동하지 않았을 것이다. 그러나 이번에도 국정원과 남재준에게는 유신정신이 있다. 아무 증거라면 어떠랴! 조중동의 지원도 있으니, 우기면 된다. 천안함 사건에서도 다카키 마사오의 정신이 통했고, NLL 사건에서도 통했다. 그러니 이번에도 통할 것이다. 그들은 이렇게 생각하면서 '아멘' 아니 '박멘'하고 성호를 그을 것이다.

내란음모 세력은 바로 국정원

하지만 사람들은 이미 알아챘을 것이다. 이 짓은 국정원의 해체라는 촛불의 목소리가 높아지면서 위기에 처한 국정원과 남재준이 급조한 작품이라는 것을. 그들은 이런 황당한 일을 벌이지 않고서는 더는 생존할 수 없다는 위기감을 느끼고 있다는 것을. 내란 음모 세력은 그들이 고발한 사람이 아니고 바로 그들이라는 것을. 자기 마음대로 누구를 종북이라 규정하고 댓글로 그에게 사법적 응징을 가했으니 그들이야말로 사법권을 찬탈한 자라는 것을. 행정권을 찬탈하는 것이 내란이라면, 사법권을 찬탈한 것 역시 내란이라는 것을.

누가 모르겠는가? 무엇보다도 다카키 마사오의 시대는 지나갔다는 것을. 어떤 협잡을 통해서라도 '되게 하라'는 정신, 오직 자기만이 목적이고 다른 모든 것은 수단이라는 유신정신의 시대는 사라졌다는 것을. 지금의 시대 정신은 서로 배려하고 서로 존중하며 평화를 추구하는 진보의 시대라는 것을. 그 누가 모르겠는가?

기꺼이 NLL을 양보해야 한다고 말하자

국정원이 2006년 남북 정상회담 어록을 공개한 이후 예상대로 조중동을 비롯한 보수 세력은 일제히 노무현 대통령을 종북으로 몰아가기 시작했다. 지난 2012년 대선에서 NLL(북방한계선) 문제를 제기했을 때부터 그것은 민주당 문재인 후보를 종북으로 몰기 위한 술책이었다. 이번에 국정원이 정상회담 어록을 NLL 관련 부분만이 아니라 어록 전체에 걸쳐 공개한 것도 종북몰이를 위한 먹잇감을 던지기 위한 짓임은 누구나 짐작했다.

짜놓은 각본대로 국정원이 내던진 어록에서 보수 언론은 '김 위원장과 인식이 같아.'라는 표현을 대문짝만하게 내걸었다. 급기야 새누리당은 노무현 대통령에 관해 '이적 행위', '반역의 대통령'이라는 극단적인 표현을 사용했다. 새누리당은 이제 야당 전체가 노무현 대통령과 인식을 같이하는지 밝히라며 종북몰이를 전 방위적으로 확산시켰다.

정상회담이란 외교적 담판이다. 그러므로 대화는 항상 상대적일 수밖에 없다. 일정 부분 상대의 입장을 인정한 다음 자신의 뜻을 개진하는 것이 담판의 원리이다. 자기 입장만 되풀이한다면 굳이 대화할 이유가 무엇인가? 노무현 대통령이 "김 위원장과 인식을 같이 한다"고 한 것이나 미국과 일본의 대북한 압박정책을 비판한 것은 이와 같은 맥락에서 나온 것으로 생각된다. 노무현 대통령과 김 위원장과의 대화를 미국 대통령과의 대화와 비교해보라. 미국 대통령과의 대화에서 노무현 대통령이 지극히 친미적인 굴욕적 발언을 했다고 해서 재직 시 진보 세력에게 호되게 혼났던 것을 기억하는가?

진실이 아닌 종북몰이 미끼가 필요

NLL 문제만 해도 서해평화협력지대를 설치한다는 조건하에서 남은 NLL에 대하여, 북은 남방한계선에 관하여 서로 양보하기로 한 것 아닌가? 사실 서해평화협력지대가 설치되면, 더는 NLL이라든가 남방한계선이라든가 하는 것은 의미가 없어지는 것 아닌가? 가정법으로 말했는데, 전제를 무시하고 결론만 떼어내어 말한다면 상식적인 논리조차 없는 사람이다. 내가 "박근혜 대통령이 하야한다면, 나는 죽어도 좋다"고 말했을 때 나 보고 "죽어도 좋다 했으니 지금 죽어라"고 한다면, 그는 정말 미친 사람임에 틀림없다.

보수 세력의 종북몰이에 대해서는 일일이 답할 필요를 느끼지 않는다. 그럴 필요조차 없다. 어차피 그들은 진실에 관심을 가지는 것이 아니다. 그들은 다만 종북몰이를 위한 미끼가 필요할 뿐이며, 그런 미끼는 정상회담 어록만이 아니라 어디에나 널려 있다. 그것은 의처증 환자에게 불륜의 증거가 되지 않는 사실은 없는 것과 마찬가지이다.

보수 세력의 제2의 종북몰이는 지난해 통합진보당에 대한 종북몰이에 비교될 수 있다. 그때는 소수정당에 관한 종북몰이에 그쳤다면, 지금은 전직 대통령과 야당에 대한 종북몰이다. 이렇게 확산하는 것이 정치적 이익일까? 그렇게 되면 야당을 지지한 전 국민의 반 이상을 종북주의자로 몰아세워야 할 텐데 그게 현실적인 정치 전략일까? 지금 비합리적인 보수 세력의 종북몰이는 마침내 맹목적 광기에 도달한 듯하다.

어떻게 보면 지금 보수 세력은 유령이나 허깨비와 싸우는 것이 아닐까? 그들이 주위를 돌아보면 어디에나 종북주의자가 있을 것이다. 그들은 종북주의자에게 포위되어 있다고 생각하면서 두려워한다. 그 두려움 때문에 그들은 주위의 사람을 닥치고 종북주의자로 몰면서 베기 시작했다. 지난해부터 베고 또 베었지만 종북주의자는 도대체 사라지지 않는다. 그러니 그들은 광기에 사로잡힐 수밖에 없다.

종북주의는 정권이 만든 유령

그들은 종북주의라는 것이 자신이 만든 유령이라는 것을 알아야 한다. 문제는 바로 여기에 있다. 어째서 보수 세력은 이런 맹목적 광기에 사로잡힌 것인가? 갑자기 마르크스가 〈공산당 선언〉의 서문에 밝힌 말이 떠오른다.

> 하나의 유령이 유럽을 배회하고 있다. 공산주의라는 유령이.

마르크스가 이렇게 말한 이유가 있다. 당시는 1848년 혁명의 전야였다. 이때 "반정부 정당치고… 공산당이라는 비난을 받지 않은 경우가" 없으니, 유럽의 보수 세력은 도처에 공산주의자들이 만연하고 있다는 공포에 떨고 있었다. 그들은 반공산주의를 위한 신성동맹을 맺었다. 그러나 마르크스는 이 공포란 유럽의 보수 세력이 스스로 만든 유령에 불과하다고 말한다.

유령이란 원래 도처에 출몰하기에 유령이라 불린다. 그런데 왜 이런 '유령'의 형태로 공산주의가 출현한 것인가? 마르크스는 이에 대해 더는 논리적으로 설명하지 않았다. 그러나 그 이후 정신분석학이 발전하면서 '유령의 논리'가 제시됐다. 정신분석학에서는 "현실에서 배제된 것이 유령으로 돌아온다"고 말한다. 이것은 정신증 환자가 가지는 망상을 설명하기 위한 것이지만, 왜 마르크스가 유럽에 '유령'이 배회한다고 말했는지를 설명해 주기도 한다.

이미 공산주의자는 현실 속에 출현하였으며, 이런 공산주의로의 발전은 역사적 필연성이다. 그런데 유럽의 보수 세력은 이런 역사적 발전을 인정할 인식 수준을 갖추지 못했다. 그들은 공산주의를 파악하지 못하고, 의식적 현실에서 배제했다. 그 결과 정신분석학이 밝힌 것처럼 배제된 공산주의는 유령이 되어 돌아 온 것이다.

마르크스가 전개한 유령의 논리는 이 땅의 보수주의자에게 출현한 종북주의자라는 유령을 이해하도록 만들어 준다. 종북주의란 무엇인가? 그것은 실제로는 남북 간의 평화를 간절하게 바라는 정치적 실천이다. 이런 정치적 실천은 이미 엄연한 역사적 현존을 가지고 있다. 그것은 역사가 발전할 필연적인 방향이다. 그럼에도 불구하고 이 땅의 보수 세력은 냉전적 사고방식에 사로잡혀 이런 정치적 실천을 자신의 의식적 현실에서 배제하고 말았다. 그 결과 보수 세력에게 평화주의자가 유령으로 되돌아온다. 이렇게 유령으로 바뀌면서 평화주의자는 북을 추종하는 종북주의자로 전도된다.

지금 보수 세력은 민주 진영의 전직 대통령과 거대 야당과 국민의 반 이상을 종북주의로 몰고 있다. 그들은 두려움에 가득 차서 곳곳에 만연한 종북주의와 광란적인 싸움을 전개하고 있다. 그들은 알아야 한다. 종북주의라는 것은 그들 자신이 만든 유령이며 허깨비라는 것을. 그들이 냉전적 의식을 벗어나기만 한다면, 그들은 종북주의자가 이 땅의 평화주의자임을 알게 될 것이다. 그러면 그들도 광기를 벗어나 안식을 얻을 수 있을 텐데, 그들은 그런 올바른 길은 알지 못한다.

그들이 볼 때 남북 정상회담의 어록은 전직 대통령이 종북주의자라는 확실한 증거가 된다. 하긴 의처증 환자에게 그렇듯이 어느 것인들 그들에게 확고한 증거가 아니겠는가? 그렇게 생각했기에 그들은 이 확고한 증거를 공개하기 위한 기회를 노려왔다.

종북주의 실체는 남북의 평화주의

그러나 세상의 모든 일은 동전의 양면이다. 그들이 공표한 정상회담 어록은 이 땅의 평화 세력을 보수 세력과 미국 및 일본이 어떻게 압박했는지 여실하게 폭로한다. 군 장성이 움직이지 않는다, BDA는 미국의 실수다, 일본은 납치에 관해 생트집을 잡는다, 작전계획 5029를 미국이 만들었다 등등. 이런 압박은 심지어 국내의 진보적 언론에서조차 제대로 다루어지지 않았다. 그런데 한 나라 대통령의 입을 통해 생생하고도 무게감 있게 폭로된 것이다. 정상회담 어록은 오히려 역사의 감추어진 진실을 폭로했다. 이런 진실을 폭로하는데 다름 아닌 보수 세력이 기여했다.

노무현 대통령의 발언을 다시 한 번 경청하면서 나는 또다시《공산당 선언》에 나오는 마르크스의 말이 떠올랐다. 마르크스는 공산주의를 유령의 수준이 아니라 의식적 자각의 수준에서 인식해야 한다고 말한다. 유령이 배회하는 그 순간이 이미 그것을 인식할 적절한 시기라는 것이다.

> 이제 공산주의자들이 전 세계를 향해 자신의 견해와 자신의 목적과 자신의 경향을 공개적으로 표명함으로써, 공산주의의 유령이라는 소문을 당 자체의 선언으로 대치해야 할 절호의 시기가 닥쳐왔다.

마찬가지로 생각한다. 종북주의는 보수 세력의 유령이다. 종북주의의 실체는 남북의 평화주의이다. 이미 남북의 평화주의가 역사적 필연성을 획득했다. 그럼에도 불구하고 냉전적 사고방식은 이런 평화주의를 역사적 현실로부터 배제했으니 그것이 유령이 된 것이다. 이제 냉전적 사고방식을 폐기하고 평화주의적 의식의 수준에 이를 때가 되었다. 종북주의라는 유령을 평화주의라는 선언으로 대체할 절호의 기회가 다가왔다.

노무현 대통령의 정상회담 발언을 보면 무척 혼란스럽다. 한편으로 그는 새로운 평화주의적인 발상을 하고 있다. 그럼에도 불구하고 그는 여전히 냉전적 사고에 사로잡혀 있다. 평화적 의식은 냉전 의식의 잔재에 마치 가위 눌린 듯 눌려있다. 항상 처음에 등장하는 모든 것은 이렇게 구시대의 잔재에 의해 왜곡되는 것이다. 중요한 것은 그가 첫걸음을 디

몄다는 것이다.

지금 중요한 것은 노무현 대통령의 발언 속에 숨 쉬는 새로운 발상을 실현하는 일이다. 노무현 대통령은 냉전 시대 보수 세력과 미국, 일본의 압박하에서 사유했으니 겨우 그만큼 앞으로 나갔을 뿐이다. 앞으로 더 나가는 것은 우리의 몫이다.

그런데 소위 노무현 대통령의 진실을 계승하겠다고 나선 사람들은 어떤가? 지난해 종북몰이가 통합진보당을 표적으로 했을 때 많은 친노는 자신도 종북주의라고 비난받을까 두려워 오히려 통합진보당의 종북몰이에 동참해 버리고 말았다. 그들은 "저 사람들이 종북이에요. 그러니 나는 아닙니다."라고 말했다. 결국, 보수 세력은 친노의 방관에 힘입어 통합진보당에 대한 종북몰이에 성공했다.

문재인도 배신한 노무현의 진실

이제 보수 세력은 여세를 몰아 노무현 대통령과 야당을 종북몰이의 표적으로 삼게 되었다. 그러면 친노들은 어떻게 하겠는가? 이번에도 방관할 것인가? 노무현 대통령을 전선에 내버려 둔 채 도주할 것인가?

결론적으로 로마에서 도망치는 베드로에게 예수가 다시 나타난 이유를 생각해 보자. 베드로는 예수에게 묻는다. "주여, 어디로 가시나이까?" 예수는 말없이 로마로 향했다고 한다. 도망치는 베드로 대신에 다시 한 번 십자가에 매달리기 위해서였다. 마찬가지가 아닐까? 지난해 통합진보당에 대한 종북몰이로부터 친노들은 도주했다. 친노의 대표 문재인조차 천안함 앞에서 노무현 대통령이 주장했던 NLL의 진실을 배

반했다. 그러기에 노무현 대통령이 지금 다시 돌아온 것 아닌가? 노 대통령 스스로 다시 한 번 종북몰이의 십자가에 매달리기 위해서가 아닐까? 정상회담 어록이 공개된 이유를 나는 이렇게 해석한다. 그러므로 친노는 노 대통령이 NLL을 양보하지 않았다고 주장하는 데 머물러선 안 된다. 노무현 대통령은 양보하지 않았지만, 우리는 서해평화협력지대를 위해 기꺼이 NLL을 양보해야 된다고 말하자.

반북 진보주의자의 피해망상과 우리 안의 파시즘

언제부터였는지 이젠 기억도 가물거린다. 2012년 이맘때부터 본격적으로 시작되었던 것 같다. 광적인 종북몰이 말이다. 종북몰이는 통합진보당 내 다수파를 겨냥하던 데서부터 민주 세력 대부분에게로 확산되었다. 일 년이 지난 지금, 종북몰이의 광적인 열기는 어느 정도 약화되었고, 심지어 약간 희화화되기도 했다. 하지만 통합진보당에 대해서는 아직도 종북몰이가 계속되고 있다.

이와 같은 종북몰이가 지난 일 년 동안 어떤 결과를 자아내었는지 지금에 와서는 삼척동자라도 쉽게 판단할 수 있다. 지난해 대선에서 민주 세력이 반북 보수 세력에게 패배하여 정권교체에 실패했던 원인을 생각해 보자. 물론 여러 원인이 있을 것이다. 하지만 그중에서 무시 못 할 원인이 종북몰이였다. 민주 후보 문재인은 NLL 문제에서부터 반북 보수 세력의 종북몰이에 밀렸다. 그는 민주 세력의 최대의 자랑거리라고 할 남북 평화라는 성과조차 적극적으로 내세우지 못하였으니, 패배는 이미 예고되어 있었다. 민주 세력의 대부분이 통합진보당에 대한 종북몰이에 직간접적으로 가담했으니, 결국 자기 발등에 도끼를 찍은 꼴이 되었다.

지금 종북몰이에 대한 철저한 반성이 필요한 때다. 이에 대한 반성이 없다면, 종북몰이는 언제고 다른 형태로 반복되어 다시 민주 세력의 발목을 잡기 때문이다. 이런 반성의 차원에서 종북몰이의 몇 가지 측면에 대한 단상을 제시하고자 한다.

낯선 타자와의 대화 거부하는 종북몰이꾼

우선 종북몰이꾼이 문제를 제기하는 방식에 관해 생각해 보자. 종북이란 곧 조선민주주의인민공화국의 주장이나 체제에 대해 동조한다는 의미를 지닌다. 여기서 동조란 서로의 처지를 고려하지 않고, 똑같이 행동하며 살기를 바란다는 뜻이다. 그러나 상대방의 주장이나 체제가 자기 나름대로 진실과 가치를 지닌다고 생각한다면, 이것은 상대방에게 동조하는 것이 아니라 상대방의 입장을 인정하는 것이다. 이런 인정이라는 의미에서 본다면, 조선민주주의인민공화국의 핵을 인정하지만 대한민국이 핵을 개발할 필요는 없다고 말하더라도 아무런 문제가 없다. 또한 조선민주주의인민공화국이 시행하는 사회주의적 자치가 나름대로 진실과 가치를 지닌다는 것을 인정하지만, 대한민국은 선거에 기반한 민주주의 체제로 살아가야 한다고 말하더라도 절대로 모순이 아닐 것이다.

그런데도 불구하고 종북몰이꾼들은 조선민주주의인민공화국의 주장과 체제는 비합리적이며, 아무런 진실과 가치가 없다고 확고하게 믿는다. 또한 그들은 그것에 대해 나름대로 합리성을 인정하려는 사람조차 이를 인정하는 것이 아니라 맹목적으로 동조한다고 막무가내로 뒤집어씌운다. 종북몰이꾼은 자주 "그렇게 주장하려면 아예 북으로 가라."라고 말하는데 그런 말은 그들의 생각 속에 동조 아니면 반대만 있지, 인정이란 개념은 없기 때문에 나오는 것이다.

시몬 보부아르 여사는 여성은 태어나는 것이 아니라 만들어진다고 말했다. 마찬가지로 종북주의자는 존재하는 것이 아니라 종북몰이꾼에 의해 만들어지는 것이라고 말하고 싶다. 자기가 만든 그림자에 자기가 놀란다는 말이 있듯이 종북몰이꾼은 종북주의자 때문에 위기의식을 느낀다. 대한민국 안에는 조선민주주의인민공화국의 주장과 체제 가운데 아무것도 인정하지 않는 사람은 없다. 그러니 여기에도 종북주의자 투성이고 저기에도 종북주의자 투성이니, 이런 대한민국의 현실이 종북몰이꾼에게는 얼마나 공포스러울까?

종북몰이꾼은 종북주의자를 맹목적으로 조선민주주의인민공화국의 주장과 체제에 동조하는 바보로 본다. 하지만 실상 그들 자신이야말로 절대적으로 자신이 옳다고 믿고, 상대방은 허위라고 맹목적으로 믿는 것이 아닐까? 자기주장만이 절대적으로 옳으며, 다른 사람은 허위라고 맹목적으로 판단하는 것은 파시즘적인 것이다. 그것이 소위 '우리 안에 있는 파시즘'이다. 현대의 모든 철학들은 '우리 안에 있는 파시즘'을 극복하려고 노력해 왔으며, 낯선 타자와 더불어 살아가려는 것을 목표로 한다. 낯선 타자와 더불어 살아가는 데 필요한 것이 바로 대화와 토론이다.

종북몰이꾼은 낯선 타자와 대화나 토론을 원하지 않는다. 그들은 단순히 누가 종북주의자라고 낙인찍는 것을 좋아한다. 그래서 지난해 종북몰이꾼의 광기가 정점에 이르렀을 때, 정말 웃기지도 않는 논쟁이 벌어졌다. 그것은 종북주의자를 가려내는 기준에 대한 논쟁이었다. 누구는 조선민주주의인민공화국의 최고지도자에 대해 'xxx'라고 욕할 수 있는가를 기준으로 하자고 했다. 누구는 짐짓 점잖은 척 그게 아니라 북핵, 북인권, 북의 세습이라는 세 가지 문제에 대해 동조하는지를 기준으로 하자고 했다. 점잖은 그도 역시 이런 문제에 대해 근거를 가지고 대화하거나 토론하자는 것은 아니었다. 그저 이런 문제에 대해 동조 여부를 가려 종북주의자인지를 낙인찍자고 했던 것에 불과하다. 심지어 그는 정치인이 되려는 사람이라면 누구나 이런 문제에 대해 자신의 견해를 고백해야 한다고 말했다.

종북몰이꾼들은 왜 이렇게 누구에게 종북주의자라는 낙인을 찍는 데 몰두하는 것일까? 그 물음에 대한 답은 간단하다. 그들은 대중이 종북주의자를 심정적으로 두려워한다는 것을 이미 알고 있다. 종북몰이꾼은 대중의 심정적 두려움에 불을 지르려는 것을 목적으로 한다. 그들은 종북주의자를 대중의 두려움의 불길 속에 던져 넣고 미소 짓는다. 바로 이런 태도를 '종북몰이'라고 부른다.

무의식적 공포의 근원, 국가보안법

대중이 종북주의자에 대하여 심정적 두려움을 갖는 것은 사실이다. 이 때문에 지난해 대선에서 NLL 문제가 터지자 민주당 후보였던 문재인이 종북주의자라는 비난을 피하려고 천안함 잔해 앞에서 기자회견을 하면서 서해평화지대를 부인하는 쇼를 벌이기도 했다. 그렇다면 대중의 종북주의자에 대한 심정적 두려움의 원인은 무엇인가?

이런 심정적 두려움은 대중들이 조선민주주의인민공화국으로부터 위협감을 느끼기 때문인가? 그렇게 말하는 사람들 자신이 최근 조선민주주의인민공화국이 핵전쟁이라도 불사하겠다고 말하며 휴전협정을 폐기한 다음에도 그저 코웃음을 치지 않았던가?

대중의 심정적 두려움의 원인은 단도직입적으로 말해서 국가보안법이 대중의 심리를 압박하고 있기 때문이다. 대중은 서구적 좌파에게는 비교적 관대하다. 반면 대중은 종북주의자에게는 여전히 가혹하다. 이는 국가보안법이 아니라면 설명하기 어렵다. 왜냐하면, 국가보안법은 조선민주주의인민공화국을 어엿한 국가가 아니라 아직도 우리 영토인 북한 지역을 점령하고 있는 반란단체로 규정하면서 조선민주주의인민공화국의 주장이나 체제에 동조만 해도 처벌하기 때문이다.

국가보안법은 대중에게 질식할 듯한 공포를 불러일으킨다. 대중은 과거에 국가보안법 위반으로 공안당국에 끌려가 당했던 끔찍한 고문과 그 때문에 일어났던 개인적 삶의 처절한 몰락을 기억한다. 지금은 고문이 사라졌고 처절한 몰락도 없다고 말하는 사람이 있을까? 정말 그게 사실이라고 하더라도 그런 말을 곧이곧대로 믿는 대중은 없다. 더구나 반북보수 정권이 들어서면, 공안당국은 대중들이 이런 기억을 잊지 않도록 국가보안법 위반 사건을 반드시 한 두 건 정도 마련해 놓는다. 그런 사건은 법원의 판결 단계에 이르면 대부분 조작된 사건으로 판정된다. 그럼에도 불구하고 공안당국이 미련스럽게도 계속 이런 사건들을 조작하는 까닭은 무엇인가? 그런 사건은 관련자를 처벌하여 국가의 안보를 지키기 위한 목적인가? 그런 사건들은 차라리 대중들이 고문과 몰락의 공포를 잊지 않도록 하는 데 목적이 있는 것이 아닌가? 그러기에 그런 사건의 조작은 실패하더라도 이미 성공한 것이라 하겠다.

그 결과 민주화 이후 20년이 지난 지금에 와서도 여전히 국가보안법의 경계선 근처에 가는 것도 대중에게 공포감을 불러일으킨다. 국가보안법의 의심을 받는 자는 자기의 죄가 없더라도 다만 의심받는 것도 두려워 숨을 쉬지 못한다. 대중은 자기도 모르는 사이에 국가보안법이 정한 경계선을 넘어버리지나 않을까 전전긍긍한다. 대중은 국가보안법이 두려워 꿈속에서라도 위반하지 않으려고 조심한다.

바로 그래서 국가보안법 너머의 세계는 대중의 병적인 호기심의 대상이 된다. 국가보안법 너머의 세계에는 늘 수상하고 야릇한 소문이 떠돌아다닌다. 대중들은 마치 조폭의 계보를 알고 싶어 하듯 비밀스럽게 보이는 운동권 조직의 계보에 흥미를 느낀다. 국가보안법 위반자로 의심받는 자의 주변, 어머니, 애인, 친구들이 샅샅이 파헤쳐진다. 대중들은 심지어 국보법 위반자들은 용변조차 남다르게 볼 것이라고 짐작하지 않을까? 이런 병적인 호기심이 그 세계에 대한 공포와 비례한다는 것은 무의식의 세계를 조금이라도 아는 사람이라면 쉽게 이해할 것이다.

바로 이 국가보안법이 일으키는 무의식적인 공포가 종북몰이의 토양인 대중의 심정적 두려움의 원천이다. 그 공포는 마치 메마른 낙엽처럼 언제든 작은 불씨로라도 온 산을 태울 가능성을 가진다. 심지어 이런 무의식적인 공포는 온갖 궤변조차 정당화시킨다. 예를 들어, 천안함 사건을 보자. 이성적으로 대부분의 대중은 그 사건이 조선민주주의인민공화국의 소행이라고 믿지 않는다. 그런데 감성적으로는 대부분의 대중이 당국의 발표를 믿고 싶어 한다. 그들은 자기가 당국의 발표를 믿지 못한다는 것을 오히려 두려워할 정도이다.

종북몰이꾼이 된 반북 진보주의자

이야기가 좀 길어졌지만 마지막으로 새로운 유형의 종북몰이꾼들에 대해 생각해 보자. 소위 반북 진보주의자다. 그들은 주로 반북 보수주의자가 차지했던 종북몰이꾼의 대오에 신선한 피를 공급했다. 이들이 누구의 사주를 받고 나섰다고 보기는 어렵다. 그러기에 그들의 자발적인 동기가 무엇인지는 궁금하다. 신선한 피의 종북몰이꾼들은 한때 함께 군부독재와 싸웠던 동지들을 왜 종북주의자라고 고발했을까?

여러 가지 가설이 있을 것이다. 그들은 지난 해 총선 이후 상승세를 타던 통합진보당의 당권을 장악하고 싶었다는 가설도 있다. 경기동부 조직에 대한 폭로기사가 총선 이전부터 시작된 것을 보면 그런 것 같다. 또는 통합진보당 비례대표 경선과 관련, 유시민·심상정·조준호가 주도한 소위 '빽소니 사건' 명분이 뒤집히자 이를 보강하기 위해서였다는 설도 있다. 소위 애국가 논쟁이 그 근거이다.

필자는 이런 가설 외에 또 하나의 가설을 추가하고 싶다. 당시 반북 진보주의자들이 처해 있었던 정치적 곤경이 주요 원인이 아니었을까? 유시민이 주도하는 참여민주주의 계나 심상정 중심의 사회민주주의 계는 지난해 총선 이후 정치적 위기에 직면했다. 한마디로 말해 그들은 대중에게서 외면당했다. 그들은 대중의 외면을 자기 내부의 정치적 행태에 대한 반성을 통해 극복하려는 생각은 하지 못했다. 그들은 적어도 자기들이 그동안 반복해 왔던 분열주의적인 행태 때문에 대중이 실망한 것은 아니었을까라는 반성을 해야 하지 않았을까? 그러나 그들은 통합진보당 다수파의 잘못 때문에 자신들이 피해를 본다는 망상이 그들의 쓰라린 심정에 더 많은 위안을 준다는 것을 발견했다. 이렇게 하여 패권주의니, 종북주의니 하는 고발이 난무하게 되었다. 그들의 피해망상은 거의 무의식적인 차원인데, 전형적으로 내적인 죄의식을 외적인 대상에 대한 공격으로 전치시키는 무의식적 심리기제에 기초한다. "이렇게 생각하는 근거가 있느냐?"라고 물을 것이다. 그 근거로 그들이 탈당을 감행했다는 사실을 보라고 말하려 한다. 그들은 종북으로 몰린 통합진보당과 단절만 한다면, 엄청난 대중적인 호응이 일어날 것으로 기대했기에 탈당한 것이 아닌가? 이런 기대의 배후에는 그들의 피해망상이 존재한다.

그들의 피해망상이 망상이었다는 점은 그들이 탈당하여 새로운 정당을 결성했을 때 명백하게 드러났다. 그들은 기대와 달리 대중이 더욱 가혹하게 외면한다는 사실에 충격받은 듯하다. 그런데 대중의 외면이 특별히 가혹해진 것은 아니다. 대중들은 본래 그들을 외면하고 있었다. 다만 그들만 그것을 몰랐고 헛된 기대를 하고 있었던 것이다.

이제 반북 진보주의자도 깨닫지 않았을까? 분열주의적인 행태가 대중에게 얼마나 외면 받는가를, 반북 보수주의자들은 대중의 심정적 두려움을 먹고 산다는 것을, 국가보안법을 폐지하지 않고서는 대중들의 심정적 두려움을 해체할 길은 없다는 것을, 조선민주주의인민공화국을 반란단체가 아니라 국가로 인정해야 한다는 것을, 낯선 이웃을 인정할 수 있는 진정한 용기가 필요한 시점이라는 것을 깨달았을 것이다. 그런 용기를 종북이라 한다면, 비록 국가보안법이 처벌한다고 하더라도 이제는 다들 종북주의자가 되어야 할 때라는 것도 깨달아야 할 것이다.

통일의 문제를 멍하니 바라보는 진보

언제부터인가 진보 세력은 남북의 통일에 대해 침묵한다. 이명박 정부 5년간 남북은 답답한 대결을 이어갔고, 그 사이에 단 한 번의 대화도 이루어지지 않았다. 그런데도 불구하고 진보 세력은 이런 답답함을 뚫어 보려는 어떤 적극적인 시도도 하지 않았다.

이명박 정부에게야 남북 간의 긴장된 대결이 그 자신의 생존 조건이다. 그러니 사사건건 일을 비틀어 남북 간의 관계를 악화시키고 대결을 조장하는 게 그들로서는 당연하다고 하겠다. 그런데 이 때문에 고통당하는 사람은 누구인가? 진보가 기초하고 있는 바로 그 민중이 아닌가?

그런데도 진보는 지난 5년 동안 이 답답한 국면을 해소하려는 의미 있는 시도를 하지 않았다. 정말 이상한 일 아닌가? 진보는 마치 남북의 통일 문제가 정권의 특권인 것처럼 멍하니 바라만 보았고, 그저 정권이 교체되기만 목 빼고 기다리고 있었다. 어쩌다 진보가 이 모양이 되었나?

남북의 통일 문제를 다루는 것은 정말 정부의 특권인가? 과거 통일의 물꼬를 트기 위해 임수경 의원이나 고 문익환 목사가 벌였던 대담한 행동을 생각해보자. 그때는 남북의 통일을 위해 진보가 정부보다 한 걸음 앞서 달려나가지 않았던가? 그때 정부가 어떤 역할도 하려 하지 않기에 진보가 스스로 통일 운동에 뛰어들지 않았던가?

통일의 문제를 진보 운동이 다루는 것이 효율적이지 않기 때문인가? 사실 진보 중 일부는 그런 효율성을 들어서 차라리 정권이 교체된 이후에 통일 문제를 다루자고 한다. 물론 정권이 움직인다면 할 수 있는 일이 더 많고 훨씬 더 효율적일 것이다. 과거 김대중 정권이나 노무현 정권이 했던 6·15선언과 10·4선언을 생각해보면 그렇다.

그렇다고 하더라도 지금 효율성만 따질 일은 아니지 않은가? 도대체 정권이 대결국면만을 조장할 뿐이고 남북의 관계는 더욱 악화할 뿐이니 진보운동이 나서서 민간차원에서 물꼬를 틀어야 하지 않을까? 다시 한 번 과거 임수경, 문익환의 결단을 생각해 보자. 진보가 의지를 가진다면, 정권의 방해나 억압에도 불구하고 할 수 있는 일이 있지 않았을까?

결국 의지의 문제이다. 진보가 통일 문제에 대해 5년 내내 멍하니 바라보고 있었던 것은 진보의 의지가 죽었기 때문이다. 그런데 사실 진보로서 발목이 묶인 점도 없지 않다. 언제부터인가 같은 진보 세력 내부에서부터 종북이라는 악의적인 비난이 악성종양처럼 자라났으니, 통일을 지향하는 진보세력은 감히 숨조차 제대로 못 쉴 지경이었다. 우선 몸이라도 챙기기 위해서 일단 오해를 불러일으킬 일을 피해야 했다. 결과적으로는 남북의 대결이 악화함에도 불구하고 멍하니 바라볼 수밖에 없었다.

심지어 이런 종북이라는 비난이 때려잡은 것은 통일 지향 세력만이 아니었다. 심지어 통일 문제에 적극적인 개혁적 세력조차도 이런 비난이 두려워 움직일 수가 없었다. 이번 대선에서 안철수, 문재인 후보의 정책을 보라. 남북의 통일 문제는 그들의 정책에서 있으나 마나 한 정책이 되고 말았다. 그들은 차라리 남북통일에 대한 그들의 정책이 주목받지 않게 하려고 노력하는 것처럼 보였다. 얼마나 종북이라는 비난이 두려웠으면 그렇게 했을까?

어떻게 보면 남북통일에 관한 적극적인 정책은 보수 세력과 차별화하고 중도세력까지도 끌어들일 수 있는 좋은 정책이다. 그것은 역사적으로 김대중, 노무현 정권이 이루었던 자랑거리가 아닌가? 그런데도 불구하고 안철수, 문재인 후보는 자기들의 자랑거리를 이렇게 감추기에 급급했다. 반통일 보수 세력은 통일세력에 대해 종북이라는 비난을 시작한 일부 진보세력이 얼마나 고마웠겠는가?

진보와 개혁 모두를 묶어서 때려잡아 준 일부 반통일 진보세력의 이적행위는 정말 말로 다할 수 없는 분노를 일으킨다. 선거 후반에 반통일 진보 세력이 안철수, 문재인 후보들과 연대했다는 것을 생각해 보자. 이들은 자기들이 연대했던 세력을 등 뒤에서 찌르고 있었으니 자가당착도 이만한 일은 없어 보인다.

진보를 파괴했던 출발점이 종북이라는 비난, 종북몰이였다. 그렇다면 진보를 다시 세울 출발점 역시 여기에 있을 것이다. 반통일 진보라는 악성종양을 회피하려 한다면, 영원히 이 악성종양을 도려낼 수는 없을 것이다. 종북이라는 비난과 종북사냥꾼의 목덜미를 물어뜯는 적극적인 행위가 필요할 때다.

사상의 심사위원 진중권 교수에게

지금 낡은 진보를 척결하고 새로운 진보를 세우는 작업이 혁신이라는 미명하에 진행되고 있다. 이 혁신의 흐름에 자발적으로 참가하지 않는 자에게는 몽둥이가 기다리고 있다. 지금 곳곳에서 낡은 진보를 고백하고 참회하라는 사상전향의 공작이 진행되고 있다.

그 선두에 선 자, 그가 바로 진중권 교수이다. 진중권 교수는 이제 국회의원의 사상을 검증하자고 한다. 북한에 대해서, 북핵과 삼대 세습에 대한 자신의 입장을 밝히라는 것이다. 그것을 밝힌다면, 그에 따라서 그가 종북파인지 아닌지를 판단하여 주겠다는 것이다.

나는 모르겠다. 공직자의 의무에 이웃나라의 내정에 대해서도 자기 입장을 고백하는 게 포함되는 것인지. 그러면 공직자는 의무적으로 일본의 자민당에 대한 입장과 미국의 아프가니스탄 침략에 관한 입장과 중국의 인권문제에 대한 입장도 고백해야 하는 것인지. 누가 이렇게 물을지도 모른다. 그렇게 고백한다면, 그다음에는 어떻게 되는가? 진중권 교수의 대답은 간단하다. 그건 나는 모른다. 내가 맡은 임무는 그저 판단하는 것일 뿐이라고. 하기야 그다음은 진중권 교수가 맡은 일은 아니다.

그가 찬사를 받으면서 심사석을 떠나간 다음에 그 자리로 찾아오는 자들이 있다. 그들은 누구인가? 아마도 먼저 조중동이 나타날 것이다. 조중동은 준엄하게 선언할 것이다. 여기는 대한민국이고 종북파인 당신이 있을 곳은 저기라고. 이 땅에서 떠날 때까지 우리는 나발을 불어 당신의 숙면을 방해할 것이라고. 그리고 조중동이 떠난 그다음은? 이 땅의 민주화를 위해 한 번이라도 국정원에 끌려가 본 사람이라면 누구나 알지 않을까?

70년대 초 박정희에 의해 자행된 사상전향 공작의 그 끔찍한 역사를 기억하는 사람은 물론 더 잘 알 것이다. 물론 오늘 진중권 교수가 심사하는 대상은 국회의원이라는 공직자에 제한될지 모른다. 참으로 심사 대상을 공직자로 제한하는 진중권 교수의 너그러움에 감사할 수밖에 없다. 다행히 나는 공직자가 아니므로 고백을 하지 않아도 되는 모양이다. 그러나 과거 미국에서 일어난 매카시 선풍의 역사를 알고 있는 사람이라면 두려워하지 않을 수 없다. 오늘 심사받는 사람이 국회의원이라면, 내일은 공무원과 교사일 것이며, 모래는 노동자이며, 그 다음에 온 국민이라는 것을.

그러기에 나는 진중권 교수에게 이렇게 묻고 싶다.

진중권 교수, 어떻게 생각하시오. 당신은 지금 새누리당 국회의원에게 물어볼 생각은 없소? 그들도 공직자 아니요? 그들에게 제발 한 번 물어보시오. 미국에서 광우병이 발생했는데, 소고기를 계속 수입해도 아무 문제없는가를. 그러면 당신이 그가 한국에서 넘치고 넘친다는 종미파인지, 아니면 한국에서 암약하는 미 CIA 에이전트인지를 판단해 주겠다고. 아마도 새누리당 국회의원은 대답하지 못할 것이요. 그때도 당신은 이렇게 말하겠소? 양심을 고백하지 못하는 떳떳하지 못한 인간이라고.

진중권 교수, 당신은 자랑스러울 것이요. 당신의 양심을 항상 떳떳하게 밝힐 수 있어서 말이요. 당신이야 한국의 자유민주주의 체제 내에서 자유와 민주만 보면 되니까. 그러나 한국의 자유민주주의의 이면이 조중동이고, 국정원이라는 것은 아시오? 이 땅에 피비린내 나는 억압을 보지 않아도 되는 당신은 정말 행복하겠소.

그러나 이 땅에는 남북 간의 긴장해소를 위해 북한을 하나의 공인된 국가로 인정해야 하며, 상대를 해치지 않는 한 서로의 입장을 존중해야 한다고 생각하는 사람들도 있소. 그 사람들은 자신의 평화주의 때문에 종북파로 몰리고, 끝내는 감옥에 가야할까를 두려워하고, 거꾸로 자신의 침묵 때문에 남북의 긴장이 강화되고 끝내는 전쟁이 터지지 않을까도 두려워하고 있소. 그들은 '침묵이냐, 감옥이냐' 이 선택 때문에 잠들지 못한다는 것을. 당신이 두둑한 찬사로 배부르게 잠들 때, 이렇게 잠들지 못하는 사람도 있다는 것을 당신은 알기나 하는 것이요?

4장 진보적 민주주의를 위해

내가 민주노동당에 가입한 이유

이제 통합진보당이 분당하는 것은 거의 확실해 보인다. 안타까운 일이다. 곤혹스럽고 또 두렵기도 하다. 앞으로 역사는 이번 일을 어떻게 기록할지? 혹 이 과정에서 내가 잘못한 것이 없는지? 착잡한 마음에서 다시 나 자신을 돌아보지 않을 수 없다. 그래서 생각한 것이 '나는 왜 통합진보당을 지지하는지'를 밝혀 보기로 마음먹었다.

나 자신의 개인적인 삶의 문제나 철학적인 고민을 고백할 필요는 없을 것이다. 하지만 글을 쓰는 목적이 정치적인 것이니 나 자신의 정치적 삶에 관련해서 몇 가지 고백을 하는 것이 내 생각을 이해하는 데 도움이 되리라 생각한다.

나는 젊은 시절에 삶을 철학에 바치기로 결심했다. 생활은 스피노자나 데카르트와 같이 소박한 삶에 제한하고, 가능하면 자폐적이라고 할 만큼 고립된 삶을 살고자 결심했다. 오랫동안 교수 생활을 했지만, 마음속으로는 나 자신의 결심을 지키고자 노력했다.

그런 사람이 민주노동당이라는 정당에 가입했다니 좀 이상하지 않은가? 사실 나는 평생 정당이라는 것을 몰랐다. 물론 개인적으로는 김대중 선생을 지지하고 노무현 대통령을 사랑했다. 그러나 그때만 해도 나는 선거를 통해서 지지했을 뿐이다. 주변의 몇몇 친구들은 적극적으로 정당활동을 하기도 했지만, 왠지 나는 그런 활동에 선뜻 나설 생각이 들지 않았다.

2008년 분당 사태 때 민노당에 가입

그래서 정당에 가입한 것은 민주노동당이 처음이었고, 아마 마지막으로 가입하는 정당이 아닐까 싶다. 2008년, 그때도 분당 사태가 일어난 무렵이었다. 정확한 날짜는 기억나지 않는다. 가입하기 전에 몇 날 며칠을 고민했는지 모른다. 오랫동안 고민했지만, 결정은 급작스럽게 했고, 곧바로 인터넷으로 당에 가입했다. 물론 민주노동당 당원도 몇 사람은 알고 있었지만 그들과 상의할 생각도 하지 않았다.

당시는 내가 대학교수로 재직하고 있을 때였다. 물론 내가 직접 정치적 활동을 할 생각은 없었다. 그때 생각은 그저 당비를 내면서 민주노동당을 후원하는 마음을 표현하는 것으로 충분하다고 생각했다. 그 후 나는 강의 중인 대학(부산 사하구)이 위치한 지역에 소속되었고, 그 뒤 당비는 자동적으로 통장에서 빠져나갔다. 얼마 뒤에는 내가 당원이라는 사실도 잊고 지냈다.

이번 선거 때 보니까 내가 갑자기 진해시(현 창원시 진해구) 소속으로 되어 있었다. 지금 나는 서울 근교에 살지만, 과거 주소가 진해시라서 그

쪽으로 소속된 것이었다. 그래서 마음속으로 통합진보당이 정말 당 관리를 느슨하게 한다고 생각했다. 하기야 내가 주소를 바꾸지 않았으니 관리를 제대로 할 수도 없었을 것이다. 굳이 내가 사는 지역으로 옮길 이유도 딱히 없어서 그냥 내버려 두었다. 그러니 아마 나도 소위 유령당원에 속하지 않을까 싶다. 서울 근교에 살면서 이번에 당원 투표는 경남지역에서 했으니까.

그러면 그때 무슨 생각을 했는지 이제 말할 차례다. 이 글의 목적이 그것이니까. 간단하게 말하자면 이렇다.

한국 사회에 많은 정치 세력이 있다. 한국 사회의 정치적 과제는 또 얼마나 많은가? 그런데 다른 어떤 정치세력도 추진하지 않는 과제가 하나 있다. 그런데 유일하게도 민주노동당만이 그 과제를 줄기차게 주장해 왔다. 어떻게 보면 그 과제는 여러 가지 조건상 다른 어떤 정치세력도 책임지고 추진할 수가 없는 것이다. 민주노동당만이 유일하게 그 과제를 책임 있게 추진할 수 있는 것으로 보였다.

그 과제는 다름 아닌 민족의 평화적 통일이라는 과제이다. 이 과제는 노동자, 농민과 민중에게는 진정으로 사활이 걸린 문제라고 생각한다. 왜 그런가? 이것은 또 나중에 이야기하기로 하자. 하여튼 노동자·농민·민중의 당인 민주노동당만이 이 과제를 수행할 수밖에 없다고 생각했다.

사실 통일 과제 때문에 민주노동당이 얼마나 많은 핍박을 받았나? 그 때문에 종북주의라는 참으로 입에 담을 수 없는 비난까지도 감수했고, 언론과 지식인에게서 그 엄청난 매타작을 받지 않았나? 그러면서도 자신의 지조를 지키는 민주노동당의 모습이 정말 아름다웠다. 그리고 나는 그것이 그만한 가치가 있다고 생각했다.

그래서 민주노동당에 가입했다. 당시 심상정, 노회찬 같은 이들이 분당하면서 보따리를 싸 나갈 때였다. 나는 잘못하다가는 민주노동당이 무너질 것으로 생각했다. 당시 민주노동당의 내부 사정을 언론을 통해서만 접한 나한테 그렇게 보이는 것도 무리가 아니었을 것이다. 그래서 나라도 들어가면 조금이라도 도움이 되지 않을까 해서 가입했다.

생각해보니 이번에도 마찬가지였다. 사실 당내 혁신파가 주장하듯이 북한 문제를 청산했다면, 그렇게까지 지독하게 거의 모든 언론과 지식인으로부터 통합진보당이 매도당하지는 않았을 것이다.

솔직히 진보언론과 진보지식인이 당내 비례대표 선거가 어떻게 치러지는지 몰랐을까? 모든 정당이란 지식인과 민중으로 이루어지고 민주주의적 절차와 조직적인 결정이라는 이원적 요소로 이루어진다는 것, 이 두 요소는 서로 모순적이면서도 서로 보완적이라는 것 정도는 나 같은 문외한이라도 잘 안다. 그런데 그들 언론사 기자와 사회과학적인 지식인이 몰랐다면 어불성설이라 하겠다. 그런데도 불구하고 마치 입을 싹 씻은 듯이 모른 체하며, 죽일 듯이 달려 든 것은 바로 북한 문제를 청산하지 않았기 때문이다.

민족의 평화통일을 추진하는 유일한 세력

그런데 종북주의라고 비난하면서 모든 언론과 지식인 그리고 혁신파가 실제로 노렸던 것은 무엇인가? 그것은 민족의 평화적 통일이라는 염원을 담고 있는 당의 정책 자체를 파괴하려는 것이 아니었을까? 결국, 이번에도 통합진보당은 모든 언론과 모든 지식인에게 매도당하면서 당의 사망선고를 수없이 들으면서도 당의 평화통일 노선을 지키고자 했다. 나는 이를 악물고 고문처럼 다가오는 비난과 매도를 견디는 통합진보당 당원의 불굴의 정신에 놀라움을 금치 못했다.

나는 통합진보당이 노동자, 농민과 민중에게 더 가까이 다가가야 한다고 생각한다. 당이 대중에게 진정으로 사랑받는 굳건한 조직이 되기를 기대한다. 유시민·심상정계의 혁신파처럼 일시적인 바람에 따라 이합집산하지 않고, 대중의 진정한 소망과 염원을 따라가는 정당이 되기를 기대한다.

그러면서도 통합진보당의 최소한의, 최후의 존재이유는 어디까지나 '민족의 평화통일을 추진하는 유일한 세력이라는 데 있는 것이 아닐까?' 라고 나는 생각한다. 역사적 과제가 있는 한 그 과제를 추진하는 정당은 사라질 수 없다. 그게 역사의 법칙이다. 그러니 지금 통합진보당에서 누가 탈당하고 누가 분당하더라도 이런 역사적 과제를 지키는 한 굳건한 반석 위에 서있다고 생각한다. 국민의 눈높이를 주장하는 사람들이야 말로 바람이 지나가면 곧 쓰러지고 말 것이다. 그것은 우리나라 정당사에서 너무나도 익히 보아왔던 사실이다.

지금 서울에는 비가 내린다

나는 지금 자신을 되돌아보면서 과거에 쓴 이런저런 글을 다시 읽어 보았다. 그러다가 아래의 글을 발견했다. '지금 서울에는 비가 내린다' 라는 글인데, 2004년 〈오마이뉴스〉에 기고한 글이다.

나는 현실에 관심을 가지면서도 결코 철학적인 경계를 넘어서지 않는 글을 쓰려고 했다. 나의 글은 대부분 한국철학사상연구회 홈페이지 게시판에 실려 있다. 단 한 번 외도를 한 적이 있는데, 그때 거의 정치적인 선언문에 가까운 글을 썼다. '지금 서울에는 비가 내린다'는 최근 통합진보당 문제로 인해서 썼던 글을 제외하고, 내가 지금까지 썼던 유일한 정치적인 글이었다.

이 글은 노무현 대통령이 탄핵으로 위기에 처했을 때 썼던 글이다. 이 글을 보면, 노무현 대통령에 대한 나의 기대와 더불어 그의 정책에 대한 실망감, 그러면서도 노무현 대통령에 대한 저버릴 수 없는 애정이 드러나 있다.

이 글을 잘 읽어 보면, 내가 왜 노무현 대통령이 물러난 이후 노무현

일파와 함께 행동하지 않고, 홀로 민주노동당에 가입했는지 짐작할 수 있을 것이다.

지난 일 년간 속이 매우 쓰렸다. 물론 심적 공황상태에 빠져 자기들의 패배 자체를 인정하지 않으려는 한나라당 사람들과는 다르지만 '왜 이런 사람 찍었나'하고 후회하기도 했다. 그 이유는 노무현 대통령이 취임 이후 도대체 무엇 하나 제대로 개혁하는 게 없기 때문이었다. 특히 지난 연말 이라크에 전투병을 파병하겠다는 결정을 듣고는 '이제 더는 기대할 게 없다.' 생각하고 아예 포기상태에 빠져 버렸다. 그 후 무관심한 상태에서 몇 달이 지났는데, 갑자기 노무현 대통령 탄핵발의가 통과되었다는 소식을 3월 12일 12시 5분, 학교식당에서 점심을 하면서 들었다.

노무현 탄핵은 무혈 쿠데타의 서곡

도대체 대통령의 탄핵을 통해 그들이 노리는 것은 무얼까? 그저 감정적 한풀이를 하는 걸까? 한나라당은 자기의 패배를 아직도 인정하지 못했고, 민주당이야 노무현에게 배신당했다 생각하니까, 그도 그럴 것 같았다. 자기들 한풀이를 위해서 이렇게 대통령의 직무를 정지시켜도 되는 걸까? 지금 약간 완화되기는 했지만, 여전히 북핵 문제로 남북이 긴장 상태에 있지 않은가? 어떻게 저런 철없는 짓을 국회의원이란 자들이 하는 걸까? 그 정도는 아니겠지? 그들이 노리는 더 큰 게 있을 텐데.

그때 얼핏 소문으로 들은 보수 진영 어느 이론가 말이 불쑥 떠올랐다. 일단 탄핵으로 대통령을 묶어 놓고, 이어서 권한대행 체제 아래에서 내각제 개헌을 추진하고, 선거를 통해 한나라-민주당 합작으로 지역 구도를 고착시켜 놓는 거야. 그러면 일본 자민당처럼 영구 집권할 수 있는 거지. 그럼 이건 피 흘리지 않는 쿠데타, 즉 명예 쿠데타라 할 수 있지. 이 말을 처음 들었을 때 웃고 말았다. 그러면 이번 탄핵이 웃을 일이 아니란 말인가? 이게 쿠데타의 서곡이란 말인가?

"

노태우 정권보다는 그래도 김영삼 정권이,
김영삼 정권보다는 김대중 정권이 더 나았다.
그리고 노무현 정권이 들어서면서 또 한 발자국씩 앞으로 갔다.
때로 진보의 속도가 늦어 속이 터질 때도 있었지만,
역사가 전진한다는 것처럼 희망적인 것은 없었다.
그런데 탄핵이라니 이게 뭔가,
그러면 우리 역사가 지금까지 앞으로 갔다는 것은
그저 환상에 지나지 않았던 것일까?
역사란 도대체 무언가?

"

이때 섬광처럼 떠오른 생각이 있었다. 그것은 칠레 아옌데 정권의 몰락을 다룬 〈산티아고에는 비가 내린다〉의 영화 장면이었다. 영화의 제목이 된 이 말은 쿠데타가 일어나면, 이 말을 신호로 집결하여 쿠데타를 막자는 민중들 사이의 암호였다. 그러나 쿠데타가 터진 날, 이 암호가 TV를 통해 거듭 반복되었지만, 민중들은 아옌데 정권을 지키기 위해 모여들지 않았다. 아옌데 정권 탄생 이후 비록 우파의 완강한 방해도 있었지만, 개혁 자체가 비틀거리는 것에 대해 민중들이 너무나 실망했기 때문이다. 결국, 아옌데 대통령은 소수의 지지자를 끌고 대통령 궁을 최후 거점으로 삼아 저항하였다. 하지만 다가오는 탱크의 포격으로 그들은 무참히 살해되고 말았다. 그렇게 민주적 선거로 탄생한 세계 최초의 사회주의 정권이 몰락해 버렸다.

점심 식사를 먹는 둥 마는 둥 하면서 필자의 생각은 이어졌다. 그렇다면 역사가 되돌아 갈 수도 있는 것일까? 지금까지 우리 역사는 지지부진하지만 조금씩이나마 앞으로 갔다. 노태우 정권보다는 그래도 김영삼 정권이, 김영삼 정권보다는 김대중 정권이 더 나았다. 그리고 노무현 정권이 들어서면서 또 한 발자국씩 앞으로 갔다. 때로 진보의 속도가 늦어 속이 터질 때도 있었지만, 역사가 전진한다는 것처럼 희망적인 것은 없었다. 그래 이렇게 가다보면, 언젠가 역사에 정의가 실현되리라. 역사는 인간이 만드는 것이고, 인간이 정의를 추구한다면, 왜 역사가 정의에 도달할 수 없다는 말이냐? 이것은 삼척동자도 이해하는 간단한 삼단논법이다. 그런데 탄핵이라니 이게 뭔가, 그러면 우리 역사가 지금까지 앞으로 갔다는 것은 그저 환상에 지나지 않았던 것일까? 역사란 도대체 무언가?

여기서 필자는 비로소 상념에서 깨어났다. 사르트르는 인간이 자유롭다는 믿음을 가지면, 인간은 자유롭게 된다 했는데, 마찬가지일 거야. 역사도 인간이 움직일 수 있다는 신념을 가진다면, 실제로 역사를 인간이 움직일 수 있을 거 아닌가? 이런 법칙을 무엇이라 했던가? 자연법칙은 아니고, 믿음의 법칙이라 할까? 그렇다면, 일어나야지. 우리가 일어난다면, 아직 그들을 막을 수 있어. 그렇다, 이제 다시 87년 민주항쟁 때처럼 거리로 나가려면 우선 든든히 먹어두어야 하지. 이렇게 생각하면서 점심을 서서히 남김없이 다 먹어치웠다. 믿음이 생기니 마음이 조금 가벼워졌다. 생각해보니 더 신 나는 말도 떠올랐다. 마르크스가 말 했다지? 역사에 두 번 일어나는 일도 있는데, 한 번은 비극이지만 또 한 번은 희극이라고. 그렇다면 비록 그때 칠레에서 그들의 쿠데타는 엄청난 비극이 되었지만, 오늘 한국에서 한나라-민주당 합작 쿠데타 서곡은 세계사의 웃음거리로 끝나게 될 게 아닌가? 그럴 수밖에 없다. 그들은 사라진 과거의 영광을 잊지 못한다. 그러기에 과거의 방식으로 지역감정에 기대면, 모든 것이 잘 풀려나가리라 희망으로 일을 저질렀다. 그러나 그들이 이해하지 못하는 게 있다. 아니 눈앞에 있어도 보지 못하는 게 있다. 그건 이미 그런 과거는 흘러갔다는 것이다. 밑바닥에 흐르던 새로운 역사적 흐름이 마침내 현실의 기슭에 도달했다는 것이다.

거리의 혁명은 또 다른 도약을 요구

의회 쿠데타가 일어난 이후 지난 닷새를 돌이켜 보면, 다시금 마르크스의 이 말이 역사의 혜안이었음이 입증되는 것 같다. 지금 전국의 거리는 축제의 물결이 휩쓸고 있다. 이 축제는 웃음의 축제이다. 우리 민중은 세계사에 유례가 없는 혁명을 만들었다. 그것은 웃음의 혁명이다. 이 축제, 이 혁명은 우리에게 또 다른 도약을 요구한다.

이제 역사는 과거의 개념 틀로 더 이상 이해되지 않는다. 무언가 새로운 개념 틀이 필요하다. 그들이 과거에 사로잡혀 이것을 이해하지 못했고, 그러기에 이 역사적 흐름에 역행했다. 반면 우리는 다행스럽게도 이 역사적 흐름을 타고 있다. 하지만 진보세력 역시 이 새로운 역사적 흐름을 이해하지 못하기에, 어쩌면 이 역사적 흐름을 가로 막고 있는 게 아닐까? 벌써 일상으로 돌아가자고 누군가 외친다. 현명한 헌법재판소의 판관들에게 맡겨두자 한다. 또는 선거가 다가와 있고, 이렇게 하면 오히려 표가 떨어진다고도 말한다. 저들이 바라는 게 혼란이므로 우리가 저들의 덫에 빠져서는 안 된다는 소리도 들린다.

그러나 이 역시 과거의 개념틀이 아닌가? 오히려 이 역사적 흐름을 소통시켜야 하지 않을까? 주요한 것은 그저 단순히 노무현 대통령이 복권하는 것은 아니다. 어떤 정당이 선거에서 승리하는 것은 더더욱 아니다. 더 주요한 것은 우리가 새로운 개념틀, 새로운 사고와 새로운 감수성으로 이 역사적 흐름을 소통시키는 것이리라. 그것을 위해선 더욱더 역사적 흐름이 흐르는 축제의 거리로 나서야 할 것이다.

(〈오마이뉴스〉 · 학단협과 함께 '탄핵정국, 위기에서 희망찾기' 릴레이기고, 2004년 3월 18일, '지금 서울에는 비가 내린다')

나의 기대와 달리 결국 노무현 대통령 세력은 탄핵을 추진했던 세력과 타협하고 말았다. 그 최종적인 결과는 민중의 기대를 저버린 채 미국의 압력에 굴복하면서 추진했던 한미 FTA였다.

나는 그때 유시민을 비롯한 참여계는 무엇을 했는지 묻고 싶다. 한미 FTA를 선동하면서 국민을 교묘하게 농락했던 장본인이 유시민 아니었던가? 그런 그가 국민의 눈높이를 주장하다니 어불성설이다. 그런 그가 통합진보당의 사망을 선고하다니 도대체 이해되지 않는 망발이다. 그는 이미 오래 전에 민중으로부터 사망선고를 받지 않았던가? 흘러간 물로는 물레방아가 돌지 않는 법이다.

선동정치에 약한 민주주의

미네르바의 올빼미는 황혼녘에 날아오른다. 이제 통합진보당 문제는 분당 국면에 들어가면서 어느덧 황혼에 이르렀다. 그러니 단순한 응급조치가 아니라 철저한 성찰이 요구된다. 내가 글을 쓰는 목적도 이런 비판적 성찰에 조금이라도 기여하려는 의도이다.

2012년 5월, 통합 진보당 사건의 계기가 된 것은 당내 민주주의의 문제였다. 더 정확하게 말하자면 비례대표 경선에서 일어난 부정이 문제라는 것인데, 이는 민주적이고 형식적 절차를 왜곡하였다는 의미라 하겠다. 그 때문에 민주주의라는 형식에 관한 깊은 성찰이 필요하다.

사르트르를 동경했던 청년

1972년, 나는 대학에 입학했다. 대학에 들어가자마자 광주(경기도) 폭동과 박정희의 유신체제를 맞아 한껏 부풀었던 청년의 낭만은 사라졌다. 그 이후 나의 청년기는 어둡고 칙칙한 절망의 구름으로 덮였다. 사르트르 같은 철학자가 되기를 원했던 청년은 시대의 절망을 이기지 못하고 결국 술꾼이 되어 버렸다.

당시 나는 이런 시대에 대해 어떻게 해야 할지를 몰랐다. 그때 김지하 선생이 지었던 시는 절망을 이기게 하는 힘을 주었다. 그의 시 〈타는 목마름으로〉는 노래로 만들어져 젊은이의 애창곡이 되었다. 그 노래의 후렴이 바로 "민주주의여 만세"였다.

박정희 독재 정권, 전두환 독재 정권 시절 나의 유일한 소망은 민주주의의 회복이었다. 민주주의는 나에게 성스러운 것이고 절대적인 명령이었다. 그런 심정은 지금도 마찬가지이다. 어떻게 하면 민주주의를 더욱 완성할 수 있는지가 내가 가진 철학적인 문제의 핵심이기도 하다.

내가 이해하는 한 민주주의란 일단 하나의 형식이다. 민주주의는 잘 운용하면 민중의 요구와 시대의 정신을 담을 수 있는 탁월한 그릇이 된다. 그러나 잘못하면 파시즘과 같은 선동 정치에 넘어가게 된다. 파시즘은 다른 어떤 정치적 형식보다도 민주주의 형식에 가장 잘 기생하며, 또한 그것을 파괴하는 치명적인 독약이 된다.

그러기에 그리스 민주주의 시대 소크라테스가 비판에 나섰다. 언제 기회가 되면 소크라테스의 비판에 대해 상세하게 논의할 수 있을 것이다. 그러나 깊게 들어가면 너무 우회하는 것이니 오늘은 이 정도에서 빠져나오려 한다.

최근에도 민주주의적 형식에 대한 비판은 그치지 않고 있다. 샌델 교수의《정의란 무엇인가》가 요즘 인기다. 우리나라에서 최근 백만 부 이상의 책이 팔려 저자조차도 깜짝 놀랐다고 한다. 그런데 사람들은 정작 샌델의 주장이 무엇인지는 잘 모르는 것 같다.

샌델은 공동체주의자의 선구자다. 정치적으로는 공화주의를 주창한다. 그 입장은 어떤 사회에는 그 공동체가 밑바닥에 가지고 있는 기본적인 가치가 있다는 데서 출발한다. 공동체주의나 공화주의는 이런 기본적인 가치에 관해서는 민주주의적인 방식으로 결정할 수 없다고 본다. 오히려 민주주의란 이런 기본적 가치를 토대로 하고, 그 위에서 비로소 성립할 수 있는 형식이라고 한다.

샌델은 한 사회의 기본적 가치인 정의의 원리조차도 합리적인 선택, 즉 민주주의적인 방식으로 결정되어야 한다고 주장하는 존 롤스와 같은 민주주의자를 비판했다.

소크라테스가 민주주의 비판한 이유

소크라테스든 샌델이든 그 비판의 핵심은 민주주의가 선동정치에 취약하다는 것이다. 그러나 이런 약점 때문에 민주주의라는 형식 자체를 버릴 수는 없다. 그것은 빈대 잡으려다 초가삼간을 태운다는 말과 같은 것이다.

그런 점에서 나는 민주주의를 폐지하는 것은 반대한다. 민주주의를 기본원칙으로 하되 그것을 보완하는 여러 장치를 마련해야 하겠다. 사실 그래서 일찍부터 민주주의의 취약성을 보완하기 위한 제도적 장치가 마련되어 왔다.

그 가운데 가장 우선적으로 손꼽을 수 있는 게 언론이다. 비판적이고 합리적인 숙고를 가능하게 하는 공정한 언론이 있다면, 선동정치의 폐해를 차단할 수 있다. 그러나 언론은 나름대로 치명적인 약점을 가지고 있다. 바로 상업적인 자본에 의해 지배된다는 것이다.

이런 언론의 문제에 관해서는 이 자리에서는 일단 제쳐 놓으려 한다. 이번 통합진보당 사건 보도에서 심지어 진보언론조차 공정성을 잃어버리는 것을 보고 정말 놀랐다.

벌써 이야기가 길어졌다. 다음 이야기는 책임정치에 관한 것인데, 이것은 다음에 이야기하려 한다.

선동정치 보완하는 정당과 대중조직

앞의 글에서 민주주의에 대한 비판을 소개했다. 결론에서 말했듯이 그렇다고 민주주의를 대체하는 대안이 있는 것은 아니다. 결국, 민주주의의 취약점을 보완하기 위한 장치를 어떻게 마련하는가가 중요한 문제다. 선동정치에 반대되는 것이 책임정치이다. 이런 책임정치를 위한 결정적인 장치가 바로 정당과 대중 조직이다.

책임정치를 위한 정당과 대중조직

오늘날 민주주의가 기본적으로 대의민주제이니까 이 점과 연관해서 생각해 보자. 예를 들어, 내가 살고 있는 남양주시 시의회에 내가 출마했다고 하자. 사람들은 나를 모른다. 내가 무얼 주장하던 아주 소수의 사람만이 들을 수 있을 것이다. 더구나 내가 아무리 좋은 주장을 펼친 들 사람들은 내 말을 믿기 어려울 것이다. 얼마나 많은 정치가가 거짓말을 하면서도 믿어달라고 외쳤나? 그러니 선뜻 내 말을 믿는 사람이 있다면, 그 사람이 바보인 셈이다.

정당정치가 필요한 이유가 여기서 나온다. 사람들은 한 개인이 아니라 정당이라면 좀 더 믿을만하다고 생각한다. 정당이라면 다음번 선거에도 또 나올 것이니 책임을 지고 공약을 추진할 수밖에 없을 것이다. 그래서 민주주의 국가 모두에서 선동정치를 막고 책임정치를 위해 정당을 헌법적 기구로 규정하여 보호한다. 하지만 정당이라고 다 믿을 수도 없다. 선거 때마다 우후죽순처럼 솟아나는 정당들이 있다. 유권자가 정당만 보고 믿기 어려운 것은 당연하다.

이런 고민 끝에 출현한 것이 대중조직을 바탕으로 하는 사회민주주의이다. 사회주의 국가의 민주주의라고 하는 형식이 기본적으로 이렇게 대중조직을 기반으로 하는 민주주의 제도이다.

한 사회를 바탕으로 하는 다양한 대중단체가 존재한다. 이 대중단체는 대중 속에서 활동한다. 일상적인 활동 속에서 대중은 그들의 대표자가 어떤 사람인지 속속들이 이해하고 오랜 삶을 통해서 그들을 신뢰할 수 있을지 아닌지 판단한다. 거꾸로 이런 대표자는 대중 속에 들어가 있으므로 대중이 진심으로 바라는 염원이 무엇인지를 알며, 어떻게 하면 이런 염원을 실현할 수 있는가도 구체적으로 알고 있다. 대중과 간부가 하나가 되는 통일체가 형성된 이것이 바로 대중조직에 기초한 사회민주주의의 제도적 특징이다.

이런 장점에도 불구하고 사회민주주의도 문제가 생긴다. 너무나도 오랫동안 이렇게 친밀한 관계 속에서 대표자가 선출되다 보니 민주주의의 형식적 절차가 껍데기로 되기 시작한다. 그 사람 믿을 만한 사람인데 꼭 내가 투표해야 하겠어? 바쁘기도 하니 자네가 대신하게나. 내 마음 자네가 잘 알지? 현장에 가보면 이렇게 말하는 사람이 많이 있을 것이다.

결국, 이렇게 되면 사람들의 신뢰를 악용하여 민주주의적인 절차가 껍데기만 남을 수도 있다. 초급단계를 넘어서면 대중들과 직접적인 접촉이 결여되기 시작하고, 상급단체에 갈수록 관료화 문제가 노골화된다.

형식적 민주주의와 대중조직적 민주주의의 만남

형식적 민주주의의 문제를 극복하기 위해 나온 것이 대중조직을 기초로 한 사회민주주의이다. 그러나 안타깝게도 이 세상에 완벽한 제도는 없다. 결국, 이런 사회민주주의 역시 간부가 관료화되는 문제점을 가지고 있다.

그런데 이런 문제점이 있음에도 불구하고 사회주의적 민주주의의 장점을 무시할 수는 없다. 저기 중국을 보라. 상층에는 온갖 부패와 권모술수가 판치고 있다하더라도 아래로 내려가면 내려갈수록 대중과 일체화된 간부들이 존재한다. 당의 하부 토대가 이런 간부로 채워져 있기에 중국 사회주의가 오늘날까지 유지되고 있는 것이다.

이런 점에서 사회주의 국가는 민주주의가 아니라고 판단하거나 심지어 당 독재, 일인 독재라고 판단하는 것은 사회주의에서 작동하는 민주주의의 기본 원리를 전혀 이해하지 못하는 무지 때문이라 하겠다.

자본주의 국가는 민주주의적인 형식을 우선시 한다. 그러다 보니 이를 보완하기 위해 도입한 정당정치조차도 붕괴하는 경우가 많다. 오늘날 이미지의 정치, 스타의 정치가 바로 그런 현상을 보여준다. 반면 사회주의 국가는 대중조직에 기반을 둔 민주주의를 실시했다. 여기서는 정당조차도 대중조직에 기초하고, 그러다 보니 앞에서 말한 것과 같은 상층부의 관료화가 쉽게 일어난다. 형식적 민주주의와 대중 조직적 민주주의는 서로 대립하지만, 서로 보완하면서 함께 가야 한다. 서로 대립한 이 두 가지 형식을 결합하는 일은 구체적 실정에 따라서 달라질 수밖에 없다.

이제 어려운 이론적 논의를 여기서 생략하고, 통합진보당의 당내 비례대표 경선 문제로 바로 들어가 보자. 비당권파는 중복 IP(Internet Protocol, 인터넷 규약 주소)를 통해 몰표가 나왔다고 문제제기 한다. 이는 타인에 의한 대리투표라고 의심되며, 그렇다면 이것은 당원의 의사를 왜곡시키는 부정에 해당된다는 것이다. 결국, 비례 대표의 선거 전체가 무효라는 심판을 내린다.

문제는 대리투표가 아니라 몰표

IP 중복과 몰표는 명백한 사실이다. 그런데 이것이 과연 대리투표를 의미하는가? 이에 대해서는 아직 진실이 제대로 밝혀지지 않았다. 물론 유시민계 후보 오옥만이 출마한 제주의 경우 대리투표로 의심할만하다. 나머지는 대부분 현장의 투표 여건상 불가피했던 현상이었다.

결국, 논쟁은 대리투표인가 아닌가 하는 문제에 집중되었다. 이런 논쟁은 결국 부정인가 아닌가 하는 논쟁으로 나가게 되며, 서로 진실이 아닌 경우에는 심각한 도덕적인 타격을 받게 된다. 혁신파는 구당권파가 부정을 저질러 놓고 사과하거나 책임지지 않는다고 비난한다. 구당권파는 사실은 부정이 아닌데 부정을 저질렀다고 비난받으니 억울하다고 말한다. 이런 도덕적 비난 끝에 마침내 분당이라는 최악의 수준에까지 이르게 되었다.

“

자본주의 국가의 경우 민주주의적인 형식을 우선시 한다.
그러다 보니 이를 보완하기 위해 도입한 정당정치조차도
붕괴하는 경우가 많다.
오늘날 이미지의 정치, 스타의 정치가
바로 그런 현상을 보여준다.

”

진실은 가려져야 하겠다. 이미 상당히 많은 진실이 밝혀졌다. 그러나 이 자리에서 이런 진실에 대해 미주알고주알 말하지 않겠다.

내 입장은 이렇다. 문제는 대리투표가 아니라 몰표라는 것이다. 이 몰표라는 현상은 대리투표가 있었든 아니든 간에 어떤 조직적 결정이 이루어졌다는 것을 의미한다. 이렇게 조직적 결정이 이루어지는 한 민주주의적 형식은 이미 의미가 없어진다.

조직적 결정이 이루어진 것은 구당권파 역시 부정하지 않는다. 이상하게도 신당권파는 이런 조직적 결정을 비판하지 않는다. 그들 역시 마찬가지로 조직적 결정을 했기 때문이다.

몰표와 조직적 결정은 불가피한 현상

사실 어떻게 본다면 이런 조직적인 결정은 통합진보당이 대중조직(그 속에는 정파 조직까지 포함해서) 위에 기초하고 있는 한 일어날 수밖에 없는 현상이라고 하겠다. 이런 조직적인 결정이 대중과 간부 사이의 일체화라는 사회민주주의의 원리로부터 나왔다고 할 때 이 점은 오히려 통합진보당이 가지는 긍정적이고 진보적인 측면이라고도 할 수 있다.

한국에서 다른 정당은 이렇게 대중조직에 기초하지 않으므로 오히려 정당이 책임정치의 기능을 잃고, 인물에 따라 이미지에 의해서 지배되며, 선거철마다 이합집산을 거듭한다.

그러나 마찬가지로 이런 조직적인 결정이 심화되면 문제점도 많이 나타난다. 민주노동당 시절부터 당은 대중조직 위에 서 있었다. 당의 역사를 볼 때 이런 조직적인 결정이 항상 우선하였고, 민주적인 절차란 이런 조직적인 결정을 추인하는 것에 지나지 않았다. 그런데 이런 조직적 결정이 당내 패권 블록의 성장을 도왔다는 점에서 일찍부터 문제가 되었다.

이를 보완하기 위해 강화했던 것이 당내 민주적인 절차였다. 그러나 여전히 몰표가 나온 것을 보면, 아직도 민주주의적인 형식이 독립적인 힘을 가지면서 당내 대중조직에 의한 조직적 결정과 균형을 이루지 못하고 있음을 보여준다. 바로 그렇기 때문에 몰표가 문제라고 말하는 것이다.

몰표라는 현상이 나타나면 주변에서는 오해를 갖기 마련이다. 당의 역사를 잘 아는 사람들은 그 현상을 쉽게 이해한다. 하지만 당의 역사를 모르는 사람의 경우엔 다르다. 민주적 선거를 했는데 몰표가 나왔다면, 거기에 대리투표와 같은 부정이 개입했을 것으로 의심하게 된다.

당내 민주주의와 조직적 결정 사이의 황금분할

결국, 통합진보당의 경우 아직 당내 민주주의와 조직적 결정 사이에 적절한 황금분할의 비율을 찾지 못한 것으로 보인다. 여전히 조직적 결정에 따른 몰표가 나왔고, 그런 점에서 일단 비례대표 선거에 부정이 개입했을지도 모른다는 의혹을 제기하는 것까지는 충분히 이해된다.

그러나 이런 문제를 해결해 나가는 데 있어서 결정적인 오류를 범했다고 생각한다. 말하자면, 첫 번째 단추를 잘못 끼운 것이다. 문제를 몰표라는 현상이 아니라 중복 IP, 대리투표, 도덕적 부정으로 몰고 갔다는 사실이다. 그렇게 도덕적인 논쟁으로 몰고 가면, 서로 상대방을 매도하고 결국은 서로 치명적인 공격을 노리게 된다.

만일 문제를 몰표라는 현상으로 파악하고, 이를 당내 조직적인 결정이 지니는 문제점으로 이해한다면 해결책도 달라졌을 것이다. 앞에서도 말했듯이 민주적 형식과 조직적 결정은 대립적이지만 서로 보완적이다, 그 사이에 적절한 배합은 구체적 상황을 통해서 찾아져야 한다. 그런 점에서 몰표와 조직적인 결정이라는 것을 문제 삼는다면, 이번 투표의 결과가 당내 당원들의 마음을 정말로 적합하게 대변하는 결과를 얻었는지 아닌지 검토해봐야 한다. 만약 그렇지 않다면, 더 적절한 황금분할의 비율을 찾기 위해 노력해야 할 것이다.

결국, 문제를 대리투표, 부정투표로 몰고 간 게 화근이었다. 몰표와 조직적 결정의 문제로 풀었다면 당 발전에 도움이 되는 긍정적인 갈등이 될 수 있었을 텐데, 당을 파괴하는 갈등으로 전개되었던 것이 정말로 안타깝다.

민주적 절차만 강조한 혁신파

그렇게 도덕적 대립으로 나갔던 결과 최종적인 해결은 국민들에게 사과를 하기 위하여, 즉 거꾸로 자신의 도덕적인 순수성을 회복하기 위하여 비례대표 후보의 전원 사퇴라는 강수를 두었다. 이런 강수의 결과 초점은 당내 비례대표 2, 3번이 사퇴하느냐 마느냐 하는 문제로 나가게 됐다.

그러나 비례대표의 전원 사퇴라는 강수가 실질적으로 무엇을 의미하는지 한 번 생각해 보자. 통합진보당의 비례대표 경선이라는 제도 자체가 사실은 당이 대중조직의 기초 위에 토대를 두고 있으며, 그러면서도 당내 민주주의 절차를 활성화하려는 의도에서 만들어진 제도였다. 솔직히 말하자면, 이 경선의 제도는 당원인 나도 아직 이해하지 못할 정도로 복잡한 형식을 가지고 있다. 누구는 경선이 아니고 누구는 경선이며, 경선에는 순번이 있고, 이런 순번은 때로 뒤바뀌기도 하고 등등.

비례대표 전원 사퇴라는 강수는 이런 제도 자체를 부정하는 것이다. 이것은 결국 당내 조직적인 결정 자체를 부정하는 것이고, 결국 당이 대중조직의 기초 위에 서 있다는 사실 자체를 부정하는 것이다. 한마디로 당은 민주주의적인 절차에 의해서만 지배되어야 하고, 모든 당내 대중조직의 토대는 제거되어야 한다는 의미다.

바로 이것이 소위 혁신파가 말하는 혁신이다. 이때의 혁신이란 당의 대중적 기초를 거부하고, 당의 민주적 절차를 강화하라는 요구다. 이런 요구가 바로 비례대표 전원사퇴라는 강수의 진정한 의미이고, 지금도 여전히 주장되는 2, 3번 사퇴라는 이해할 수 없을 정도로 끈질긴 요구의 핵심이라 하겠다.

비례 대표가 전원 사퇴하고, 그 결과 당내 대중조직의 활동이 해소되고, 그 결과 당이 민주주의적인 절차에 의존한다고 하자. 그러면 무엇이 남겠는가? 당은 이제 민주적 절차에 의존하겠지만, 당은 한국의 다른 정당과 마찬가지로 인물에 의해 지배되고 이미지에 의존하는 정당이 될 것이다.

도덕적 투쟁이 아닌 제도적 투쟁 필요

사실 당내 혁신파가 노리는 것도 바로 이것이다. 그렇게 된다면, 결국 당은 당내 명망가 소위 유·심·조(유시민·심상정·조준호)에 의해 실질적으로 지배되고 말 것이다. 이제 진정한 의미에서 대중조직을 통한 민주주의의 실현은 결코 다시 돌아올 수 없게 된다.

나는 결론적으로 이렇게 생각한다. 지금 당은 결코 완전하다고 볼 수 없다. 당은 민주주의 절차와 조직적 결정 사이에서 여전히 표류하고 있고, 그 적절한 황금분할의 비율을 발견하는 노력은 부단하게 노력해야 할 것이다. 그러나 통합진보당의 역사적 구성이나 의미에서 본다면, 민주주의나 당내 조직적인 결정이 100% 당을 지배해서는 안 된다는 것은 분명하다.

지금 당을 깨고 분당하려는 세력은 서로 모순적인 말을 동시에 하고 있다. 한편으로 당내 민주주의 절차를 주장한다. 그러면 당의 대중적인 조직이라는 토대를 해소해야 한다. 당이 대중조직을 해소하지 못한다고 이제 분당하려는 것이 아닌가? 다른 한편으로는 노동 중심성을 말한다. 노동 중심성이란 한마디로 당이 민주노총이나 농민회 등 대중적인 조직에 기초해야 한다는 주장이다. 당연히 여기에 정파 조직도 포함된다. 그러면 통합진보당과 무슨 차이가 있겠나? 위험한 것은 이렇게 말잔치를 벌이는 것이다.

솔직하게 문제를 인정하고 적절한 배합비율을 찾으려는 노력을 기울이려 한다면, 굳이 분당이라는 결정을 내릴 필요가 없을 것이다. 당내에서 싸우자. 도덕적인 투쟁이 아니라 제도적인 투쟁을 하기 바란다.

5장 시대비판

박정희 미화와 '외상 후 반복 강박'

2014년 6·4지방선거에 출마한 경북 도지사 후보가 '구미 시'를 '박정희 시'로 바꾸겠다는 공약을 내걸었다. 도시의 브랜드 마케팅에 도움이 된다나? 차라리 노이즈 마케팅이라고 보아야 하겠지! 아니, 박정희의 딸이 대통령이 된 지금이니 충성 마케팅일까?

더 웃기는 것은 기자들이다. 아무한테나 무턱대고 구미에 있는 박정희 동상에 참배하겠느냐고 묻는다. 기자들은 김상곤 경기도 지사 후보에게도 이렇게 물었다. 정치인이 되려는 사람에게 이런 질문은 이제 통과의례가 되었다고 한다. 이것은 신문사 마케팅인가? 평양에 있는 금수산 궁전에 참배하겠느냐고 묻지 않으니 그나마 다행이라고 할까? 지금껏 특수를 누려왔던 종북몰이 마케팅의 매출이 떨어지니 이제는 박정희 참배 몰이 마케팅을 하자는 것일까?

이런 모든 우스꽝스러운 마케팅 배후에는 박정희에 대한 역사적 미화가 깔렸다. 이런 미화는 지난 이명박 정부 시절 뉴라이트 집단의 성과이다. 언론은 그런 미화가 얼마나 위험한가를 밝히기보다는 그런 미화에

덩달아 춤추면서 마케팅하는 데만 여념이 없다. 이 나라 언론사 기자의 직장살이가 애처롭다.

기자들에게 묻겠다. 당신들은 일본이 과거 군국주의의 역사, 일본군 강제 위안부의 역사를 미화하는 것에 대해 비판하지 않았나? 독일은 솔직하게 고백했다면서 이를 은폐하고 미화하는 일본의 태도와 비교하지 않았나? 그럴 때 당신들이 일본을 비판한 이유는 무엇인가? 그저 일본의 잔학을 몸으로 당한 민족으로서 원한 때문이었나? 아니면 그저 거짓을 밝혀주고 싶은 기자의 양심 때문이었나? 원한도 양심도 아니고 다만 그것이 미칠 위험스러운 결과 때문이 아니었나? 일본의 역사 미화가 군국주의와 위안부를 부활시켜 다시 이 민족과 아시아를 위협하기 때문이었을 것이다.

마찬가지이다. 기자라면 뉴라이트의 박정희 미화가 어떤 결과를 자아낼지를 똑똑히 보아야 할 것 아닌가? 그런 미화가 벌써 그의 딸을 대통령으로 만들어 놓았다. 지난 일 년 동안 그의 딸이 했던 정치란 오직 유신체제를 다시 부활시키는 것에 불과했다. 지난 일 년 동안 그토록 지긋지긋하게 종북몰이를 당하고서도 아직도 그러고 있는가?

히틀러와 박정희

생각해 보자. 뉴라이트의 박정희 미화의 허구성을! 박정희가 유신체제를 통해 독재정치를 했지만 경제성장을 이루었다는 것이 박정희 미화의 골자이다. 백 보를 양보하여 경제성장이 박정희의 업적이라 해도 이것이 그를 미화할 수 있는 이유가 되지 못한다. 만일 그렇다면 히틀러도 미화되어야 할 것이기 때문이다.

“

생각해 보자. 뉴라이트의 박정희 미화의 허구성을!
박정희가 유신체제를 통해 독재정치를 했지만
경제성장을 이루었다는 것이 박정희 미화의 골자이다.
백 보를 양보하여 경제성장이 박정희의 업적이라 해도
이것이 그를 미화할 수 있는 이유가 되지 못한다.
만일 그렇다면 히틀러도 미화되어야 할 것이기 때문이다.

”

히틀러가 일차 세계 대전 후 경제공황으로 파산된 독일 경제를 부활시켰다는 것은 누구나 다 아는 이야기이다. 그가 만든 독일 아우토반(고속도로)과 그의 제안에 따른 독일차 폴크스바겐(독일어로 국민차라는 뜻이다)을 생각해보면, 그의 업적을 짐작할 것이다. 그럼에도 불구하고 지금 독일에서뿐만 아니라 세계 어디에서도(소위 신나치를 제외한다면) 아무도 히틀러를 찬양하지 않는다. 그가 저질렀던 전쟁과 학살 때문이다.

마찬가지 아닐까? 박정희가 저질렀던 독재정치의 잔학한 폭력을 생각해 보면, 그는 절대로 미화될 수 없고, 되어서도 안 되는 사람이다. 다른 모든 것을 다 제쳐놓고, 1974년 8명에게 '사법살인'을 집행한 인혁당 사건을 생각해 보라. 그리고 유신체제 시절 중앙정보부에서 자행했던 고문을 생각해 보라. 얼마나 많은 시민이 긴급조치 위반으로 감옥에서 고통을 겪었던가?

박정희 경제성장의 허구

그나마 경제성장이란 업적은 있는 것일까? 조금만 더 생각해 보면 경제적 업적이라는 것도 사실은 초라한 업적이며, 아니 업적이라고 말할 것도 없는 게 분명하다. 박정희의 트레이드마크라면 수출경제이다. 그는 매년 목표치를 정해놓고 수출을 무턱대고 밀어붙였는데, 군대식으로 말하자면 '까라면 까라'(비천한 표현을 용서하라)는 것이다. 그 결과 1998년 IMF 사태와 동일한 파국을 두 번이나 초래해, 나라의 경제를 두 번이나 말아 먹었다. 이제 그 두 번의 파국을 간략하게 살펴보자.

10월 유신이 선포되기 직전인 1972년 8월 3일, 소위 8·3조치로 알려진 긴급명령이 내려졌다. 박정희는 왜 이런 긴급명령을 내렸을까? 당시 대부분 기업이 수출에 목을 걸고 있었다. 당시 수출품이라야 주로 소비재였는데, 국제적인 유가 상승으로 서구 시민이 씀씀이를 줄여버렸다. 그러니 한국의 모든 기업이 파산 직전이었다. 이를 구하기 위해 박정희는 기업의 채무를 동결해 버렸다. 이 조치는 한마디로 중산층, 서민이 지닌 재산을 강탈하여 기업, 그것도 대기업에 갖다 바친 조치이다. 그 결과 중산층 이하 서민들이 얼마나 힘든 경제적인 곤란에 빠졌는가? 그것은 박정희가 일 년 반 뒤인 1974년 1월 초 긴급조치 3호로 서민경제를 구하기 위해 각종 세금을 감면했던 사실을 통해 반증된다.

박정희의 경제 개발은 이런 식이었다. 무작정 밀어붙이고 위기는 중산층과 서민에 떠넘기는 것이다. 그나마 이런 조치를 통해 수습했으니 IMF같은 위기를 피해가지 않았냐고 강변할 수 있을까?

좋다. 그러면 이번에는 1979년으로 가 보자. 박정희의 중화학 공업화 정책으로 대규모 중화학 공장이 세워졌다. 1979년, 또 한 번 국제적 유가 상승이 일어났고, 그 결과 한국 경제는 또다시 파국에 처했다. 1979년(18.3%) 그리고 1980년(28.7%), 두 해에 걸쳐 인플레이션이 거의 50%에 도달했다. 한마디로 민중의 삶이 반 토막 난 것이다. 1998년 IMF 사태보다 더 극심한 위기였다. 이번에는 박정희가 수습하지 못했다. 생활이 파탄된 시민들의 거센 저항이 일어났으니, 그게 1979년 10월의 부마항쟁이다. 박정희는 이를 탱크로 막으려다, 결국 김재규에 의해 피살되고 말았다.

박정희 경제성장의 허구성에 관해서는 너무나도 할 말이 많다. 경제학자는 아니지만 당시 경제성장의 허구를 온몸으로 증언할 수 있다. 냉정하게 이야기하자면, 박정희 시대 경제성장이라는 것은 일본 경제의 외연적 성장에 불과했다. 소년기 일어를 배운 세대(지금 70~80대)가 이를 주도했다. 부끄럽지만 당시까지 우리나라의 경제성장은 그 정도였다.

박정희의 경제성장을 미화하는 사람은 이런 일화를 아는지 묻고 싶다. 제세나 율산 등의 대재벌이란 것이 돌멩이를 배로 실어 나르고 국영은행으로부터 돈(결국 세금이 아니겠는가)을 걷어갔던, 봉인 김선달식의 경제성장을 이뤘다는 이야기를 알고나 있는지? 그러나 이 자리에서는 이 정도로 그치고자 한다. 여기에서는 박정희의 미화에 관해 이야기를 집중하고 싶기 때문이다.

박정희를 재판정에 세웠어야

나는 인간의 심층적 심리에 관심이 있고, 그것이 나의 주요한 철학적 주제이기도 하다. 그러기에 정치 문제에서도 자주 심리적 관점에 선다. 이런 입장은 대중심리에 기초한 마키아벨리 정치학의 영향이다. 그 때문인지 이 글을 쓰면서도 박정희 미화라는 상품을 대중들이 소비하는 심리적 이유에 관심이 많다.

박정희 미화에 눈물 흘리는 사람은 대개 나와 같은 50~60년대 세대이다. 그들은 박정희 시대를 필자와 마찬가지로 겪었는데 어째서 엉터리없는 미화가 통하는 것일까? 필자의 머리를 퍼뜩 스쳐 가는 생각은 군대 시절에 대한 회고담이다.

여자들이 남자들과 술 마실 때 가장 지겨운 것이 군대 이야기라고 한다. 했던 이야기 또 하고 또 한다는 것이다. 그런데 잘 들어보면 주로 군대에서 맞았던 이야기이다. 자기가 선임이 되었을 때 때린 이야기는 잘 하지 않는다. 왜 이렇게 얻어맞은 이야기만 할까? 왜 자기를 때린 선임을 다시 만나보고 싶어 할까? 그때의 쓰라린 경험을 왜 추억으로 떠올릴까?

비슷한 경험은 많다. 마찬가지로 동창회에 나가면 학창시절을 회고한다. 그런데 주로 우리를 그토록 두들겨 팼던 조폭 같은 선생들만 기억된다. 얻어맞은 기억이 왠지 아름답게 느껴진다. 학창 시절 학교를 저주했던 동창들은 이런 회고를 교환하면서 어느덧 모교를 사랑하는 애교자로 바뀌는 것이다.

심리학자라면 당장 외상(트라우마) 후 반복 강박이라는 개념을 연상할 것이다. 프로이트에 의하면, 이런 반복 강박을 통해 외상의 에너지가 경감된다고 한다. 즉 외상의 고통이 완화된다는 것이다.

뉴라이트의 박정희 미화에 대한 대중적 소비도 마찬가지가 아닐까? 대중은 박정희의 시대, 즉 자신이 젊었을 때 겪었던 고통과 가난, 수치를 잊어버리고 싶어 한다. 그들은 자신도 가담했던 부끄러운 기억들을 잊어버리고 싶어 한다. 밤이면 떠오르는 악몽을 그들은 이렇게 벗어던지고 싶은 것이다. 좋게 말하면 자기 미화이고, 나쁘게 말하면 자기 합리화이다. 그러므로 박정희 미화라는 상품이 잘 팔리는 것은 역설적으로 그 시대의 잊어버리고 싶은 상처가 많다는 의미가 된다. 이상한 역설이다. 그 시대를 잊어버리기 위해 그 시대를 아름답게 미화하고, 그 시대를 다시 불러들인다니 말이다.

그러나 이런 외상 반복 강박만 가지고 박정희에 대한 대중적인 미화를 설명하기에는 무엇인가 부족하다. 그러면 전두환, 노태우 시절도 마찬가지로 기억되어야 하기 때문이다. 왜 하필 박정희인가? 아, 그러고 보니 생각난다. 특히 그가 미화되는 것은 그가 살해되었기 때문이 아닐까? 전두환과 노태우와 달리 박정희가 미화될 수 있는 것은 이런 비극적인 결말이 있었기 때문이다. 그 때문에 마치 현실로부터 배제된 무의식이 환각으로 돌아오듯이, 죽은 박정희가 미화된 구릿빛 동상으로 되돌아온 것이다. 아니 죽은 박정희가 그 딸이 되어서 청와대에 출현한 것이다.

그런 점에서 필자는 김재규를 원망한다. 김재규가 유신의 심장 박정희를 총으로 사살해 버렸기에 박정희를 재판할 수 없기 때문이다. 그를 재판하고 역사의 진실을 보존했다면 결코 지금과 같은 미화가 일어나지 않았을 것이다.

군대생활이나 학창시절의 미화는 그런대로 들어줄 만하다. 그러나 역사에 대한 이런 미화는 그 결과가 정말 위험하다. 지금 당장 그 위험한 결과를 눈으로 보고 있지 않은가? 이럴 때 지식인, 기자의 올바른 역할이 다시 기대된다. 대중들의 자기 합리화를 이용해 판매 부수를 올릴 것이 아니라 제대로 된 박정희 상을 세워야 한다.

강기훈 유서대필 사건과 지식권력 복합체

이 얘기를 어디서부터 시작해야 할지 모르겠다. 〈민중의 소리〉 K기자가 갑작스럽게 전화해서 "재판정에 한번 갔다 오시지 않겠어요?"하고 말 했을 때부터 이야기해야 하나? 나는 그 전화를 받으면서 "으, 재판정은 정말 싫은데."라는 생각이 들었다.

그런데 K기자는 강기훈 유서 대필 사건의 재심 선고가 내려진다는 말을 덧붙였다. 그 순간, 나는 내가 이 일을 피할 수 없다는 것을 알아챘다. 왜냐하면, 오래전 유서 대필 사건에 관한 대법원 판례를 읽은 다음부터 이 사건에 남다른 관심을 지니고 있었기 때문이다.

철학적 운명?

'왜 철학전공자가 이런 대법원 판결(92도1148)을 읽었는가?'하고 의아해하는 분도 있을 것 같다. 주제넘게도 나는 대학에 있을 때 철학과 전공

강의로 법철학을 개설했다. 나는 거의 모든 법대에서 법철학을 실제로는 가르치지 않으니 '철학과에서라도 법철학을 가르쳐야 하지 않겠는가'하고 생각했다. 이 강의의 대부분을 집단별 발표 수업으로 진행했다. 나는 학생들에게 주로 사회적 문제에 관련된 헌법재판소의 판례나 대법원 판례를 조사해서 발표하라고 했다. 이 강의에서 한 번은 학생들이 자살이라는 주제를 선택했다. 그때 그들이 찾아 온 판례가 바로 유서 대필과 관련된 대법원 판례였다.

학생들이 발표 준비를 하다가 도저히 판례문의 뜻을 모르겠다면서 내 연구실을 찾아왔다. 학생들과 함께 대법원 판례를 읽었는데 처음부터 머리가 지끈거리기 시작했다. 도대체 철학 교수도 이해할 수 없을 정도로 대법원의 판례는 난해했다. 그 축축 늘어지는 문장은 언제 끝나는지 알 수 없었다. 논리적 연결사도 없으니 문맥도 파악할 수 없었다. 당시 대법원 판례가 엉터리 글이라고는 생각하지 못했다. 내가 법을 잘 모르기 때문에 그 판례가 이해되지 않는다고 생각했다. 푸는 방법을 잊어버린 수학 문제 앞에서 끙끙거리는 교사처럼 찾아온 학생들을 멀거니 바라보기만 했다. 나는 끝내 "다른 주제를 잡아서 발표하면 안 되겠냐?"하고는 학생들을 돌려보냈다.

그때 이후 이 사건에 대한 대법원 판례는 내 머릿속에 엉겨 붙은 핏덩어리처럼 들어 있었다. 언젠가 저 핏덩어리를 풀어야 한다고 생각하고 있었는데 K기자가 그런 부탁을 했던 것이다. 아, 이런 것도 운명이라 할 수 있나? 철학적 운명이란 것도 있지 않을까? 나는 이번 판사의 선고를 들어보면, 대법원 판례를 이해할 수 있는 단서를 찾을 것으로 기대했다.

변호인은 눈을 질끈 감았다

발걸음도 가볍게 한 시간 정도나 일찍 서울고등법원을 찾아 갔다. 그런데 해당 재판정을 찾을 수 없었다. 고등법원이 지방법원 속에 섞여 있고, 건물의 같은 층이라도 해당 재판정에 들어가는 입구가 따로 있다는 사실을 처음 알았다. 5층의 재판정을 찾기 위해 무려 네 번이나 엘리베이터를 타고 오르내렸다.

이거 뭐, 고등법원이 카프카가 쓴 소설 〈심판〉에 나오는 재판정인가? 나는 속으로 이렇게 중얼거리면서 이리저리 오르내리면서 물어물어 재판정을 찾아갔다. 겨우 도착해보니 방청석엔 빈자리가 없었다. 각 언론사 기자들이 대학도서관에서 학생들이 자리를 미리 찜해 놓듯이 이미 자리를 모두 차지하고 있었다. 이거 조짐이 좋지 않은데!

나는 통로에 서서 재판이 열리기를 기다리는데 약간 불안했다. 혹시나 이번에도 원심이 그대로 확정되는 것인가? 얼마 지나지 않아 다리가 아파왔다. 좀 창피하더라도 바닥에 주저앉아 버릴까? 법정에 주저앉으면 재판정을 모독하는 것일까? 내 앞에서 얼씬대는 근엄한 법원 경위가 무서워 주저앉을 수는 없었다. 드디어 재판정이 열리고 판사가 자리를 잡았다. 그리고 주심 판사가 엄숙한 목소리로 선고문을 읽어나가기 시작했다.

그런데 판사의 선고문 첫마디를 듣는 순간 나는 '아 이게 아닌데'하고 속으로 비명을 질렀다. 내가 잘못 들은 것이 아닐까? 내 귀를 의심했다. 산통이 깨진다는 말이 있다. 점쟁이가 목욕재계하고 온 정성을 들여 드디어 산통에서 산가지를 뽑으려 하는데 그만 산통이 깨져 버린 것이다. 그 순간 점쟁이는 엄청난 파국이 다가올 것만 같은 불안감에 사로잡히게 된다. 바로 그런 기분이었다.

그 순간 왜 그런 불안감에 사로잡혔는지? 약간 지루하겠지만 그 얘기를 하지 않을 수 없다. 이 첫 부분의 선고문을 〈오마이뉴스〉(2014. 3. 13) 기자가 잘 정리해 놓았기에 여기에 인용한다.

> 우선, 자살방조에 대한 1991년 기소 자체가 법리적으로 성립이 안 되며 방어권을 행사할 수 없을 정도로 특정되지 않았다는 변호인 측 주장에 대해서 판단했다. 결론은 '이유 없다'. 몇몇 변호인은 눈을 질끈 감았다.

이 선고문이 왜 문제인가를 알려면, 그 가운데 "방어권을 행사할 수 없을 정도로 특정되지 않았다."라는 변호인의 주장을 이해해야 한다. 내가 미리 대법원 판례를 읽은 적이 없었다면, 이런 표현에 전혀 주목하지 않았을 것이다. 나는 이 부분을 확인하기 위해 재판이 끝난 다음 서둘러 가까이 있는 국립중앙도서관에 들어갔다. 대법원 판례에는 이런 말이 있다.

> 공소사실에 일시와 장소로서 "1991. 4. 27.경부터 같은 해 5. 8.까지의 어느 날 서울 어느 곳에서"로 되어 있고, 유서 작성의 방법에 관하여 구체적인 기재가 없다 하더라도,…그 유서가 압수되어 특정되어 있는 경우,…위와 같은 정도의 기재만으로는 현장부재 등의 증명 또는 방어권 행사에 장애를 초래한다고 단정할 수 없다.

언제 어디서 대필 했는가는 밝힐 필요가 없다?

대법원 판결문의 이런 내용은 무슨 의미일까? "1991. 4. 27.경부터 같은 해 5. 8.까지의 어느 날 서울 어느 곳에서" 유서 대필이라는 사건이 일어났다는 것이다. 이 말은 사건을 확인하지 못했다는 말과 같다.

그래 놓고서 대법원은 너무나도 당당하게 말한다. 대필로 쓴 유서가 있으니까("그 유서가 압수되어 특정되어 있는 경우") 언제 어디서 대필을 했는가는 굳이 밝힐 필요가 없다고 말이다. 대법원의 논리대로 하자면 이렇게도 말할 수 있다. 살인의 결과인 시체만 있으면, 굳이 살인 사건이 언제 어디서 어떻게 일어난 것인지를 확인할 필요는 없다고. 살인이 있으니까 시체가 있는 것 아니냐? 이거다. 언뜻 들으면 너무나도 당연한 말 같다. 하지만 조금만 생각해 보면, 이건 삼척동자도 받아들일 수 없는 엉터리 논리이다.

살인 사건에서 현장재연을 공개적으로 실시하는 이유가 무엇인가? 범인이 자백하는 경우에도 현장재연은 반드시 실시해야 한다고 들었다. 그 이유가 무엇인가? 살인 사건이 일어나는 인과적인 과정이 확인되어야 비로소 살인 사건의 존재가 확인되기 때문이 아닌가? 살인 사건이 일어나는 인과적 과정이 의심스럽다면 살인 사건의 존재 자체가 의심스러워진다. 다시 말해서 살해되었다는 그 시체가 사실은 조작된 것일 수도 있다는 것이다.

이야기를 역사학자의 현장답사로 돌려보자. 언젠가 나는 역사학자들의 동만 지역 학술답사를 따라 갔다 온 적이 있다. 나는 물론 관광이 목적이었다. 그런데 역사학자들을 따라 다니다 보니 약간 짜증나는 일이 있었다. 역사학자들이 백산 안희제 선생이 세운 발해농장을 찾으러 갔을 때를 예로 들어보자. 역사학자들은 발해농장이 있었던 바로 그때 그 장소를 찾아 역사자료를 뒤지고 현지인들에게 물었다. 그런데 한낮이 지나도 역사학자들이 그 장소를 찾지 못했다. 우주를 다루는 철학자인 나로서는 발해농장이 동경성 근처에 있다 하니 동경성까지 갔으면 만족하고도 남는다. 나는 그날 저녁 식사 자리에서 역사학자들의 쩨쩨함에 대해 공격했다. 그랬더니 역사학자들이 이렇게 대답했다.

> 현장에 가면 모든 것이 전혀 다르다는 것을 알 때도 있어요. 그 때문에 현장을 찾아야 하는 거죠.

나는 그 뒤 '절대로 역사학자에게 대들면 안 되겠다'고 속으로 결심했다. 현장을 찾으려는 그들의 고투를 볼 때, 그들은 정말 무서운 사람들이기 때문이다.

그런데 사법 쪽은 다른 모양이다. 심지어 이번의 판사조차도 사건의 시간과 장소가 특정되어야 한다는 변호인의 주장에 대해 이유 없다고 기각했다. 판사들이 그렇게 생각한다는데 그들이 옳은 것인가? 그래도 그게 아니라는 변호인이 있지 않은가? 나로서는 아무래도 변호인이 옳은 것 같다. 법원이 사건 현장을 검증하자고만 했다면, 이번 사건은 벌써 끝났을 것 아닌가?

판사의 말대로 한다면 앞으로 우리나라에서 조작된 시체가 얼마나 많이 나올까? 앞으로도 조작된 결과만을 가지고 얼마나 많은 사람이 억울하게 범인으로 지목될 것인가? 최근에도 조작된 녹취록을 가지고 내란음모니 뭐니 하고 떠들지 않는가? 이번에도 판사는 녹취록이 있으니까 굳이 내란음모가 언제 어디서 어떻게 일어났는지 알 필요가 없다고 주장하지 않을까? 판사가 이 선고문을 읽는 순간 변호인이 눈을 질끈 감았던 이유가 충분히 짐작된다.

23년이 걸린 이유

다행히 판사의 선고문은 곧바로 필적 확인을 통해 유서 대필이 일어나지 않았다는 것을 증명했다. 판사는 사건 초기의 국과수 검증이 어떤 식으로 잘못되었는지에 대하여 조목조목 반박했다. 하여튼 이런 단순한 사실들의 나열을 듣다 보니 불안했던 마음이 다시 놓였다. '이 정도'면 판사도 애쓴 것이 아닌가? 주변을 둘러보니 다들 그렇게 생각하는 모양이다. 판사가 장사꾼인가? '이 정도'란 장사꾼이 쓰는 말이 아니냐? 그래도 이 나라에서 이 정도면 애쓴 거지. 나도 그렇게 생각하기로 했다.

마침내 판사가 선언했다. 23년 만에 강기훈 씨가 무죄임이 밝혀졌다. 진실은 또다시 승리했다. 만세! 만만세! 하지만 내 마음은 그렇게 기쁘지 않았다. 솔직히 너무 우울했다. 도대체 이 정도의 사실을 밝히는데 무려 23년이나 걸렸다니!

주심판사가 밝힌 사실 가운데 새로운 것은 없었다. 이미 23년 전에 강기훈 씨가 체포를 피하기 위해 명동성당에 들어 앉아 있을 때 전민련(전국민족민주운동연합)이 강기훈 씨를 옹호하면서 발표했던 사실들이다. 그 사실들이 이번에 법적으로 인정된 것에 불과하다. 무려 23년이 지나서 말이다.

나는 대법원 판례를 빨리 확인하려는 마음에 서둘러 빠져나왔다. 재판정에 나온 어른들께 인사드리는 것조차 잊어버리고 나왔다. 그러면서 마음속으로 생각했다. 도대체 이런 단순한 사실들이 인정되는데 왜 23년이

나 걸렸다는 말인가? 그 23년 동안 한 인간이 겪었을 절망은 또 얼마나 컸을까? 강기훈 씨는 최후진술을 통해 그가 겪었던 절망을 토해냈다.

> 뭘 어찌하라는 말씀입니까? 저는 하루하루의 삶 자체가 유서 사건의 테두리 안에서 한 발짝도 못 움직이는 신세인데, 모르시나요?

왜 23년인가? 나는 차라리 법리의 싸움이었다면 23년도 이해할만하다고 생각했다. 법리라는 것은 법에 대한 해석의 문제이고, 그 해석이 바뀌기까지는 오랜 세월이 흘러갈 수도 있을 것이다. 예를 들어, 간통죄가 없어지는데 얼마나 오래 시간이 걸렸던가?

그런데 이번 사건의 경우는 단순한 사실의 문제였다. 필적의 확인이란 과학의 영역이다. 필적 확인이 어려운 것도 아니다. 이는 국과수의 재검증이 쉽게 사실을 확인했다는 것으로 잘 알 수 있다. 문제는 이런 재검정을 국과수에 의뢰하기까지 그렇게 오랜 시간이 흘렀다는 것이다. 왜 그렇게 오래 걸렸던 것인가? 법원이 국과수에게 재검정을 요구하지 않았기 때문이다. 그러면 법원이 재검정을 요구하지 않은 이유는 무엇인가? 그것은 국과수의 권위 때문이라고 한다. 국과수가 스스로 자신의 판단을 고치지 않은 한 법원이 이를 요구할 수 없다는 것이다.

국과수와 법원 사이의 이 웃기는 동맹은 기묘한 상생 관계이다. 국과수는 사실을 맡는다. 법원은 재판을 수행한다. 양자는 진실한 재판을 위해 서로 협조해야 하는 관계이다. 그런데 양자가 거짓을 위해 협조하게 되면, 그 사악한 협조 관계는 진공을 통해 합쳐진 쇠공처럼 깨기 불가능한 것이 된다. 그것이 23년이 걸린 이유이다.

지식권력 복합체, 육법당

이 세상에는 과학자가 있다. 그리고 권력자가 있다. 과학자와 권력자, 이 둘이 사악하게 결합한다면 이처럼 무서운 것이 어디 있을까? 철학자 미셸 푸코는 이런 결합을 지식권력 복합체라고 이름 붙였다. 이런 사악한 협조관계를 대표하는 것이 소위 육법당이다. 군부독재 시절 육사는 권력을 맡았다. 그리고 서울 법대 출신은 머리를 제공했다. 이 둘이 독재를 위해 결합해서 육법당이 만들어졌다. 이 육법당을 깨기 위해서는 얼마나 많은 희생을 치러야 했던가? 이 나라는 아직도 육법당이 지배한다. 남재준·김기춘 동맹이 그것이다. 이 나라에 지식권력 복합체가 어디 그것뿐일까? 정부 조직 속에 각종 위원회에 들어가 앉아 있는 대학교수들을 보라.

국과수와 법원, 육사와 법대, 이 기묘한 조합들에서 연결고리가 되어 있는 '법'의 건물을 나오면서 나는 힐끗 뒤를 돌아보았다. 우람한 건물이 압도할 듯이 나의 등을 덮치고 있었다. 도대체 왜 법원 건물은 전부 저 모양일까? 그리스 신전 기둥이나 고딕식 창문을 내는 것이 하나같이 원래의 맥락을 잃어버리고, 오직 권위 자체를 위해 봉사할 뿐이었다. 서초동 서울지방법원에서 서울 검찰청을 거쳐 오면서 대법원 건물을 바라보았을 때 나는 속으로 웃었다. 대법원 건물은 수평적 건물 위에 고딕식 수직 건물을 결합했다. 대법원은 그런 식의 건물이 전형적으로 파시즘 미학을 토대로 한 건물이라는 것을 알고나 있을까?

정치인은 두려워할 권리가 없다

지난해 성탄절에 프란체스코 교황께서 “두려워하지 말라”는 성경 말씀을 전해 주셨다. 그 말씀이 다름 아닌 한국 민중에게 내리는 교황의 말씀으로 들렸다. 새해가 오기 직전 이남종 열사가 서울역 앞 고가도로 위에서 박근혜 퇴진을 외치면서 온 몸을 불살랐다. 그가 유서에 남긴 말은 “두려움을 모두 가져가겠습니다.”였다. 필자의 가슴도 미어터지는 듯하다.

두려움이 온 나라에 만연하고 있다. 그 두려움의 한가운데 바로 국정원이 있다. 박근혜 정권은 공포정치 외에는 다른 통치 수단이 없는 모양이다. 사람들은 국정원과 박근혜의 공포정치를 비난하면서도 다들 몸을 움츠렸다. 사람들은 자신의 진심과 어긋나는 말을 하기 시작했다. 몸으로는 거부하면서도 얼굴로는 미소를 지었다.

몇 가지 예를 들어 보자. 지난 해 정치적으로 가장 뜨거운 사건은 바로 내란 음모 조작사건이었다. 누구나 그게 국정원이 대선 개입을 은폐하기 위해 조작한 사건이라는 것을 알고 있었다. 이런 조작 사건에 익숙한 자칭 진보주의자가 그걸 모를 리 없었다. 그런 진보주의자들이 언론에 나와서 하는 말은 이중적이었다. 그들은 내란 음모 사건은 조작된 사건이라 단언하면서도, 조작당한 희생자에게는 원색적인 비난을 퍼부었다. 그런 비난의 근거가 무엇이었던가? 조작의 산물인 녹취록이 아니었던가? 그들은 무의식적으로 자기를 국정원과 동일시했다. 그들 역시 박근혜의 공포정치가 두려웠기 때문이었을까?

내란음모와 국가기관 선거 개입

어디 그것뿐이랴! 지난 대선을 보자. 국가기관이 선거에 개입했다. 이미 국정원, 사이버 사령부 등은 스스로 선거 개입을 고백했다. 그러니 그것은 명백한 부정선거이다. 이런 부정은 한두 명의 개인이 부정을 저지르는 일과는 차원이 전혀 다르다. 국가기관이 부정을 저지른 것이다.

이런 경우 마땅히 해야 할 일은 무엇인가? 필자는 법을 모른다. 그러므로 이런 개입으로 대선이 무효가 되어야 하는지에 대해 법적으로 판단할 수 없다. 그러나 적어도 무효인지 아닌지 법의 판단을 받아 보아야 하는 것 아닐까? 만일 법의 기준에 따라서 무효가 될 정도라면 당연히 무효화해야 한다. 만일 무효로 할 정도가 아니라면, 적어도 그런 판단을 법에 요구했다는 사실만으로도 충분하게 의미 있는 일이다.

적어도 그 정도는 해야만 다시는 국가기관이 선거에 개입하는 일이 일어나지 않을 것이기 때문이다. 박정희 시대 수많은 부정선거를 기억해 보라. 한 번도 부정선거가 제대로 다루어져 본 적이 없다. 결과적으로 그런 부정선거가 되풀이되었다.

그런데 지금 부정선거라는 사건 앞에서 민주당과 문재인, 그리고 안철수는 어떻게 생각하고, 어떻게 말하는가? 그들 역시 이미 부정선거가 일어났다는 것을 알고 있다. 그러기에 그들 역시 특검을 요구하고 있는 것이 아닌가? 당연한 일이다. 부정선거인지 밝혀야 하며, 그 결과 부정선거라는 것이 밝혀진다면, 대선을 무효로 할 일인지 아닌지 법의 판단을 요구해야 한다. 설혹 그 기간이 아무리 늦어지고, 그 사이에 박근혜 정권의 임기가 끝나더라도 말이다.

그런데 그들은 어떻게 말하는가? 그들은 혼란을 감당할 수 없다고 말한다. 그들은 헌정 중단이 우려된다고 말한다. 더는 이 문제로 싸우지 말자는 것이다. 그러면 굳이 특검을 해야 할 이유가 있는가? 그저 박근혜 정권의 사과가 필요하다면, 사과만 요구하면 될 일 아닌가? 그들은 자기의 말에서 배어 나오는 두려움을 감출 수가 없다. 우리 같은 일개 국민이 두려워하는 것과 정치인이 두려워하는 것은 차원이 전혀 다른 일이다.

영웅은 제물이 되기를 두려워하지 말아야

정치인이란 원래 그리스 비극에 나오는 영웅과 같다. 철학자 헤겔의 주장에 따르면(그리고 헤겔의 주장을 다시 한 번 강조한 벤야민의 설명으로는), 그리스 비극에서 영웅은 부족의 신들이 지배하는 혈연적 사회를 타파했다. 영웅은 여러 부족을 시민 사회로 재편하고, 시민의 공동체라는 폴리스(polis, 정치학 politics의 어원)를 세운 자들이다. 우리나라로 치면, 박혁거세 같은 임금이 그런 영웅이다. 박혁거세는 당시 경주에서 부족 연합 체제를 깨고 국가를 세웠다.

영웅은 시민의 단결된 힘을 상징하는 존재였다. 그러나 이렇게 폴리스를 세우는 가운데 시민은 부족의 신들을 모독하고 더럽혔다. 그러기에 부족의 신들은 시민을 처벌하려 했다. 이런 신의 처벌이 시민들의 무의식 속의 두려움으로 나타났다. 새롭게 형성된 국가 앞에서 시민들은 두려워하고 더는 앞으로 나가려 하지 않았다. 시민의 공동체인 폴리스가 다시 무너질 위기에 처했다.

이때 영웅은 자신을 부족 신들의 제단에 바치고, 시민들은 그의 죽음을 통해 신들로부터 용서를 받았다. 그리스 비극은 영웅의 처벌을 그린 연극이지만, 거꾸로 영웅이 시민들에게 시민 공동체의 대의를 호소하는 정치의 장소이기도 했다. 시민들은 영웅의 호소와 그들의 희생을 보고 두려움을 떨칠 수 있었다. 그래서 새로운 사회인 시민의 공동체가 확립됐다.

이처럼 영웅은 신들에게 처벌의 제물이 되기를 스스로 자청함으로써 시민들의 두려움을 깨뜨리고 새로운 신, 즉 시민의 공동체인 폴리스의 신이 되었다.

그런 영웅이 스스로 제물이 되기를 두려워한다고 해 보자. 그러면 그 대신 모든 시민이 신의 제물이 되어야 한다. 그러면 폴리스는 다시 무너진다. 그거야말로 실로 두렵고 두려운 일이 아닐까? 마찬가지이다. 제물이 되어야 할 정치인에게는 두려워할 권리가 없다. 제물이 되기 싫다면, 그는 정치의 단에서 스스로 내려와야 한다.

지금 정치인들이 두려워하는 사이 교황과 사제들이 다시 희생의 제물이 되기 위해 나섰다. 그리고 다시 한 젊은이 이남종 열사가 자신을 공포정치의 제단에 바쳤다. 이거야말로 두려운 일이다. 이 나라 공포정치는 언제 끝날 것인가? 시민을 두려움에서 해방할 진정한 정치인은 어디 있을까?

국민에게 명령하는 대통령의 '자유민주주의'

박근혜 대통령은 12월 2일 신임 검찰총장에게 "어떤 경우라도 헌법을 부인하거나 자유민주주의를 부인하는 것, 이것에 대해서는 아주 단호하고 엄정하게 법을 진행해서 그런 생각은 엄두도 내지 않도록 해야 한다."라고 말했다.

국어사전을 뒤져 보니 "엄두도 내지 못하다"는 말은"마음도 먹지 못하게 한다"는 뜻이다. 이는 의식적인 생각뿐만 아니라 무의식적인 생각조차도 틀어막겠다는 것이다. 조선 시대, 성리학 외에는 사문난적이라 하면서 공부할 엄두도 내지 못하게 만들었던 사상탄압을 21세기에 다시 부활하겠다고 한다. 자유민주주의자라면 정말 엄두도 내지 못할 일을 박근혜 정권은 태연하게, 그것도 정권으로부터 독립적이어야 할 검찰의 수장에게 명령한다.

자유민주주의라는 것은 절대적인 것, 인류가 꿈꾸는 가장 이상적인 것일까? 그렇게 본다면 민주주의를 비판한 소크라테스는 정말 인류의 적이 아니겠는가? 설혹 이상적인 제도라는 것을 인정하더라도 자유민주주의의 구체적 제도 자체에는 한계가 있지 않은가?

자유민주주의의 모델이라는 서구 사회만 보더라도 일찍부터 자유민주주의의 한계를 깨닫고 이를 보완하기 위해 여러 가지로 노력해 왔다. 이를 고치기 위해 서구 사회는 자기의 고유한 역사와 현실에 맞게 엄청난 고투를 거듭해 왔음을 박근혜 정권은 알고 있을까? 아니, 자유민주주의라는 말의 의미라도 제대로 이해하고 있을까?

유신본능

우리 헌법에 자유민주주의라는 말이 정확하게 나오지는 않는다. 헌법을 한번 펼쳐보라. 물론 유사한 말이 있다. 누구나 다 알겠지만, '자유민주적 기본질서'라는 말이다. 이 말은 헌법 전문에도 나오고, 헌법 4조 등에서도 언급된다.

'자유민주주의'와 '자유민주적 기본질서'는 그게 그거 아닌가 싶은데 실상 엄청나게 다른 의미를 지니고 있다. 전자는 자유민주주의라는 하나의 질서, 인류 사회에 보편적이고 역사적으로 불변하는 제도가 있다는 의미이다. 그러나 후자는 '기본'이라는 말에서 짐작하듯이 자유민주주의라는 것은 확정적인 것이 아니고 사회적으로나 역사적으로 가변적이라는 뜻이다. 그러니 얼마나 다른 의미인가? 박근혜 정권은 이런 근본적 차이를 무시하면서 자유민주적 기본질서를 자유민주주의라는 불변의 제도로 바꾸어 버렸다. 그렇다면 헌법에 나오는 '자유민주적 기본질서'란 무엇인가? 전문가의 해석을 들어보자. 필자가 오래전부터 간직해 왔던

책 〈판례 헌법〉(정재황 저, 길안사, 1994)을 살펴보자. 헌법 전문에 나오는 '자유민주적 질서'라는 개념을 설명하면서 정재황 교수는 이렇게 말한다.

> 자유민주적 기본질서에 위해를 준다고 함은 모든 폭력적 지배와 자의적 지배 즉 반국가단체의 일인독재 내지 일당독재를 배제하고, 다수의 의사에 의한 국민의 자치, 자유 평등의 기본원칙에 의한 법치주의적 통치 질서의 유지를 어렵게 만드는 것이고, 이를 보다 구체적으로 말하면 기본적 인권의 존중, 권력분립, 의회제도, 복수정당제도, 선거제도, 사유재산과 시장경제를 골간으로 한 경제질서 및 사법권의 독립 등 우리의 내부체제를 파괴 변혁시키려는 것으로 풀이할 수 있을 것이다.(17쪽)

너무 길어서 이해하기 힘드니 간단하게 다시 말하자. 자유민주적 기본질서는 그 정신에서는 국민의 자치를 의미한다. 자유민주주의를 다시 구체적으로 말하자면, 경제적으로 사유재산과 시장 경제라는 제도이며, 정치적으로 민주주의에서 흔히 기본적이라고 알려진 제도, 즉 기본적 인권, 의회, 삼권분립, 복수정당제, 선거제도 등이다.

이런 해석에 비추어 생각해 보자. 박근혜 정권이 말하는 자유민주주의를 부인하는 세력이 도대체 누구인가? 국정원이나 군 및 권력기관의 불법적인 선거개입을 규탄하는 야당 및 시민단체가 이런 자유민주주의를 부인하는 세력일까? 아니면 박근혜 정권의 퇴진을 주장하는 종교계가 바로 이런 세력일까? 아니면, 국정원의 조작으로 내란음모 세력이라고 고발돼 해체의 위협에 처한 진보당이 이런 세력일까?

그들 가운데 누가 사유재산을 부정하고, 기본권을 부정하고, 의회를 무시하며, 사법권의 독립을 침해하고, 복수정당제를 파괴하고, 선거제도를 파괴했을까? 위에 거론된 집단들 가운데 그 어떤 집단도 이런 자유민주적 기본질서를 부정할 생각은 '엄두'도 내지 않았다. 이런 사실을 모르는 '자유민주적' 시민이 있을까?

박근혜 정권은 정권에 저항하는 세력을 자유민주주의를 부인하는 세력으로 간주한다. 그러므로 이 세력을 척결하라는 명령은 정권을 위협하는 세력에 대해서 대대적인 탄압을 자행하라는 명령과 다를 바 없다. 그런 요구를 정권에게서 마땅히 독립적이어야 할 검찰의 수장에게 명령하고, 그것도 엄두도 내지 못하게 하라고 명령하는 것처럼 반민주적이고 오만한 모습이 또 어디 있을까?

그러니 신임 검찰총장은 잘 살펴보라. '종북'이라는 매카시즘적 탄압을 통해 사상의 자유라는 기본권을 박탈한 세력이 누군가를. 법치주의를 부정하면서 조작된 증거로 무고한 사람들을 내란음모로 구속한 세력이 누군가를. 불법적인 선거개입을 자행하여 민주적 선거제도를 파탄시킨 세력이 또 누구이며, 정당의 자유에 기초한 복수정당제의 기본원리를 부정하고 진보당의 해산심판을 청구한 세력이 누군가를. 그런 세력의 정점에 도대체 무엇이 있는가를 신임 검찰총장은 명백하게 밝혀야 한다.

자유민주주의란 살아있는 생명

우리나라에서 자유민주적 질서를 깨뜨려온 사람은 박정희, 전두환을 비롯한 군부 쿠데타 세력이었음을 상기해 보라. 어쩌면 박근혜 정권은 거울에 비친 자기의 얼굴에 놀란 것이 아닐까? 자기도 모르는 사이 자기의 비밀을 폭로하는 게 무의식의 작용이다. 혹시나 자유민주적 기본질서를 철저하게 짓밟은 유신체제를 또다시 부활시키려는 무의식의 작용은 없었는가? 그러니 박근혜 정권은 자유민주주의를 부인하는 세력을 찾기 위해서 자기의 무의식을 점검해 보아야 한다. 혹 자신의 마음속에 유신 본능은 없는가, 다시 한 번 확인해 보라.

이처럼 어느 세력이 현존하는 자유민주적 기본질서를 위반하고 있는가를 따지는 것처럼 무의미한 행위는 없다. 중요한 것은 자유민주적 기본질서를 더욱더 발전시키는 것이다.

앞에서 말한 정재황 교수의 설명을 다시 한 번 생각해 보자. 자유민주적 기본질서는 구체적으로 본다면, 현존하는 몇 가지 제도를 구성요인으로 하는 그것들의 결합체를 말한다는 것을 알 수 있다. 그런 구성요인이나 그것의 복합체는 모든 자유민주주의 국가에서 동일한 것인가는 의문이다.

물론 미국과 유럽의 나라를 모델로 한다면, 대체로 정재황 교수가 언급한 제도를 찾아 볼 수 있다. 그러나 시야를 넓혀서 전 세계의 수많은 국가가 표방하고 있는 자유민주주의를 살펴본다면, 자유민주적 기본질서라는 공통분모를 찾아내는 것은 결코 쉬운 일이 아니다. 이란과 같은 이슬람적 자유민주주의를 생각해 보자. 소련에서와 같은 푸틴적 자유민주주의를 생각해 보자. 심지어 수십 년 간 일당독재를 이어온 일본의 자민당식 자유민주주의를 생각해 보라. 자유민주적 기본질서의 구체적 제도라는 것이 마치 수학공식이나 원소 주기율처럼 일의적으로 규정되는 것은 아니다. 그러므로 자유민주주의라는 고정된 실체는 없다. 서구적인 자유민주주의가 아니면 모두 자유민주주의가 아니라고 주장한다면,

이처럼 서구중심주의적인 사고방식은 없을 것이다.

그렇다고 자유민주적 기본질서란 상대적이니 그 어떤 자유민주적 질서도 다 좋다는 것은 아니다. 그런 태도를 보인다면 이는 유신적 민주주의도 자유민주주의라는 오류를 범하게 된다.

나라마다 다른 구체적 제도로부터 자유민주적 질서가 도출되는 기본정신으로 돌아가야 한다. 그 기본정신은 독재나 전제를 거부하고, 국민의 자치와 법치를 추구한다는 것이다. 구체적인 제도란 이런 기본정신을 실현하기 위해 나라마다 구체적인 역사나 현실에 적합하게 형성된 것을 말한다.

자유민주적 기본질서의 핵심은 기본정신이다. 구체적 제도가 아니다. 그러므로 조봉암 선생이 주장했듯이 국가 기간산업을 국민의 자치를 통하여 국유화 한다면 이는 사유재산을 해치는 것이지만, 그것도 역시 자유로운 민주주의이다. 이는 박정희가 쿠데타를 통해 답습했는데 단적인 예가 은행의 국유화이다. 만일 국민의 자치로 프랑스 혁명 당시처럼 삼권을 모두 의회에 종속시키는 제도를 정한다면, 그것 역시 자유로운 민주주의를 절대 벗어나지 않는다. 물론 이런 구체적 제도들이 과연 국민의 자치를 통해서 실제로 결정될 수 있는가는 의문이다. 그리고 이런 제도들이 자유민주주의의 기본정신을 가장 잘 살리는 것인가 역시 논란의 여지는 있을 것이다. 하지만 이 모든 것이 적어도 국민의 자치를 통한 것이라 한다면, 자유민주주의라는 기본정신을 벗어나는 것은 아니다.

그런데 모든 일에서 그렇듯이 자유민주주의도 현실이나 역사라는 한계 속에서 작용한다. 그 결과 각 나라에서는 자유민주주의가 구체적으로 제도화되면서 그 기본정신을 실현하는 데 일정한 한계를 지닐 수밖에 없었다. 그것은 우리나라에서도 마찬가지이다. 우리나라의 경우 자유민주주의의 기본질서는 87년의 국민적 합의에 따라서 설정했다. 그러므로 많은 정치학자들은 우리나라의 자유민주주의를 87년 체제라고 말한다. 이런 87년 체제가 많은 한계를 지니고 있다는 것은 끊임없이 헌법개정이라는 문제가 이슈화되는 것을 보아도 분명하다.

그러므로 세계 어느 나라에서나 자유민주주의를 더욱 완전하게 실현하기 위해서 정치적으로 끊임없는 노력이 이루어져 왔다. 자유민주주의는 국민의 자치라는 그 기본정신에 맞도록 끊임없이 발전하고 개혁되어야 한다. 자유민주주의 역시 생물처럼 끝없이 진화해야 한다. 이런 끊임없는 변화 발전이 없다면, 바로 그것이 죽은 자유민주주의이다.

이런 진화를 위하여 존재하는 것이 바로 정치계이며, 정치적 투쟁이라고 하는 것이 아닌가? 정치계라는 것은 결코 특권을 지닌 자리를 어떻게 분배하는가를 따지는 제도가 아니다. 우리나라의 정치계가 바로 이런 특권의 분배에 몰두하기에 자유민주적 시민들은 이에 등을 돌리기에 이르렀다. 정치계란 정치를 발전시키는 투쟁이 벌어지는 곳이다. 그런 정치의 발전이란 국민의 자치라는 기본적 정신을 잘 실현할 구체적 제도를 찾아내는 것을 의미한다.

사상의 자유 두려워하는 자유민주주의자

얼마 전 어느 자칭 진보주의자는 "진보도 헌법 안으로 들어가야 한다"고 말했다. 이 말 역시 현존하는 헌법, 즉 자유민주적 기본질서를 절대화하는 주장이어서 손가락질을 받은 바가 있다. 마찬가지로 박근혜 정권은 검찰총장에게 내린 이번 명령으로 현존하는 자유민주적 기본질서를 고정된 실체로서, 그리고 불변하는 것으로서, 즉 '자유민주주의'로 만들어버렸다. 그러면서 박근혜 정권은 이를 부인하는 것을 엄두도 내지 못하도록 만들라는 명령을 내렸다. 이와 같은 명령은 자유민주적 질서로서 기본권인 사상의 자유에 대한 탄압을 의미한다. 이런 질식할 듯한 명령처럼 자유민주주의의 발전을 가로막고, 심지어 자유민주주의를 고사시켜 버리는 반자유민주적 명령은 없을 것이다.

우리나라 자유민주주의자들이 흔히 그렇듯이 박근혜 정권 역시 사상의 자유가 왜 중요한지 잘 알지 못한다. 자칭 자유주의자들은 자유라는 기본권 자체를 두려워하지만, 그 가운데서도 특히 사상의 자유만은 감히 무서워 접근조차 하지 못한다.

그러나 자유민주적 질서가 발전하기 위해서라도 더 적합한 제도들을 모색해야 한다. 그러기 위해서는 생각하고 토론하고 발표하는 사상의 자유가 주어져야 한다. 만일 그런 자유를 불온하다고 해서 틀어막으려 한다면, 사상적으로 질식하는 나라가 될 것이다. 그런 나라는 조선 시대에서 보듯이 썩고 문드러져 마침내 멸망하고 말 것이다. 그럼에도 불구하고 이 나라 자유민주주의자들은 사상의 자유만은 결코 허용하려 하지 않는다. 그것은 그들이 역사의 발전이 두려워 쥐구멍으로 숨어버리는 기회주의 속성을 지니고 있기 때문이 아닐까?

종로 거리의 물대포, 민주주의를 향한 도발

민주주의는 어렵다. 그 목적은 인민의 뜻을 받드는 것인데, 인민의 뜻을 찾아내는 것이 힘들기 때문이다. 인민의 뜻을 찾아내기 위한 절차적 형식이 선거라는 제도이다. 하지만 완벽한 선거제도라는 것은 없으니, 민주주의란 출발점에서부터 불완전할 수 밖에 없다.

민주주의가 불완전하다고 민주주의를 폄하하거나 내던질 수는 없다. 오히려 불완전하기 때문에 민주주의가 더 탁월하게 기능할 수도 있다. 만약 민주주의가 제도적으로 완벽하다면 거기서부터 오만이 싹트기 때문이다. 반대로 민주주의가 불완전하기 때문에 민주주의 앞에서 사람들은 스스로 겸허해진다. 그래서 민주주의의 불완전성을 보완하기 위해 이리저리 노력해가는 가운데 신만이 안다는 인민의 뜻에 더욱 다가갈 수 있지 않을까?

예를 들어 보자. 민주국가 하면 금방 우리는 미국 민주주의를 생각한다. 그런데 미국의 민주주의만큼 이상하고 엉성한 것은 없다. 단적인 예가 대통령을 선거하는 방식이다. 미국은 직접 선거도 아니고 간접 선거도 아닌 엉거주춤한 선거인단 제도를 택하고 있다. 선거인단 선거의 최종적인 결과가 과연 인민 다수의 뜻과 합치하는 것일까? 아무도 확신하지 못할 것이다. 그럼에도 미국은 선거인단 제도를 버리지 못한다. 그것은 그런 선거인단 제도가 미국의 역사를 반영하기 때문이다. 자본주의의 발전이 미국 역사의 씨줄이고, 주와 연방 사이의 대립이 날줄이다. 주와 연방의 대립을 반영하는 것이 그런 선거인단 제도다.

그런데 미국 민주주의의 이런 근본적인 결함은 미국적 민주주의를 파산시키지 않고, 오히려 미국적 민주주의를 더욱 건강하게 하는 데 이바지했다. 미국인은 선거인단 제도에서 생긴 문제를 신의 뜻으로 여기며 이런 결함을 기꺼이 받아들여 왔다. 그 결과 당장 눈앞에 나타나는 인민의 뜻이 아니라 미래에 드러날 인민의 뜻이 미국적 민주주의를 인도하는 나침반이 되어 왔다.

'광장'은 민주주의 제도 결함의 보완 장치

우리의 민주주의도 마찬가지이다. 약간의 부침이 있었지만, 민주주의가 본격적으로 실시되기 시작했던 것은 87년 민주화 이후였다. 그러니 한국의 민주주의는 30년도 못 미치는 역사를 가졌을 뿐이다. 제도적으로 본다면, 이게 제대로 된 민주주의인가 하는 의심을 버릴 수 없다. 예를 들어, 국회의원 선거제의 경우 지역 대표에 과도하게 치중하면서 삶의 근본적인 형식을 이루는 생산 현장의 뜻을 거의 반영하지 못한다. 비례대표 제도가 있어 이를 보완한다고 하지만, 사실 이 제도는 한국정치사를 지배해온 양대 정당의 이해를 반영하는 장치일 뿐이다. 더구나 87년 민주화 혁명을 통해서 얻은 대통령 직선제조차 겉으로 보기에는 한 표, 한 표를 다투는 것처럼 보이지만, 그 역시 의심스럽기는 마찬가지이다. 무엇보다도 민주주의 선거제도의 또 하나의 축을 이루는 공론의 장인 언론이 자본과 보수정권에 의해 장악됐기 때문이다.

이처럼 제도적인 결함을 지니기 때문에 우리의 민주주의도 이를 보완하는 장치를 마련해 왔다. 그 장치가 바로 광장이라는 장치이다. 이는 바로 우리 민주주의의 역사를 반영하는 것이다.

'광장민주주의' 경험한 나라 많지 않아

물론 "모든 민주주의가 기본적으로 광장에서 시작하는 것이 아니냐?" 라고 의문을 제기할 수도 있다. 그러나 잘 살펴보면 광장의 경험을 지닌 나라는 많지 않다. 바스티유 광장에서 시작되었다는 프랑스 민주주의만이 우리와 유사한 광장의 경험을 가지고 있다. 일본이나 독일의 민주주의에 광장의 경험이 있는가? 없다. 그러면 민주주의의 대표국가인 미국에 광장의 경험이 있는가? 아니다. 미국은 독립전쟁을 했지만, 정작 민주주의는 광장에서 이루어지지는 않았다.

광장은 독특한 의미를 지닌다. 광장은 인민의 뜻이 발화되는 곳이다. 언론을 통해 인민의 뜻이 반영되지 못하는 경우 언론을 대신해서 광장이 인민의 뜻을 알린다. 민주주의라는 제도적 형식을 통해 인민의 뜻이 실현되지 못할 때 광장에서 인민의 뜻을 직접 실현하려는 의지가 출현한다. 정부가 끝내 인민의 뜻을 거부하는 경우 광장은 정부를 대신하는 잠재적인 힘을 가지기도 한다.

우리나라의 경우 해방 이후 87년까지 무려 40년간, 각종 각양의 독재 정부 시절, 신문도 지식인도 침묵하고 아부하던 시절부터 광장은 인민의 뜻과 의지가 표출되던 유일한 통로이었다. 특히 4·19 혁명이나 87년 민주화 혁명 시절 광장은 정당성을 상실한 정부를 대신하여 민주주의적 정부가 탄생하는 모태가 되기도 했다.

왜 우리나라의 경우 민주주의가 광장을 통해서 출현했을까? 생각해보면 우리의 역사에는 수백 년에 걸친 광장의 경험이 있지 않을까? 조선시대에도 선비들은 왕이 백성의 뜻을 보살피지 못하면, 광장에 연좌하면서 백성의 뜻을 고하여 왔다. 전제적인 왕조차 광장에서 나타난 백성들의 뜻을 결국 거부하지 못했다. 이런 역사적 경험이 있기에 우리의 역사에서 4·19와 87년 혁명이 광장에서 이루어지지 않았을까?

광장에 나선 이들의 마음은 조선 시대 백성의 뜻을 고하기 위해 자기 목을 내놓은 선비의 마음을 닮지 않았을까? 사람들은 광장에 나선 자를 그 뜻이 자기와 일치하든 않든 간에 일단 의인이라 보았으니, 광장에 나선 사람의 배후에 선비들의 역사적 후광이 어려 있지 않았을까? 무소불위의 독재자도 광장에서 들려오는 의인들의 함성을 감히 거부할 수 없었으니, 그들도 조선시대 왕의 운명을 역사에서 배웠기 때문이 아닐까?

물대포는 민주주의에 대한 부정

이런 기나긴 광장의 역사적 경험이 있기에 87년 이후 민주주의가 제도적으로 정착된 이후에도 그 불완전성을 보완하기 위해 광장이라는 장치가 활용됐다. 그 대표적인 예가 바로 광우병 파동 당시의 촛불이다. 당시 광장에 나선 누구도 광장이 4·19 혁명이나 87년 혁명에서처럼 정부를 대신한다고는 생각하지 않았다. 다만 정부가 인민의 뜻과 의지를 거스르고 있기에 그 뜻과 의지를 보여주기 위해 촛불을 들었다. 광장이라는 이름도 촛불이라는 이름으로 변경되었다. 하지만 촛불이 광장의 기나긴 역사적 경험을 이어간다는 것은 촛불이 켜지는 곳이 바로 87년 민주화 투쟁의 시청 광장이고, 조선 시대 선비들의 광화문 광장이라는 데서 잘 나타난다.

2013년 여름, 불볕더위 아래 다시 촛불이 켜졌다. 이번 촛불은 광우병 파동 당시의 촛불과 또 다른 촛불이다. 이번에 사람들은 불완전한 민주주의 제도조차 침해된 것에 경악하고 있다. 엄정한 중립을 지켜야 할 국가기관이 선거에 개입하여 인민의 뜻과 의지를 농락했기 때문이다. 그것도 박정희 시대 이래로 온갖 불법과 고문을 통해 민주주의를 짓밟아왔던 전통을 지닌 국정원이라는 조직이 말이다. 더구나 현 정권이 국정원의 민주주의 침해를 통해 이익을 얻은 당사자이기에 촛불은 더욱 분노한다. 그러니 이번 촛불은 단순한 촛불이 아니다. 그 촛불은 과거 4·19 혁명이나 87년 민주화 혁명 시절의 광장을 닮아가는 촛불이다.

일부 논자들은 광장이 민주주의에 배치된다고 말한다. 민주적 제도가 수립되었으니 우리는 선거를 통해서 자기 뜻을 실현해야 한다고 말한다. 하지만 우리나라의 경우 민주주의란 제도는 선거라는 제도에만 그치지 않고 광장까지 포괄하는 장치라고 보아야 한다. 광장에는 우리의 기나긴 역사적 전통이 담겨져 있다. 우리의 불완전한 민주주의는 광장을 포괄해야만 인민의 뜻을 반영하는 민주주의 정치로 거듭 날 수 있다.

그런데 얼마 전 듣자니 광장에 나선 촛불 세력에게 현 정권은 물대포를 발포하였다고 한다. 어리석은 짓이 아닐 수 없다. 그것은 인민의 뜻과 의지의 실현을 방해하여 민주주의를 기능정지 시키려는 행위이다.

일베, 룸펜프롤레타리아 좌절감 반영

'일간 베스트 저장소(이하 일베)'가 사회적으로 문제가 된다고 하기에 어떤 곳인가 들어가 보았다. 며칠간 이리저리 살펴보았는데, 그저 쓰레기통을 뒤지거나 화장실 낙서를 보는 것 같다. 마구 배설해 놓은 비난, 상처받고 약한 자들에 대한 사디스트적인 공격, 사실에 대한 어이없는 왜곡, 아무런 근거 없는 주장들, 일제와 파쇼의 외설적인 폭력에 대한 마조히스트적인 욕망으로 가득차 있다. 생각해 보면 한 사회에는 쓰레기통도 있어야 하고 화장실도 있어야 하니, 냄새는 나지만 눈감고 내버려 두는 것이 상책일 것이다.

일베보다 걱정스러운 것은 입시지옥

누구는 일베를 기웃거린다는 중고등학생이 문제라고 한다. 그들의 숫자가 만만치 않다고 한다. 그런 아이들이 일베로부터 오염이 되지 않을까 두렵다는 것이다. 심지어 일부 학생들은 일베에서 사용하는 언어들을 모방한다고 한다. 그러나 걱정할 것은 없다. 일베 현상 가운데 아이에게 가장 위험스럽게 생각되는 것은 아무래도 약자와 상처받은 자에 대한 사디스트적인 욕망과 외설적인 폭력에 대한 마조히스트적인 욕망이다.

그러나 필자에게도 그랬지만, 그 시기(중고등학생 시절) 아이들에게 사도마조히스트적인 욕망은 성장 과정 중에 나오는 자연스런 심리적 특징이다. 정신분석학은 이런 욕망을 나르시시즘적인 욕망이라는 범주 속에 포함한다. 이 시기 아이들은 어머니의 품에서 벗어나 성숙해 지기 시작한다. 이런 성숙의 과정에서 개인의 독립적인 주체성이 형성된다. 그러나 아이에게 현실은 자신의 주체성을 확립하기엔 너무 힘든 대상이다. 아이들은 쉽게 상처받으며 자신의 고통으로부터 위안 받고 싶어 한다. 그러므로 아이들에게는 거꾸로 어머니의 품으로 되돌아가고 싶은 욕망이 출현한다. 그게 나르시시즘적인 욕망을 이루는 것이다.

이런 나르시시즘적인 욕망이 출현하면, 자기의 거울 이미지 또는 분신인 타자에 대해 질투와 증오심이 나타나기도 한다. 그러기에 아이들은 자기처럼 약하고 상처받은 자들 앞에서 사디스트적인 욕망을 품으며, 자기보다 더욱 강한 자들 앞에서는 마조히스트적인 욕망을 가지게 된다. 물론 아이마다 정도의 차이는 있겠지만 거의 예외 없이 모든 아이가 이런 단계를 거치게 된다. 아이들은 점차 사회적 현실을 통제할 수 있는 주체적인 힘을 얻게 되면서 이런 나르시시즘적인 단계를 넘어서게 된다.

성장기 아이들에게 나타나는 이런 나르시시즘적인 현상에 관해서는 입증할 필요조차 없다. 중고등학생들이 즐겨보는 만화나 그들이 즐기는 게임을 보라. 그러면 아마 일베에서 발견되는 현상보다 더욱 끔찍한 것을 무수히 발견할 수 있다. 그러니 걱정하지 말라. 아이들은 그렇게 해서 큰다. 필요한 것은 아이들에게 자신의 현실과 교섭하는 힘과 방식을 가르치는 것이다.

유감스럽게도 우리 아이들에게 현실은 너무 가혹하다. 입시지옥으로 대표되는 이런 현실 앞에서 아이들의 좌절이 크면 클수록 나르시시즘적인 현상의 강도와 지속성은 강화된다. 그러니 일베를 걱정하지 마라. 걱정스러운 것은 입시지옥이다.

일제를 그리워하고 파쇼를 찬양하는 이들

일베에서 문제는 아이가 아니라 어른이다. 사실 일베가 보수 언론에게 주목을 받는 이유는 거기서 표명되는 정치적인 견해 때문이다. 그런 정치적 견해는 사용된 언어로 미루어 보아서 대부분 성인이 쓴 것으로 판단된다. 대체 그들은 누구일까? 일제를 그리워하고 파쇼를 찬양하는 자, 아직도 북한을 '북괴'라 부르는 자는 대체 어떻게 생겨먹은 자일까? 월남 참전 용사일까? 반공 목사일까? 어버이 연합의 성원일까?

필자로서는 그들의 사회적 위치를 객관적으로 판단하기 어렵다. 다만 눈치로 짐작하자면, 적어도 그들은 현재의 정치 사회적 권력의 엘리트에 속하는 사람은 아닌 것으로 보인다. 왜냐하면, 그들은 너무나도 순진하기 때문이다.

그들에게 자기의 발언에 대해 합당한 논리나 이유를 기대하는 것은 불필요하다. 그들에게 논리나 이유라는 것이 굳이 필요한지 의심스럽다. 그들에게 자기의 적과 허위는 동의어이고, 자기 편과 진리는 동의어이다. 그들에게 만약 논리나 이유를 대라고 한다면 이렇게 반문할 것이다.

"도대체 논리나 이유를 따진다는 것 자체가 바로 민주파, 좌파, 종북에 속하는 것이 아니냐?"라고 말이다.

일베는 정치적 이해를 전략적으로나 전술적으로 고려하지는 않는 것 같다. 그들이 일제의 식민지하에서 '조센징'이 되기를 원하고, 군부독재 시절 삼청교육대를 그리워한다고 말하는 게 무슨 정치적 이익이 될 것인가? 그들이 상처받은 약자들을 비하하고, 전라도민을 '홍어'라 하고, 여성을 '김치년'이라 한다면, 그런 사디스트적인 언사가 그들의 편이라는 보수우파에게 얼마나 유리하겠는가? 그들이 일베인 것은 그런 정치적 이해를 전혀 계산하지 않기 때문이다. 오히려 그들의 글 속에는 정치적인 이해를 고려하지 않는 것에 대한 자부심조차 엿보인다. 그런 점에서 그들은 눈물이 날 정도로 순진하다.

정치적으로는 지배 엘리트에 동화

일베, 그들에게는 논리나 이유가 없다. 그들은 정치적 전략이나 전술을 고려하지 않는다. 어쩌면 사람들이 그렇게 순진할 수 있는가? 그것이 오히려 놀라울 뿐이다. 필자의 관심은 일베의 그런 순진성을 이해하는 데 있다.

그들의 순진성은 기계적 반복성과 일치한다. 그들은 같은 욕설이나 같은 비난을 한 자도 틀리지 않고 수백만 번이라도 되풀이 할 듯 게시판을 도배하고 있다. 그들은 자신이 쓴 것과 동일한 게시물을 읽고, 또 읽으면서도 절대 지치지 않는다. 그들은 마치 영화 〈터미네이터〉에서 기계적으로 프로그램화되어 있는 로봇처럼 민주, 좌파, 종북과 정대세를 욕하고, 일제와 이승만, 파쇼와 윤창중을 미화했다.

아마도 정신분석학적인 훈련을 받은 사람이라면, 금방 그들의 기계적인 반복 속에 그들을 지배하고 있는 초자아의 명령을 발견할 수 있을 것이다. 초자아는 명령을 기계적으로 관철하고, 단순 반복적으로 명령을 수행하는 존재이다. 순진성과 기계적 반복이 심리적으로 초자아의 현상이라면, 여기서 일베의 내면적 본질로 들어가는 열쇠를 발견할 수 있지 않을까?

사회적 현상으로서 초자아의 문제는, 곧 룸펜프롤레타리아의 문제이다. 일차 세계 대전 이후 귀향 군인, 실업자가 바로 나치의 돌격대를 이루었던 룸펜프롤레타리아의 핵심이다. 그들은 살아가기는 프롤레타리아의 수준이었지만, 이상하게도 정치적으로는 지배 엘리트들에 동화되었다. 히틀러는 그들에게 초자아가 되었다. 그들은 히틀러의 돌격대가 되어 유대인과 집시, 좌파 노동자 세력과 전위 예술가들에게 모욕과 폭력을 가했다.

일베의 토대는 룸펜프롤레타리아

심리학적인 차원에서 본다면, 역시 이들의 사회적 좌절이 문제였다. 전쟁에서의 패배, 사회적인 실업 등 거듭된 사회적 좌절을 통해서 그들은 자신의 주체성을 상실한다. 만일 이 상태가 지속한다면, 그들은 분열증에 빠지게 된다. 자기의 심리적 파멸의 위험을 두려워하면서 그들은 자기보다 강한 외설적인 존재와 자신을 동일시한다. 이것이 그의 초자아이다. 그는 초자아의 명령에 따라서 자신의 행동을 기계적으로 반복한다. 그는 이 초자아의 명령 앞에 아이처럼 순진하게 복종한다.

이런 심리적 이론을 일베에 적용할 수 있을까? 일베가 과연 룸펜프롤레타리아 층인가는 확인하기 어렵다. 사회적으로 성공한 대학교수조차 일베와 같은 양상을 보인다는 실례도 있다. 하지만 일베에 오른 게시물을 통해서 볼 때 대체로 사회적으로는 룸펜프롤레타리아 출신이라고 짐작된다.

이명박 정권 말기에 이명박 정권의 고환율정책의 부작용이 드러났다. 바로 중산층 이하의 몰락이다. 그 때문에 지난 선거에서는 사회복지가 대선의 핵심 이슈로 등장했다. 심지어 박근혜 후보조차 실현할 의사도 없었던 장밋빛 복지정책을 남발했다.

대선 이후 박근혜 정권이 들어선 뒤에도 중산층 이하의 몰락은 여전히 계속되고 있고, 사회적 좌절이 심화됐다. 대선의 패배 이후 그들에게 가능성이 열리지 않았다. 그 결과 몰락한 중산층이나 일자리를 찾지 못한 노동자, 청년 등으로 이루어진 룸펜프롤레타리아가 증가되었다. 폭발적으로 증가한 룸펜프롤레타리아가 바로 일베의 토대가 아닐까?

객관적으로 이들이 룸펜프롤레타리아인지 아닌지는 중요하지 않다. 중요한 것은 이들의 순진성과 기계적 반복성은 나치의 돌격대와 동일한 양상이라는 것이다. 그러므로 일베는 파시즘의 원초적 현상으로 해석할 수 있다.

그렇다고 해서 일베에 대해 대증요법적으로 대응할 필요는 없다. 나치 돌격대의 폭력을 사회적으로 부각시키자 오히려 나치 돌격대가 성장했던 역사를 기억할 필요가 있다. 어차피 그들은 논리나 이유, 정치적 고려를 하지 않는다. 그러니 논리나 정치적 고려를 통해 대응할 수도 없다. 그냥 무시하자. 그들이 배설하는 쓰레기나 낙서를 스스로 즐기도록 내버려 두자. 중요한 것은 오히려 배가되는 사회적 좌절이다. 룸펜프롤레타리아가 급증하는 사회적 현실에 오히려 더 많은 관심을 가져야 한다. 룸펜프롤레타리아가 줄어든다면 일베는 저절로 없어질 것이다.

일베 현상 부채질하는 국가기관과 언론이 문제

진짜 문제는 일베의 현상을 부채질하는 국가기관과 언론이다. 국민의 세금으로 운영되는 국가의 정보기관이 일베를 부추긴다면, 그걸 정상적인 국가기관이라 할 수 있을까? 소위 종편이라는 언론이 일베와 짜고 치는 고스톱은 필자 같은 문외한도 눈치챌 수 있을 정도로 너무 노골적이다. 일베가 게시판에 올리면, 그게 무슨 중요한 뉴스라고 주요 언론사에서 인터뷰한다. 이런 인터뷰는 다시 일베의 게시판에 오른다. 이것은 대한민국 재벌이 계열기업들 사이에 상호 출자하는 방식을 꼭 빼닮았다.

이것은 사회적으로 심각한 문제이다. 나치 돌격대가 성장한 것도 당시 군부와 언론의 지원이 있었기 때문이다. 군부는 나치 돌격대의 폭력을 비호했다. 언론은 히틀러의 선동을 전후 독일 사회에 득실대는 룸펜프롤레타리아에게 전달했다.

국정원의 불법은 엄중히 단죄해야 한다. 그것은 국가기관의 분명한 정치개입이기 때문이다. 이미 국정원이 댓글 아르바이트를 통해 선거에 개입했다는 사실이 드러났다. 전 국정원장이 기소된 지금 국가기관의 정치개입 문제는 더욱 철저하게 다뤄져야 한다.

언론인 종편에 대해서는 할 말이 없다. 언론은 민주주의의 근간으로서 공정해야 할 사회적 의무를 지닌다고 역설하고 싶은 생각이 없다. 그걸 역설한다고 종편이 들어줄 것 같지도 않고, 또한 종편이 왜 그러는지 이미 잘 알기 때문이다. 종편이 일베와 짜고 고스톱을 친다고 생각한 사람이 필자 말고도 많이 있을 것이다.

그래, 얼마나 먹을 게 없었으면 그랬겠는가? 과거에 써먹었던 뉴라이트도 더는 써먹을 게 없다면, 멀리 보고 새로 젊은 논객들을 키웠어야 하지 않았을까? 그런 논객이 하루아침에 키워지지 않는다고 해서, 그래도 종합편성방송이라는 거창한 이름을 지닌 언론이 쓰레기통이나 화장실을 뒤져서야 되겠는가? 그렇게 궁상을 떠느니 차라리 자진 폐업하는 게 어떤가?

배신자들아, 우리가 하늘이다

지금도 세월호 참사를 생각하면 제일 먼저 떠오르는 장면이 있다. 그 장면을 생각하면 잠자다가도 다시 벌떡 일어난다. 울화가 치솟아 냉수를 벌컥벌컥 마셔보지만, 가슴이 진정되지 않는다. 기억을 쫓아버려도 다시 새까맣게 달려든다.

그 장면은 곧 기울어진 세월호 창문에 비친 아이들의 모습이다. 어렴풋하지만 유리창에 붉은빛이 떠도는 것은 구명대를 입은 아이들이 틀림없을 것이다. 창문을 두들기고 있었던 것일까? 살려달라고 고함을 지르고 있었던 것일까?

그때 구조대의 고무보트는 바로 그 창문 옆에 있었다. 구조대가 창문을 깨뜨리기만 하면, 아이들은 밖으로 나올 수 있었을 것이다. 아니, 구조대가 배 위에 올라와 "아이들아, 나와라" 소리만 질렀더라도 아이들은 우르르 밖으로 뛰쳐나왔을 것이다. 그런데 구조대는 아무것도 듣지도, 아무 것도 보지도 못한 듯이 되돌아섰다.

그렇게 되돌아섰던 것은 구조대만이 아니었다. 아이들을 책임져야 할 세월호의 선장과 승무원은 아이들 곁을 스쳐 지나가면서도 허겁지겁 도망치기에 바빴다. 그들에게는 회사와 연락할 시간은 있어도 아이들에게 탈출하라는 말 한마디 외칠 시간은 없었다. 어디 그뿐이랴?

동영상에 녹화된 대로 기울어진 배 속에서 아이들은 헬리콥터 소리를 들었다. 그 헬리콥터에는 구조를 책임진 자들이 타고 있었을 것이 아니냐? 그들이 해경인지, 해군인지, 아니면 해수부 장관인지, 안행부 장관인지 교육부 장관인지 모른다. 하지만 그들 누구도, 아니 그들 모두를 합한 국가 전체가 기울어진 배 속에 있는 아이들을 걱정하지 않았다. 그들은 그저 회사와 세월호의 인양을 위해 흥정하기에 바빴고, 언론에 실리기 위해 인증 사진을 찍기에 바빴다. 그러면서 헬리콥터는 구조대의 고무보트와 마찬가지로 아이들을 내버려 둔 채 타타타 소리를 내며 멀리 날아가 버리고 말았다.

그 사이 아이들은 배 안에서 기다리고 있었다. 스피커로 지시한 대로 제 자리에 가만히 있으면서, 구명대의 허리끈을 조이면서, 아이들은 여전히 믿고 있었다. 선장과 구조대와 헬리콥터를 타고 있었던 자들 모두를. 학교에서 가르쳐준 그대로, 국가를 믿었기에 아이들은 천진난만하게 키득거리기조차 했다. 이렇게 선장과 구조대와 헬리콥터와 국가는 세월호의 아이들을 배신했다. 그것은 이 세상에 제일 비열한 짓, 믿음을 등지는 배신, 바로 그것이다.

배신의 이데아

이 세상에 제일 고통스러운 것이 무엇일까? 살이 찢기고 뼈가 부러지는 사고일까? 사랑하는 사람의 죽음일까? 아니, 그보다 더 고통스러운 일이 있다. 그건 바로 믿었던 사람에게 받는 배신의 고통 아니겠는가? 그 고통은 구더기가 살을 파고들 듯이 날이 갈수록 더욱 깊게 가슴을 파고든다. 믿음이 강하면 강할수록 더욱 심한 고통으로 다가온다.

사랑하는 사람에게 당한 배신이 얼마나 고통스러운지? 이를 겪어본 사람이라면 누구나 알 것이다. 꿈속에서도 되살아나는 고통이 바로 그런 배신이다. 가라앉은 배 속에서 바닷물이 아이들을 덮치기 직전 아이들이 느꼈던 것은 바로 이런 배신의 고통이었을 것이다.

도대체 이 나라가 어떻게 이 지경이 되었는가? 어떻게 이런 배신이 이토록 공공연하게 그것도 아이들을 대상으로 저질러질 수 있는가? 생각해 보면 그리 어려운 문제도 아닐 것 같다. 속담에 윗물이 맑아야 아랫물도 맑다 하지 않았는가? 이 평범한 진리가 지금 현재에도 여전히 진리이다. 그러니 이런 모든 배신은 다름 아닌 국가의 최고 권력에 원천을 두고 있음이 틀림없다.

생각해 보라. 배신의 원천, 배신 중의 배신이라면, 바로 대통령 박근혜의 배신이 아니겠는가? 그는 '믿음의 정치인'이라는 이미지를 가지고 국민들이 그를 믿도록 했다. 아마도 그가 당선된 유일한 이유가 있다면, 그것은 국민의 믿음 때문일 것이다. 하지만 그의 실제 모습은 어떠한가? 그의 당선 이후 지난 일 년 동안 기억나는 것은 오직 한 가지, 각종 조작일 뿐이다. 대선조작, 내란음모 조작, 간첩 조작…. 그는 이런 조작을 자행하면서 국민의 믿음을 배신해 왔다.

최종적으로 언론의 조작을 통해 그는 '믿음의 정치인'이라는 국민의 믿음조차 다시 조작했다. 멀리 갈 것도 없이 이번 세월호 참사에서 그가 보여준 배신을 보라. 그는 구조의 책임을 지기보다는 책임을 전가하기 위해, 구조를 강화하기보다는 구조가 강화된다는 이미지를 만들기 위해 진도 앞바다를 방문했던 것이 아닌가? 언론은 그가 원하는 대로 국민의 믿음을 조작해 냈다. 아마 현장에 있었던 유가족이 폭로하지 않았더라면, 모든 국민은 '믿음의 정치인'이라는 그의 이미지를 여전히 믿고 있을 것이다.

이처럼 그의 배신은 국민의 믿음까지 조작하는 배신이니, 그가 '믿음의 정치인'이라는 국민의 믿음은 실재가 아니면서도 실재처럼 보이는, 실재보다 더 실재처럼 보이는 것, 한마디로 '믿음의 시뮬라크르'이다.

그 때문에 국민은 '믿음'이라는 말 자체를 믿지 못하게 되었다. 그 덕분에 '믿음'이라는 말 자체가 사전에서 사라지게 되었으니, 그의 배신은 배신 중의 배신, '배신의 이데아'에 해당한다. 믿음이라는 말이 사라졌으니, 배신이란 것도 없어졌다. 그러니 누구든 태연하게 배신할 수 있지 않겠는가? 배신이 이렇게 만연하는 것도, 아이들의 믿음조차 배신할 수 있는 것도 다 이 때문이지 않는가?

노란색 리본은 친노 종북의 증거?

그러면 여기서 배신의 메커니즘에 대해 생각해 보자. 배신자들은 먼저 그가 배신할 대상을 무기력하게 만든다. 배신당하는 자가 자주성을 가지고 있다면 배신은 불가능하며, 배신당하더라도 스스로 이를 견딜 수 있으니 배신 자체가 의미를 상실한다. 그러므로 배신자는 배신당하는 자가 오직 그 자신만을 믿고, 그의 힘에 의존하도록 만든다. 배신당하는 자가

배신자 앞에서 마침내 천진난만한 아이가 되면, 드디어 배신자에게 기다리던 배신의 기회가 다가온다.

그러고 보면 이번 세월호 참사에서 아이들을 배신하기 위하여 국가는 이미 오랫동안 준비해 왔다고 볼 수 있다. 아이들이 무기력한 존재라는 확신 때문에 아이들은 가만히 있으라고, 그렇게 무기력하라고 교육했다. '가만히 있으라'는 마법의 주문이 아이들의 팔과 다리, 아이들의 머리를 포박하였다. 이렇게 하여 국가는 언제든지 마음 놓고 아이들을 배신할 준비를 이미 오래전에 마쳤다.

국가의 교육만이 이렇게 배신을 준비해 온 것은 아니다. 이 나라의 정치인, 언론인, 이 나라 지식인도 역시 국가를 따라 배신을 준비해 왔던 것이 아니냐? 몇 가지 예만 들어 보자. 정미홍이라는 한 정치인은 세월호 추모 집회에 참가한 아이들이 일당 6만원에 동원되었다고 주장했다. 그를 변호하며 "이렇게 의심하는 것이 무슨 잘못이냐?"라고 하는 자도 있다.

이런 의심이 무엇을 의미하는지 정말 모른다는 말인가? 정미홍은 아이들이 무기력하며 무기력해야 하는 존재라고 확신하고 있다. 이런 확신 때문에 아이들이 조금만 자주적으로 행동하게 되면, 그는 아이들이 그럴 리가 없다고 생각한다. 그는 외부에서 아이들의 자주성을 조종하기 때문이라고 확신한다. 자기 그림자에 자기가 놀란다고 하는데, 그는 순진하게도 그걸 모른다.

생각해 보면 어디 아이들뿐이랴. 국민에 대해서도 똑같은 확신이 종북몰이꾼에 의해 유포되고 있다. 국민은 무기력한 존재이다. 그들은 순진무구한 아이와 같다. 이렇게 국민은 종북몰이꾼에 의해 강제로 순진한 아이로 만들어졌다. 그러기에 이들은 국민들이 언론을 통해 유포된 허위를 또한 국가에 의하여 만들어진 수없이 많은 조작을 그대로 믿으리라고 믿는다. 만일 국민이 이런 허위와 조작을 믿지 못한다면, 종북몰이꾼은 화들짝 놀라면서 그런 국민들은 외부세력에 의해 조종된다고 확신한다. 그리하여 종북몰이가 시작된다.

이번 세월호 참사에도 어김없이 종북몰이가 등장했다. 노란색 리본이라니? 그건 친노 종북의 증거라 한다. 노란색이 친노 종북이라면 빨간색은 친박 종북인가? 종북몰이꾼은 국민이 그저 순진하기만 하여, 북한이 노란색으로 리본을 달라고 하면 그대로 따르는 존재라고 확신한다. 마침내 그들은 정말 순진하게도 자기들이 주입해 왔던 믿음이 실제라고 스스로 믿기에 이른다. 자아도취에 빠진 그들의 순진성이 오히려 놀라울 뿐이다.

정미홍이나 종북몰이꾼의 순진성은 영악한, 아니 악마적인 순진성이다. 그들은 아이들과 국민이 순진하다고 확신하기에 아이들과 국민들을 더욱 무기력한 존재로 만들고 있다. 그들은 이를 통해 마침내 아이들과 국민을 배신할 기회를 얻게 되는 것이다. 아이들과 국민이 순진하다고 믿는 그들은 다가오는 배신을 준비하는 배신의 선지자들이다.

우리가 하늘이다

가만히 있으라! 이제 이 주문, 아이들과 국민들에게 가해지는 이 마법의 주문은 깨어져야 한다. 아니 세월호의 참사로부터 아이들과 국민들은 이미 깨어나기 시작했다. 세월호 참사 이전과 이후는 달라질 것이다.

이제 배신자는 처단되어야 한다. 일제 강점기 이후 한 번도 배신자들이 처단된 적이 없었다. 그러나 이번만큼은 아니다. 결코 다시 배신하지 못하도록 철저하게 배신자는 처단되어야 한다. 이제 배신의 고통은 이 땅에서 사라져야 한다.

그러나 그보다 더 중요한 일이 있다. 그것은 바로 우리 자신이 배신당하지 않도록 무장하는 것이다. 칼로 무장하자는 것이 아니다. 우리 자신이 무기력한 존재가 아님을, 자주적으로 행동하는 존재임을 스스로 깨닫자는 것이다. 그리하여 어떤 배신도 다시는 일어나지 않도록, 아니 배신 자체가 의미가 없도록 만들자는 것이다.

이제 아이를 아이라 부르지 말자. 국민을 국민이라 부르지 말자. 아이들이니, 국민이니 이런 말들은 모두 무기력한 존재라는 의미를 지니고 있을 뿐이다. 동학은 인내천을, 다시 말해 사람이 하늘이라고 가르쳐 왔다. 그렇다. 아이들이 아니라 하늘이다. 국민들이 아니라 하늘이다. 우리 모두를 하늘이라 부르자. 배신자들아, 우리가 하늘이다.

아이들아 돌아와라

오직 바라만 볼 수밖에 없는 응시의 상황이란 것이 있다. 이 상황에서는 어떤 비명조차 나오지 않는다. 심지어 분노조차도 일어나지 않고, 그저 둔중한 쇠뭉치로 머리를 얻어맞은 듯 멍할 뿐이다. 그렇게 우리는 열흘 동안 진도 앞바다를 지켜보았다. 세월호에 갇힌 아이들을 기다리며 부모들이 꼿꼿하게 고개를 들고 하염없이 진도 앞바다를 응시하고 있었듯이, 우리는 역시 구조대의 한 마디, 한 장면이라도 놓칠까 해서 온종일 TV 화면을 지켜보고 있었다.

우리는 응시한다

그리고 열흘, 아직도 아무런 구조의 소식은 없다. 아이를 기다리는 부모처럼 우리 역시 그 아이들이 반드시 살아 있다고 믿는다. 그 부모들처럼 우리 역시 아이들이 살아서 돌아오는 환상을 보고 아이들이 돌아오는 떠들썩한 웃음소리를 듣는다. 그러니 아직도 입이 떨어지지 않는다. 그저 저 넘실대는 바다를 응시하고 있을 뿐이다.

도대체 머릿속이 하얀 안개로 덮여 있는 듯하다. 불쑥불쑥 떠오르는 사실들은 모호하기 짝이 없다. 도대체 왜 저 짐승같이 커다란 배가 십여 년 간 늘 한결같이 다녔던 항로에서 갑자기 쓰러졌단 말인가? 배가 기울어진 다음 황금의 한 시간 동안 왜 구조대는 아무것도 못 했던 것인가? 사진으로 보이는 창문에는 아이의 모습이 어른거리는데, 창문을 깨는 망치는 왜 없었던 것인가? 왜 정부는 콩 볶듯이 분주하지만 실제로 아무것도 하는 일이 없는 것인가? 왜 정부의 발표는 도대체 믿을 수가 없는 것인가? 이 모든 의문이 진도 앞바다의 조류보다 더 세차게 일렁거리는데, 우리가 아는 것은 마지막까지 바다 위에 떠올라 있던 세월호의 꼬리 정도이다. 그것조차 언젠가부터 물속으로 가라앉아 보이지 않는다.

욕하고 싶다. 분노하면서 절규하고 싶다. 때려 부수고 싶다. 하지만 아무 소리도 나오지 않는다. 팔 하나, 다리 하나 들 힘이 온몸에서 빠져나갔다. 도대체 누구를 향해 욕을 하고, 무엇을 위해 절규해야 할지 모르기 때문이다.

침몰하는 대한민국이라는 배

언론은 여전히 관성대로 움직인다. 한 번은 배를 버리고 떠난 비정규직 선장을 까발리더니, 또 한 번은 세월호의 선주인 유병언, 이름 없다는 사진가를 쑤셔댄다. 그리고 다른 한 번은 '내 책임은 아니지, 네가 할 일 아니냐?'하는 해경과 정부를 저주한다. 하지만 그 어떤 고발도,

그 어떤 폭로도, 그 어떤 저주도 전혀 마음에 와 닿지 않는 이유는 무엇인가. 물론 그들 모두가 언론이 파헤친 만큼 아니 그 이상으로 책임이 있을 것이다. 하지만 무언가 그것만이 아닌 것 같다. 그들의 책임을 모두 합하더라도 그것으로 이 비극을 설명하기는 불가능한 것만 같다. 진실은 까마득히 다른 어디에 있을 것만 같다.

사람들은 말한다. 세월호의 침몰은 대한민국의 침몰이라고. 이 말이 가장 가슴에 와 닿는다. 저 커다란 짐승 같은 배가 침몰하려면 얼마나 많은 원인이 쌓이고 쌓여야 할까? 그 많은 원인이 무수한 세월을 거쳐 하나씩 누적되었고 마침내 터졌으니, 이게 대한민국 전체의 침몰이라고 해도 정말 틀린 말은 아닐 것이다.

그런데 침몰하는 대한민국이라는 배를 타고 있는 우리는 무엇인가? 이 배를 버려야 할까? 우르르, 저 넘실대는 바다에 몸을 던져야 할까? 구조선은 오기나 할까? 생각해보니 어떤 철학자가 이런 문제를 던졌다고 한다. 배를 타고 가면서 물이 새는 배를 고치는 방법이 있는지를. 배를 고치기 위해서는 배를 뭍에 올려놓아야 한다. 하지만 이 배는 영원히 바다를 떠돌며, 우리가 찾는 뭍은 발견되지 않는다. 배에는 물이 새고 있다. 우리는 어떻게 해야 하는가? 이 문제는 곧 지금 침몰하는 대한민국이라는 배를 탄 우리에게 던져진 질문이라 하지 않을 수 없다.

어떻게 해야 할까? 질 들뢰즈라는 철학자는 응시의 상황을 설명하면서, 이 상황은 생각할 수 없는 것을 생각하도록 강제하는 상황이라 했다. 그러면 그의 말대로 생각할 수 없는 것, 배에 타서 물이 새는 배를 고치는 일을 생각해 보자. 그걸 생각하는 것은 우리가 살아있는 한 버릴 수 없는 의무이다.

정부와 언론 그리고 학자

침몰하는 대한민국이라는 배에서 물이 새어 들어오는 곳은 어디인가, 그것부터 찾아야 하지 않을까? 세월호의 침몰 앞에서 대한민국의 모습을 본 외국인들은 너나 할 것 없이 저 나라 사람들은 허둥대기만 할 뿐이라 한다. 쉽게 말하면 호떡집에 불난 것 같다는 말이겠지. 시끄럽고 분주하지만 오직 그뿐이라는 말일 것이다. 왜 우리는 이렇게 허둥대기만 할까? 그게 바로 침몰 중인 배에서 물이 새어 들어오는 구멍이 아닐까?

그러면 생각해 보자. 왜 우리는 이렇게 허둥대기만 하는 것일까. 그 이유는 도대체 무엇하나 믿을 만한 구석이 없기 때문일 것이다. 어느 하나라도 단단한 암반처럼 굳건한 것이 있다면, 그것 위에 기둥을 세우고 그로부터 가지를 뻗어 가면서 마침내는 우리를 구할 수가 있을 것이다. 그러나 이 나라에는 아무리 돌아보아도 믿을 만한 게 없다. 그러니 허둥대지만 결국 아무 일도 하지 못하는 것이 아닌가?

국민의 안전에 관해서라면 정부가 가장 믿을 만한 구석이 되어야 하지 않는가? 그러나 그 정부는 조작의 대명사가 아닌가? 천안함을 격침했다는 1번 어뢰는 누구의 작품이었던가? 자기 국민을 잡아먹기 위해 남의 나라 공문서조차도 날조하는 자가 어느 나라 정보부였는가? 신뢰와 원칙이라는 이미지조차 날조하는(아니 위조이던가?) 정치가가 어느 나라 대통령인가? 그러니 이 엄청난 재난을 당해서 정부의 각종 대책기관이 내놓은 발표 중의 어느 것 하나만이라도 국민들이 믿기를 바란다면, 그것 자체가 믿을 수 없는 일이 아니겠는가? 정부의 발표가 진실이면 정말 그럴수록 더욱 의심스러워지는 것은 그걸 의심할 수밖에 없는 우리의 잘못만은 아닐 것이다.

그러면 권력을 비판하고 진실을 드러내는 것을 사명으로 하는 언론을 믿을 수 있을까? 우리 언론은 정부의 왜곡된 발표를 토씨 하나 고치지 않고 받아쓰는 데 세계적인 명성을 자랑하지 않는가? '관 장사'라는 말이 있는데, 언론이야말로 사건 장사를 하는 게 아닌가? 사건만 나면 대중의 호기심을 자극하기 위해 관련자의 인권을 무시하는 것은 우리나라 언론만이 가진 고유한 권리가 아닌가? 한 번도 자기 자신의 잘못을 고백한 적이 없으면서 오늘도 우리 언론은 타인의 기만과 타인의 책임에 대해 자기만이 유일하게 비난할 권리를 가진 자라고 믿는다. 그런 언론을 보고 진도 앞바다에 모인 부모들이 분노하는 이유를 온 국민은 다 아는데 오직 언론 자신만은 모르는 것 같다.

가장 먼저 도주할 자들

그러면 사실을 검증하고 진리를 추구한다는 학자, 지식인은 믿을 수 있는가? 필자 역시 여기에 속하니, 이것에 관해서는 알만큼은 안다. 철학자 푸코가 지식권력 복합체라는 개념을 만들어 낸 이유를 생각해 보라. 정부의 기관 가운데 학자가 개입하지 않은 곳이 어디 있는가? 그들의 전문적인 학식은 이제 권력이 되었다. 그들의 모델은 지동설을 주장하다 화형당한 부르노가 아니다. 그들의 모델은 "그래도 지구는 돈다"고 하면서 슬그머니 지동설을 내려놓은 갈릴레오이다. 그나마 갈릴레오를 그들이 모델로 한다면 정말 다행이다. 얼마나 많은 학자가 자신의 양심을 권력과 돈을 대가로 팔았을까? 모르기는 해도 이번 세월호의 개조를 허용하는데 지식인과 학자의 책임이 클 것이다.

대한민국에서 단단한 진실의 암반이 되어야 할 존재는 바로 이 세 존재이다. 정부와 관료, 언론과 기자, 대학과 학자, 진실은 이들의 운명이 되어야 한다. 그러나 이들 모두가 자신의 운명을 저주하고 다른 국민의 행복을 탐내고 있으니, 대한민국의 침몰에서 가장 책임이 있는 자라면 바로 이 세 존재일 것이다. 더구나 국민은 다 안다. 침몰하는 대한민국이라는 배에서 세월호 선장처럼 가장 먼저 도주할 존재가 바로 이 세 존재라는 것을.

아직도 머리가 뜨겁다. 마치 열병 든 자처럼 쓸데없는 헛소리가 입에서 쏟아져 나온다. 지금은 그저 아이들이 구조되기만 기다릴 뿐이다. 모든 것은 구조에 바쳐져야 한다. 여전히 우리 눈에는 살아 돌아오는 아이들의 모습이 떠오른다. 그들이 돌아오면서 떠들썩한 웃음과 장난기 어린 말들이 들린다.

그들이 돌아오면 그들에게 침몰하는 이 대한민국을 맡기자. 다시 넘실대는 시퍼런 진도 앞바다를 응시한다. 아이들아, 제발 돌아와라!

나쁜 놈, 그런데 그립다

– 영화 〈변호인〉을 보고

영화감독으로서 제일 듣기 좋은 말은 영화가 잘 만들어졌다는 말일 것이다. 예술적 차원은 감히 넘보기 힘들다. 그러나 만들어지기는 잘 만들어졌다는 평을 듣는다면, 일단 장인으로서 인정을 받은 것이다. 아마도 어떤 영화감독은 예술적이라는 말보다는 이 말을 더 좋아할지도 모른다.

그런 면에서 본다면, 〈변호인〉은 영화는 잘 만들어진 영화라고 평가를 받을 만하다. 많은 관객을 끌어들였지만, 그래도 엉터리로 만들어진 흔적을 지울 수 없는 영화 〈설국열차〉와는 수준이 다르다. 더구나 감독 양우석은 영화판에서는 초짜에 불과하다. 그런 초짜가 이렇게 만들다니, 우리나라 영화 제작 수준이 얼마나 높은가! 정말 경이롭다.

영화를 본 많은 사람은 극 중에서 송우석 변호사의 역할을 담당한 송강호의 연기에 대해 높이 평가한다. 그러나 나는 영화에서 조연 역할을 한 배우들의 뛰어난 연기를 더 높이 평가하고 싶다. 특히 극 중에서 고문 경관 역을 맡았던 배우 곽도원의 연기는 정말 찬탄의 대상이다. 나는 송우석과 같은 영웅의 역할을 담당하기는 오히려 쉽다고 본다. 배우로서 정말 어려운 일은 악역이 아닐까?

사회적으로 이슈가 된 사건을 영화로 만들었다는 측면에서 이 영화는 〈도가니〉라는 영화와 같은 선상에 있는 것으로 보인다. 그런데 사실 〈도가니〉라는 영화의 경우 사건에 대한 흥미가 영화에 대한 관심을 주도했다. 그런 점에서 〈도가니〉는 다소 포르노적인 영화였다고 생각된다. 반면 영화 〈변호인〉의 경우는 사건에 대한 관심은 많지 않았다. 그럼에도 불구하고 많은 대중이 이 영화에 관심을 보인 것은 영화가 잘 만들어졌기 때문이다.

나쁜 놈이라는 욕 속에 담긴 이중성

영화 〈변호인〉을 예술적인 차원에서 본다면 어떨까? 이에 대해서는 사람마다 평가가 다르겠지만, 나는 그저 할리우드적인 영화의 하나로 본다. 필자가 너무 박하게 평가하는 것인지도 모른다. 양해 바란다.

영화는 영화로 보면 된다. 더구나 이렇게 쉬운 영화는 그저 함께 보면서 눈물을 흘리며 함께 분노하면 된다. 필자 역시 일요일 저녁, 이 영화를 보면서 환갑을 바라보는 나이에도 불구하고 눈물을 닦지 않을 수 없었다. '영화를 그렇게 보면 안 되는데…'라고 생각하면서도 청년기에 겪었던 사건들이 떠오르면서 눈물을 참을 수 없었다.

그런데 영화를 다 보고, 고문자들에 대한 분노 속에서 저녁을 그야말로 잘근잘근 씹어 삼킨 후 다시 일어났을 때, 내 마음속에 떠오른 한 마디가 있었다. 바로 '나쁜 놈'이라는 욕이었다. '나쁜 놈'이라니? 아마도 고문을 담당했던 경관이나 이 사건을 조작한 검사나 이런 조작을 지시한 당시 실세들에 대한 욕으로 생각할 지도 모르겠다. 그러나 그런 놈들에 대한 분노는 저녁을 먹으면서 충분히 씹어 삼켰기 때문에 이미 소화되었다.

그런데 또 어떤 분노가 남았고, 그 분노가 이렇게 마음속의 욕으로, 거의 무의식적으로 표현된 것이다.

'나쁜 놈'이라는 단어에 부착된 분노는 좀 특이한 감정이었다. 그것은 자신을 버리고 떠나간 남자에 대해 '나쁜 놈'이라고 말하는 여인의 심정과 같은 것이었다. 그것은 정말 치 떨리는 증오이지만 그 배후에는 안타까운 사랑이 담긴 증오였다.

'나쁜 놈!' 이 혼자만의 무의식적인 욕이 날아간 대상은 누구였을까? 곰곰이 생각해 보았다. 놀라지 마라. 그 대상은 바로 이 영화에서 영웅의 역할로 그려진 인물인 노무현 대통령이었다. 그러면, 나쁜 놈! 자기가 힘이 있었을 때 국가보안법을 폐지했어야지!

송우석 변호사가 분노한 것, 분노하지 못한 것

생각해 보라. 국가보안법을 폐지할 가장 적절한 기회를 노무현 대통령이 한 때 움켜쥐고 있었다. 바로 탄핵사건 이후 시민들의 저항으로 열린우리당이 다수당이 되었을 때이다. 시민의 단결된 힘을 바탕으로 노무현 대통령이 최초로 했어야 할 일이 바로 국가보안법 폐지, 국정원 폐지가 아니었을까? 그런데도 그는 두 번 다시 없을 기회를 놓쳐버렸다. 나는 그때 소위 진보 언론 등이 퍼뜨렸던 저주가 다시 생각난다. 그 저주는 '화해와 용서'라는 저주였다.

“

'나쁜 놈!'
이 혼자만의 무의식적인 욕이 날아간 대상은 누구였을까?
곰곰이 생각해 보았다. 놀라지 마라.
그 대상은 바로 이 영화에서 영웅의 역할로 그려진 인물인
노무현 대통령이었다.
그러면, 나쁜 놈! 자기가 힘이 있었을 때
국가보안법을 폐지했어야지!

”

다시 중국의 대 작가 노신의 말이 생각난다. 그는 미친개가 물에 빠졌을 때는 구하지 말고 몽둥이로 내리치라고 말했다. 고문조작을 일삼던 세력들이 물에 빠졌을 때, 그들에 대해 치명적인 타격을 가했어야 했다. 그 치명적인 타격은 바로 국가보안법의 폐지였다. 나쁜 놈! 왜 그걸 못했나?

이런 생각을 하면서 영화를 다시 생각해 보았다. 이 영화가 노무현 대통령의 일화를 사실대로 그렸다면, 여기서 노무현 대통령의 결정적 실수의 원인도 찾을 수 있지 않을까 해서다. 물론 영화를 한 번 보고서 그런 것을 찾기는 힘들다. 하지만 언뜻 감이 잡히는 것이 있었다.

영화에서 송우석 변호사가 분노했던 것은 고문과 조작이었다. 그런데 송우석 변호사의 어떤 발언 속에서도 그 근거가 되는 국가보안법 자체에 대한 비판의 말을 발견하기는 어려웠다. 그렇다면 송우석 변호사는 국가보안법이 악용되는 것을 거부하기는 했지만, 국가보안법 자체의 필요성은 인정했던 것이 아닐까? 그러고 보니 노무현 대통령이 굳이 국가보안법을 폐지하지 않았던 이유가 짐작된다.

나쁜 놈! 겨우 그렇게밖에 생각하지 못하다니! 다시 분노가 떠오른다. 국가보안법은 북한만을 대상으로 한다. 헌법은 북한을 국가가 아니라 반란집단으로 보고 있다. 그러므로 반란집단을 다루는 특별법이 필요했고, 그게 바로 국가보안법이다. 북한을 정상 국가로 인정한다면 더는 국가보안법은 필요 없는 것이다.

그러나 저러나, 지금 민주주의가 사라지고 국정원의 독재체제하에 들어간 마당에 노무현 대통령이 다시 그립다. 영화에서처럼 불의한 검사와 판사에 대해 분노의 사자후를 터뜨리는 그의 모습을 다시 보고 싶다. 그리고 민주주의가 그립다.

보론 포스트모던 자유주의자들의 통일논의에 대한 비판적 고찰

– 민족국가론자의 입장에서

포스트모던 자유주의자들의 통일논의에 대한 비판적 고찰

– 민족국가론자의 입장에서

이 글에서는 최근 사회과학계에서 논의되는 통일논의를 비판적으로 반성해 보려 한다. 다양한 통일논의 가운데 특히 필자의 관심을 끌었던 것은 네 가지이다. 첫째는 민족 개념에 대한 포스트모던 담론이며, 둘째는 남북관계에 관한 평화론 또는 탈분단론, 셋째는 백낙청의 분단체제론, 마지막으로 거울영상효과라는 개념이다.[1] 필자의 입장은 전통적인 민족국가론[2]이다. 그렇지만 필자는 앞에서의 논의들을 비판적으로 검토하는 가운데, 그런 논의들이 긍정적으로 기여했던 점을 적극적으로 수용

---

1) 다행스럽게도 이런 분류를 위한 선행연구가 있어서 많은 도움을 받았다. 명칭은 변화되었지만 이런 분류는 기본적으로 이병수의 연구에 기초한다. 이병수, 〈통일의 당위성 담론에 대한 반성적 고찰〉, 《시대와 철학》 21권 2호, 한국철학사상연구회, 2010 참조. 필자의 수정된 민족국가론의 입장은 최근 논의 성과를 수용하려는 이병수의 입장과 일치한다.

2) 전통적 민족국가론은 80년대 민주화 운동 시대에 확립된 개념이다. 당시 다양한 입장들이 있었지만 민중민주주의를 기초로 해서 민족국가에의 요구를 수용했다. 다양한 입장들은 강조점, 우선순위의 차이일 뿐 궁극적으로 민족의 개념과 민족국가를 지향한다는 점에서는 동일하다. 대표적인 민족국가론자의 이론가로서 서중석, 강정구, 정대화를 들고 싶다. 서중석, 〈분단과 통일〉, 《창작과 비평》 77호, 1992. 가을. 강정구, 〈세계사적 전환과 통일운동의 접합〉, 《창작과 비평》, 77호, 1992년 가을. 정대화, 〈통일체제를 지향하는 분단체제의 탐구〉, 《창작과 비평》 81호, 1993 가을. 그런데 흔히 반-통일론자 또는 선민주론자로 불리는 이종오, 손호철 등도 민족의 개념에 관한 한에서는 민족국가론자임에는 틀림없다. 이종오, 〈분단과 통일을 다시 생각해 보며〉, 《창작과 비평》 80호, 1993년 여름. 손호철, 〈분단체제론의 비판적 고찰〉, 《창작과 비평》 84호, 1994 여름.

하여 수정된 민족국가론을 제시하고자 한다.

1. 포스트모던 담론에 대한 비판

포스트모던 담론과 국가

포스트모던 담론은 이미 68혁명 이후 푸코나 데리다 등에 의해 시작되었으나, 본격적으로 확산한 것은 아무래도 세계화 과정 이후였다. 한국은 1996년 OECD 가입, 그리고 1998년 IMF 관리체제 이후 외환시장을 전면적으로 개방하면서부터 본격적으로 세계화의 길을 걸었다. 한국에서 포스트모던 담론이 현저하게 증가했던 것도 바로 이 시기 이후로 보인다. 이렇게 포스트모던 담론이 세계화의 과정과 맞물려 있었던 이유는 무엇일까? 포스트모던 담론의 구체적인 양상을 들여다보면 그 이유가 쉽게 이해될 것이다.

포스트모던 담론은 철학적으로는 이성과 언어, 집단적 이해의 개념을 비판하고 감각과 이미지 그리고 심리적 욕망의 개념을 강조한다. 여기서 단일한 주체 개념이 다-중심적인 분열된 개체 개념으로, 통시성과 선형적 발전 개념은 공시성과 비선형적 진화 개념으로 대체된다.

이런 철학적 개념에 따라 사회이론의 영역에서 포스트모던 담론은 근대 국가의 개념을 표적으로 삼는다. 포스트모던 담론은 억압적인 국가에 대해 자율적인 개인을 대립시키며, 중심을 지닌 국가에 대해 탈-중심적인 글로벌 네트워크를 대립시켜 왔다. 포스트모던 담론은 근대국가의 기반이었던 계급이나 인종, 성별 등에 기초한 어떠한 집단화도 거부하면서, 개체의 다방면으로의 탈주를 강조한다.

이런 구체적 양상은 포스트모던 담론이 세계화 과정과 어떻게 접목되어 있는지 잘 보여준다. 자본의 자유로운 이동을 통한 세계화의 과정은 근대국가 개념의 해체를 요구한다. 왜냐하면, 세계화를 가로막는 결정적인 장애가 바로 자본을 통제하려는 근대국가에 있기 때문이다. 포스트모던 담론이 작은 국가를 주장하면서, 근대국가 가운데서도 특히 자본을 통제하려는 케인즈적 국가(복지국가 또는 국가독점자본주의적 국가)를 주로 공격하는 것도 이런 맥락으로 보인다. 그러므로 최근 세계금융위기 이후 국가가 자본이동을 다시 통제하면서 포스트모던 담론이 후퇴하는 것도 동일한 맥락으로 보인다.

포스트모던 담론에서의 민족개념

80년대 말까지만 해도 통일론은 민족국가라는 개념으로부터 한 치도 벗어나지 않았다. 하나의 민족이 하나의 국가를 구성한다는 것은 너무나도 당연한 것으로 받아들여졌기에 아무도 이를 문제 삼지 않았다. 다만 이런 당위에 도달하기 위한 과정에서 두 가지 대립적인 노선이 있었을 뿐이다. 하나의 노선은 1960년대 선-통일론이며, 1980년대 이를 이어받아 전개한 민족통일 노선이다. 다른 하나는 1960년대 선-민주론이며, 이것은 1980년대 들어와서 민중주의 노선으로 정립되었다. 이 자리에서

이 두 노선의 차이를 세세하게 논의할 필요는 없을 것이다. 당면한 통일논의와 관련해서 민족국가의 개념에만 주목해 보자.

민족국가라는 개념을 이해하는 이론적 기초도 두 노선에서 거의 차이가 없다. 하나의 민족(또는 민족체) 개념은 핏줄이나 언어 그리고 생활, 문화[3]에 기초하여 역사적으로 형성된 공동체라고 한다. 자본주의는 이런 민족 개념에서 통일된 시장, 내적으로 분업화된 생산체제라는 자신의 조건을 관철할 수 있는 도구를 획득했다. 부르주아 계급이 민족개념을 자기의 이해를 실현하기 위해 동원하면서 소위 민족국가가 출현했다. 이런 민족 개념의 정치적 동원은 감정적인 측면이 강하며, 후진국 또는 식민지일수록 민족에 관한 관념을 정치적으로 동원하여 이로부터 자립적인 민족국가를 형성하는 동력을 얻었다.

따라서 민족국가는 부르주아의 정치적 요구이고, 민중의 요구와는 무관한 것처럼 보인다. 그런데 식민지 해방투쟁의 발전 중에 민중적 요구 속에 민족국가의 요구가 포함되었다. 한국에서 민족국가론[4]이란 단순한 부르주아 정치적 요구, 즉 민족주의가 아니라 식민지 해방투쟁의 목표로서 민족국가 형성을 그 정치적 요구에 포함하는 주장을 말한다.

민족국가론자는 여기서 역사의 목적론적, 단계론적 발전 개념을 끌어들인다. 그래서 소위 연속혁명론과 계급연합론이 제시된다. 비록 민족국

3) 서구의 민족 개념이 스탈린 이론에 기초하여 언어를 강조하고 혈통을 생략했다면, 아시아 공산주의자들의 민족 개념은 혈통(동포)를 강조한다. 그러나 이런 차이는 무의미하다. 왜냐하면, 민족 개념에서 주요한 것은 사람들이 자연적으로 어떤 동질성을 느낀다는 것이기 때문이다. 주요한 것은 민족 개념이 자연적 기초를 가진다는 생각이다. 이 자연성이 포스트모던 담론의 공격 표적이 되었다.

4) 선-민주론자나 선-통일론자나 모두 최종적으로는 민족국가를 지향한다는 점에서 민족국가론자이다. 물론 이 민족국가의 사회 체제는 민중적 요구에 의해 결정된다.

가가 부르주아의 요구이기는 하지만 일정한 역사적 단계에서는 긍정적 역할을 한다고 본다. 그것은 마치 민주주의가 부르주아의 요구이지만 민중에게도 긍정적인 것과 마찬가지이다. 그러므로 부르주아 혁명의 단계에서 민족국가의 형성은 당연한 것이 된다. 민중 역시 이를 위해 노력해야 한다고 한다. 어쩌면 부르주아는 취약하므로 민족국가 형성에 철저하지 않다. 민중으로서는 이를 사활이 걸린 문제로 보아야 한다. 왜냐하면, 그렇게 함으로써 장차 민중 혁명을 위해 유리한 조건이 마련될 수 있기 때문이다.

이런 민족국가 개념에 대해 근본적인 의문을 표명한 것이 바로 포스트모던 담론이다. 한국에서도 주로《당대비평》을 통해서 이런 포스트모던 담론이 적극적으로 소개되었다. 예를 들어 임지현[5], 박명림[6] 등을 이런 포스트모던 담론가라고 볼 수 있다. 박명림이 포스트모던 담론을 경청하는 수준이라면, 임지현은 근대 민족국가 개념에 대한 강경한(때로 생경한) 비판자에 속한다.

그렇다면 포스트모던 담론은 민족 개념을 어떻게 이해하는가? 민족 개념 자체가 민족국가론과 크게 다른 것은 아니다. 민족은 여전히 언어, 혈통, 문화에 의해 규정된다. 민족국가론자는 민족을 자연적으로 존재하는 것이며, 객관적 기준에 따라서 하나의 민족을 찾아내는 데 무리가 없다고 본다. 반면 포스트모던 담론은 이런 자연적 통일성은 실재하지 않는 것이라고 주장한다. 포스트모던 담론은 자연적 민족이란 객관적으로 존재하는 것이 아니라, 어떤 담론의 산물이라는 점을 강조한다. 예를

5) 임지현, 〈다시 민족주의는 반역이다〉, 《창작과 비평》, 2002 가을
6) 박명림, 〈평화와 인간의 세기를 향해〉, 《당대비평》, 2005 신년호

들어 '한민족'과 '조선족'을 보자. 이들은 같은 민족인가? 이들은 남한과 북한에서 서로 다른 담론에 의해 만들어진 서로 다른 민족이라고 본다.

이렇게 민족 개념이 담론의 산물이라 본다면, 이 민족 개념은 민족 성원 내부에 실재하는 차이들을 제거함으로써 하나의 집단적 주체를 만들고, 특정한 보편적 기준에 의해 다른 집단을 일정한 타자로 규정하면서 이들을 배제한다. 그러므로 포스트모던 담론은 민족 개념이 이미 그 자체로서 억압하고 배제하는 논리라고 말한다. 자본주의적 민족주의뿐만 아니라, 민중적 민족주의조차 억압적이고 배제적인 것은 마찬가지다. 따라서 포스트모던 담론에서 민족주의는 어떤 경우에라도 비판해야 할 대상이다.

포스트모던 담론이 사용하는 비판 논리는 민족 개념에 대해서만 특정화된 논리는 아니다. 그것은 모든 집단 개념에 대해서 마찬가지로 적용할 수 있는 논리이다. 포스트모던 담론에서 실재하는 개인은 다-중심적이며 분열증적인 존재이다. 무엇이라 규정되기 이전의 실존 그 자체이다. 이런 개체를 어떤 집단으로 묶는다면, 어떤 집단이든 간에 특정한 기준에 따라서 내적으로는 자기를 특정 집단의 주체로 순화하며, 외적으로는 일정한 타자를 타자화하여 집단으로부터 배제하기 마련이다.

민족 개념의 긍정적 가치

포스트모던 담론은 민족 개념 자체를 근본적 반성의 대상으로 삼음으로써 통일논의 논의를 활성화하고 심화하는 데 이바지했다. 동시에 포스트모던 담론은 많은 한계를 드러냈다. 그 긍정적 기여를 알아보는 것은 포스트모던 담론의 한계와 밀접하게 연관되어 있으니, 양자를 종합적으로 서술해보도록 하자.

먼저 포스트모던 담론에서처럼 민족(예를 들어 '한민족') 개념이 특정 담론의 산물이라 하자. 그렇다 하더라도 민족 개념이 무의미한 것은 아니다. 이는 다만 민족 개념이 특정한 목적을 위해 구성된 것이라는 점을 분명하게 입증해 주는 것에 불과하다. 그 주장은 민족국가의 형성이 자연적 민족 개념을 부르주아의 계급적 이해를 위해 동원한 것이라는 민족국가론에서의 주장을 평행 이동한 것에 지나지 않는다. 차이가 있다면 민족국가론과 달리 포스트모던 담론은 민족국가가 아니라 민족 개념 자체가 구성된 것이라는 주장이며, 또한 부르주아의 계급적 이해가 아닌 더 포괄적인 의미에서 어떤 목적이라는 것을 전제로 할 뿐이다.

필자는 사실 민족 개념에 관한 한 포스트모던 담론의 주장이 맞을 것으로 본다. 자연적 민족이 존재한다는 주장은 과학적으로 입증되기 어렵다. 실제로 한민족이라는 개념도 조선 시대 청의 지배하에 들어간 사대부(안정복 등 실학자)들의 저항의식을 담고 있다고 한다.

포스트모던 담론의 주장대로 민족 개념이 담론으로 구성된 환상이라고 해보자. 민족주의가 국가를 민족이라는 환상으로 채운다고 해서 민족 개념을 버린다면, 국가는 이제 모든 환상으로부터 완전히 자유로운 순수한 존재가 되는가?

철학자 지젝이 여러 차례 말했듯이 인간은 환상을 버릴 수 없다. 어쩌면 환상이야말로 인간의 토대이다. 마찬가지로 어떤 국가도 분열된 틈을 가지고 있고, 그 틈을 환상으로 메우고 있다. 이런 환상이 국가의 토대이다. 국가가 일체의 환상을 버릴 수 없다면, 하나의 환상은 상대적으로 더 좋은 환상으로 대체하는 길밖에 없다.

그런 관점에서 민족주의가 떠난 빈자리를 다른 환상들이 메운다고 해 보자. 인류애라는 무기력한 환상은 제쳐 두자. 그 외에 종교적 광신이나, 가족이나 인종과 같은 환상이 강력한 힘을 발휘한다. 민족을 대체한 이런 종류의 환상이 초래하는 부정적 효과는 민족이라는 환상의 부정적 효과보다 더 큰 것이 아닐까?

왜냐하면, 민족주의가 비록 허구적이라도 그 가운데 평등성이라는 긍정적 가치가 있기 때문이다. 지연이나 학연, 종교와 성별의 차이를 제치고 모두 하나의 민족이라고 강조하는 것은 이런 평등성을 의미한다. 사실 근대 민족주의가 폭발적으로 발전하는 데 이런 평등주의가 이바지했음은 부정할 수 없다.

그리고 국제적 관계의 측면에서 보더라도 민족주의 때문에 하나의 민족은 그 크기나 강약과 무관하게 동등하다는 생각이 나온 게 아닐까? 민족주의 때문에 서로 다른 민족이라도 자립성을 인정받으며, 국제적으로 평등한 계약 관계를 맺을 여지가 생겨나는 것이 아닐까?

신이 없다면 인간이 신을 만들었을지도 모르는 것처럼 지연과 학연, 혈연이라는 집단주의가 판치는 한국 사회(서구처럼 광신이 없는 것은 그나마 다행이다)를 바라보고 있노라면, 비록 허구일지언정 하나의 민족을 만들고 싶어지기도 한다.

그렇다고 해서 민족주의가 특정 세력을 위한 억압적인 동원에 봉사하고 타민족 침략을 위해 이용당해 왔다는 사실을 무시할 수는 없다. 그런 부정적 힘들은 당연히 경계해야 한다. 그러나 인간이나 국가나 어떤 환상을 떠나 살아가기 힘든 게 현실이라면, 특히 한반도와 같이 강대국에 둘러싸인 지정학적 현실 속에 사는 우리로서는 차라리 민족주의를 택하는 것이 낫지 않을까 싶다.

불가능하겠지만 포스트모던 담론이 원하는 대로 모든 환상을 버리고 순수한 국가의 원리만 존재한다고 해 보자. 이제 국가를 구성하는 기초는 시민이 될 것이다. 그런데 시민이란 법적 인격을 말한다. 그것은 추상화된 인격이며, 형식적인 권리에 지나지 않는다. 무엇보다도 시민이란 그 자체가 자연적인 존재가 아니다. 그것은 추상적 인격이며 법적으로, 즉 사회적으로 구성된 권리주체이다. 시민이란 그 자체가 민족 개념 이상으로 허구적인 개념이다.

그러므로 시민은 민족 개념과 마찬가지로 억압적인 것이 아닐까? 근대 계몽주의가 시민이라는 이름으로 내부에서 어떤 억압을 자행했는지는 포스트모던 자유주의자들 자신이 더 잘 알 것이다. 시민의 이름으로 인종차별이 이루어지고, 시민의 이름으로 여성과 정신병자와 아이들의 권리를 박탈했다. 시민의 이름으로 이주 노동자의 권리가 제한되어 왔다.

마지막으로 포스트모던 담론의 논리에 남은 것은 다-중심적인 분열적 주체이다. 이런 분열적 주체는 이미 어떤 국가도 부정된 무정부적 상태를 전제로 한다. 만일 국가가 존재한다면, 여전히 추상적 인격으로서 시민이라는 허구적 개념이 유지되기 때문이다.

이런 분열된 개체들이 자유롭게 구성하는 사회를 생각해 볼 수 있을까? 무정부주의자들이 주장하듯이 어떤 사회적인 연대가 가능하다고 주장 할 수 있을 것이다. 그런 주장에 따르면 분열적 주체이기 때문에, 즉 인간은 자기이면서 자신의 타자이고, 타자이면서 자기 자신이므로 오히려 타자와의 연대가 더욱 확실해진다는 것이다. 임지현은 자기 논문의 말미에서 이런 즐거운 기대[7]를 언급한다.

그러나 임지현은 그 유명한 버나드 쇼의 역설을 잊어버린 것 같다. 버나드 쇼는 못생긴 천재이다. 이사도라 덩컨은 아름다운 바보이다. 그 둘이 결혼한다면 아름다운 천재가 생길 것이라고 기대하여 이사도라 덩컨은 버나드 쇼에게 결혼을 신청했다. 그러나 버나드 쇼는 잠시 생각한 이후 이 신청을 거부했다. 왜냐하면, 둘이 결혼하면 못생긴 바보가 나올 가능성이 더 높지 않을까 하는 의문이 들었기 때문이란다.

마찬가지이다. 두 분열증적 주체는 서로 자신의 타자이므로, 서로 긴밀한 연대가 가능할 것으로 보이지만, 주요한 것은 시차이다. 한 사람이 타자가 되어야 할 때 그는 자기가 되고, 다른 사람은 자기가 되어야 할 때 타자가 된다면, 그 두 사람은 영원히 만날 도리가 없다.

2. 탈분단론(평화론)

탈분단의 개념

포스트모던 자유주의자의 통일 담론은 자가당착을 피할 도리가 없다. 그것에 비해 최근 등장한 탈분단론은 한결 온건하다. 대표적인 탈분단론

7) 그는 이렇게 말한다. "개별 주체들이 고유성을 견지하면서도 소통적 사회성을 구성해나가는 다중, … 등의 어휘들이 대안과 관련하여 맴돌지만, 아직까지 자신이 없다." 임지현, 위의 논문, 201쪽

자 권혁범[8]은 일상적 삶이나 구체적 현실에 뿌리내리지 못한 추상적 당위론으로서의 통일론인 민족국가론을 비판한다. 마땅히 통일론이라면 일상적 삶에서 통일이 어떤 긍정적 가치를 지니는지를 설득력 있게 제시해야 한다는 것이다. 이런 문제를 던져 놓고 이 문제에 얼마나 고민했는지는 모르지만, 그는 그런 긍정적 가치를 발견할 수는 없었던 모양이었다.

그 대신 그는 현재 남북한 사이의 관계가 심각한 대립 속에 있고, 이런 대립이 장기간 고착된 결과 남북한 사회의 구조적 왜곡이 심각한 상태이므로, 이런 대립을 해결할 필요성이 있다고 주장한다. 그가 제시하는 것은 통일이 아니라 남북 간의 평화이다. 평화라는 말은 군사적 긴장 완화만을 의미하는 경향이 있으므로, 그는 차라리 탈분단이라는 말을 쓰자고 제안한다. 탈분단이란 고착된 분단 때문에 발생한 남북한 사회의 왜곡된 구조 자체의 회복까지 포함하는 포괄적 의미를 지닌다.

그가 말하는 탈분단이 남북한 사이의 경제적, 정치적, 군사적 협력까지 요청하는 것인지는 불분명하다. 아마도 그는 '협력'이라는 말이 나오면, 당연하게도 이 협력을 지속시키는 장치로서 통일을 요구받을까 두려워하는 듯하다. 그러므로 탈분단론자는 가능한 한 협력이라는 개념을 거부한다. 하지만 단발적인 협력 정도는 탈분단론자도 충분히 인정하리라 짐작한다.

이런 탈분단이라는 개념은 평화론의 일반적 입장을 잘 드러내 준다. 민족국가를 성립해야 하는 필연적 이유가 무엇인가? 민족통일이 어떤 생활상의 요구나 긍정적 가치를 가진 것인가? 탈분단론자는 이런 의문을 제기한다는 점에서 민족 개념을 의문시한 포스트모던 담론만큼이나

---

8) 권혁범, 〈통일에서 탈분단으로〉, 《통일문제연구》, 영남대학교 통일문제연구소, 2000

통일논의를 발전시키기에 유의미한 문제를 던진 것으로 보인다.

물론 마르크스주의에서 민족국가가 부르주아지의 계급적 이해를 기초로 한다고 했으니, 그들 탈분단론자도 이를 알고 있을 것이다. 그러나 탈분단론은 마르크스가 제시한 통일된 시장이라든가 생산 체제의 완결된 내적 분업[9]이라는 부르주아적 요구들은 이미 시대적으로 지나갔다고 본다. 도대체 세계화 시대로 진입하여 생산과 소비가 세계화되는 마당에 이런 민족 경제론적 발상은 너무나 촌스러운 것이 아닐까? 그런 주장은 오히려 통일을 통해 북한을 남한의 자본주의적 경제 속으로 편입하면서, 내적 식민지를 개척하려는 제국주의적 야욕이 아니라면 무엇일까? 이렇게 탈분단론은 의심한다.

민족국가의 지정학적 이해

'민족국가론'은 마르크스의 이론에 기초를 두고 있다. 역설적으로 마르크스의 부르주아지의 계급적 이해라는 개념은 민족국가론을 정립시키는데 항상 장애가 되어 왔다. 왜냐하면, 그런 주장은 민족국가의 개념을 항상 부르주아지의 권력 개념과 연결했기 때문에 반민중적이라는 비판을 초래할 수 있기 때문이다. 그러나 마르크스 이론, 즉 민족국가에 대한 부르주아 계급적 이해라는 개념은 너무 편협한 주장이 아닐까? 특히 이런 이론은 동아시아에서 일찍부터 발달한 민족국가를 설명하기에는 역부족[10]인 것으로 보인다.

9) 이른바 박현채 식의 민족경제론이 전제로 하는 부문별 완결성

민족국가, 특히 동아시아의 민족국가 발달에 관하여 역사가가 아닌 필자로서는 막막하기만 하다. 이를 생산양식의 문제와 연관 지어서 아시아적 생산양식의 개념을 끌고 들어오는 학자들도 있다.[11] 그러나 이 문제를 단순한 지정학적 이해라는 개념으로 설명할 수도 있지 않을까 한다. 특히 한국 같은 경우 그런 개념이 더 유용한 것으로 보인다.

한반도라는 독특한 위치를 보자. 한반도는 고대에는 중원의 농업국가와 북방의 유목 세력 사이에 끼어 있었다. 제국주의 시대에 들어오면서 이런 대립구도는 중국 봉건국가와 제국주의 일본 사이의 대결로 전환되었다. 전후에 다시 이 대립의 구도는 소련, 중국이라는 사회주의 진영과 미국, 일본이라는 자본주의 진영 사이의 대결로 전환되었다. 이런 변화 가운데서도 불변적으로 남아있는 것은 한반도가 그 대결의 한복판에 늘 있으면서 양편의 대결로 찢겨졌다는 것이다.

이런 대결 구도하에서 지정학적으로 볼 때, 단일한 민족국가를 형성한

---

10) 그러기에 서구 마르크스주의 경우 오랫동안 민족주의를 거부했다. 서구 마르크스주의가 민족 문제를 다시 긍정적으로 검토하기 시작한 것은 식민지 민족해방운동과 서구 사회주의의 연합이라는 개념에 레닌이 눈을 뜬 다음부터다. 레닌은 1922년 코민테른 2차대회에 이어서 1924년 4차 대회에서 연합전선의 결성을 결정했다. 그때조차 사실은 민족 부르주아지의 지도자를 배제한 프롤레타리아 중심의 연합 전선 곧 '아래로부터의 연합전선'이었다. 여기서 민족주의는 부르주아 혁명 단계의 요구로 파악되고, 이른바 연속혁명의 전략에 의해 사회주의 혁명을 위한 예비적 수단으로서 받아들여졌다. 그만큼 민족주의에 대한 불신이 짙게 깔려 있었다. 파시즘의 세계지배 야욕이 노골화되었던 1935년 코민테른 7차 대회에 이르러 '상층 연합전선'의 방침이 확정되었다. 이 상층 연합전선은 민족주의를 사회주의 혁명을 위한 동반자로서 받아들인다. 새로운 사회는 프롤레타리아 중심의 사회가 아니라 민족 부르주아를 포함한 인민민주주의 사회로 규정되었다. 그 결과 중국 및 아시아에서 민족 연합전선이 성공적으로 결성되었다. 이때는 이미 아시아 특히 중국의 민족주의적인 공산당이 눈부시게 성장한 상태였다. 그런 점에서 상층연합전선 개념은 아시아 마르크스주의자들의 민족의식을 코민테른이 승인한 것으로 해석된다.

11) 대표적으로 서구에서는 비트포겔을 들 수 있고, 최근 한국에서 임지현도 이와 유사한 주장을 전개한다. 아시아적 생산양식의 독특성을 설명할 때 늘 빠지지 않는 이유는 대규모 관개를 위한 민중동원 체제라는 개념이다.

다는 것은 생존을 위해서 필사적인 문제가 아닌가 한다. 한반도가 삼국이든 남북이든 분열된 경우, 항상 자멸의 길을 걷지 않을 수 없었다. 왜냐하면, 주변의 강대국은 이런 분열을 이용해 한반도에서 패권을 장악하려 했기 때문이다.

이런 지정학적 이해로부터 한반도에 일찍부터 민족의식이 싹텄고, 그것을 기초로 민족국가가 발전한 것이 아닐까? 자주 언급되듯이 청의 지배하에 종속된 조선의 실학자들이 한민족이라는 개념을 구성했던 것은 이런 지정학적 이해의 반영으로 생각된다.

냉전체제와 지정학적 이해

그렇다면 비록 과거에 이런 지정학적 이해가 있었다 할지라도 세계화의 시대에 더는 그런 이해가 성립하지 않는다고 볼 수 있을 것인가? 필자는 세계화 담론이 민족국가 개념을 공격하면서 사용했던 논거들이 그 자체로도 의심스럽지만, 특히 한반도에는 적용되지 않는다고 본다. 무엇보다도 냉전체제의 해소라는 논거를 보자.

냉전체제는 정말 해소되었는가? 세계적 차원에서 냉전체제가 해소되었다고 해서, 한반도에서 냉전체제도 해소된 것인가? 냉전체제의 결과 독일이 분단되었다. 독일은 냉전체제가 해소되자 곧바로 통일되었다. 그렇다면 한반도에서 통일은 왜 일어나지 않는가? 냉전체제가 계속되기 때문이라고 밖에는 달리 대답할 수 없다.

사실 현 단계에서 한반도 주변에는 과거 소련과 미국 대신 중국과 미국이 대결하고 있다. 비록 그들이 경제적으로 상호 의존적 관계를 맺고 있다 할지라도, 엄연히 중국은 사회주의 국가이고 미국은 자본주의 국가이다. 양자는 서로를 제일의 적으로 삼고 한반도를 중심으로 정치적 대결을 벌이고 있다. 그러므로 한반도에서 국지적인 냉전은 여전히 계속된다. 이런 냉전이 지속하기에 북한 붕괴의 위험이 있으면, 곧바로 중국이 뒷받침해 주고 있다. 한국의 경우 여전히 미국의 군사력이 남아있으며, 그 주요 칼날은 북한보다는 오히려 중국을 겨냥하고 있는 것으로 보인다.

이처럼 엄연하게 계속되는 냉전체제에서 이른바 지정학적 이해라는 개념은 여전히 설득력을 지닌다. 이런 냉전체제 아래에서 어떻게 한민족이 생존해갈 수 있는가? 북한은 나중에 생각한다 치고, 남한 만이라도 생존해 나갈 수 있는 길은 무엇인가? 어느 일방에 빌붙으면 될까? 아니면 4대국 사이의 중립을 지키면 될까? 그 어느 것도 자기 스스로 자기를 지키는 것보다는 못하다. 분열된 힘으로 자기를 지킬 수 있을까?

결국, 한반도의 지정학적 이해라는 개념은 다시 민족국가라는 개념을 요청한다. 남북의 지속적인 정치적 협력을 담보하는 통일은 한반도와 같은 지정학적 구도 아래서는 생존을 위해 불가피하고도 결정적으로 요구되는 것이 아닐까?

여기서 잠시 구조주의 역사관에서 논의되는 장기지속 개념을 상기해 볼 필요가 있다. 이 장기지속은 마르크스주의에서 생산양식 개념을 뛰어넘은 통시대적(그렇다고 영구적인 것은 아니지만) 구조를 의미한다. 한반도가 처하고 있는 현실을 이처럼 장기지속의 개념으로 이해할 수는 없을까? 한반도의 지정학적 위치는 지속해서 이런 강대국의 충돌이 일어나는 장소가 아닐까? 한반도의 위치가 이런 장기지속으로서 규정된다면, 이로부터 민족국가 형성을 위한 지정학적 이해라는 개념을 도출하는 것이

가능할 것이다.

이런 장기지속이라는 역사관으로 본다면, 민족국가라는 개념은 부르주아의 역사적 단계를 넘어설 때까지 요구되는 것으로 볼 수도 있다. 적어도 한반도에서 강대국의 대결이 계속되는 한, 민족국가의 요구는 사라지지 않을 것이다.

민족국가의 토대로서 이런 지정학적 이해와 같은 것이 있다면, 탈분단론의 주요한 전제가 하나 무너진다. 탈분단론의 전제는 남북이 통일 없이도 공존할 수 있다는 가정이다. 만일 한반도의 위치가 고립된 섬처럼 무중력 상태에 있다면, 남북 사이에 서로 대결의식을 버리고 공존하는 것도 가능할지 모른다. 그러나 수천 년 동안 지속해온 한반도의 지정학적 이해로 볼 때, 이런 공존은 불가능하다. 왜냐하면, 우리에 앞서서 주변의 열강이 이미 대결을 벌여 왔기 때문이다. 그 대결의 구도는 끊임없이 변화한다. 어제의 강자는 내일의 패자가 된다. 대결하는 열강은 논리적 필연성에 따라서 한반도를 자신의 대결 속으로 끌어들이니, 이런 대결의 영향을 받아 남북이 항상 춤추게 되어 있다. 그 결과 남북의 분열은 치명적이다. 종국에는 주변의 열강으로부터 전가된 대립을 마치 자신의 본래적인 대립으로 간주하면서 자기를 유지하기 위해 주변 열강의 힘을 자발적으로 끌어들이는 역설이 발생한다. 이 순간이 바로 외면적인 대립이 내면적인 대립으로 전환되는 순간이다. 분리는 대립으로, 외적 대립은 내적 대립으로 전환되는 것은 한반도에서 논리적 필연성은 아니더라도 현실적인 필연성이다. 그러니 통일이 없다면 공존은 불가능하다.

물론 한반도 주변을 전체적으로 평화롭게 유지하는 소위 동북아의 평화체제라는 것도 생각해 볼 수 있다. 사실 한반도의 지정학적 위치는 그런 동북아 평화체제를 모색하도록 강요한다. 그런 점에서 최근 동북아의 공동체를 구상하는 모색은 무척이나 소망스러운 것이다. 그것은 한반도를 둘러싼 장기지속으로서 지정학적 이해를 원천적으로 해소하는 길일 것이다. 이런 움직임에 충분히 공감하고, 또한 남북의 평화통일은 이런 동북아의 평화체제와 긴밀하게 연결되어 있다는 점을 충분히 인정하면서도, 현실의 대립구도를 냉철하게 보아야 한다. 그렇게 본다면 장기지속으로서의 한반도의 위치는 동일하며, 민족국가에 대한 지정학적 이해는 여전히 유효하다고 하겠다. 더구나 동북아 평화체제의 건설에 대한 노력은 남북 사이의 통일을 위한 노력과 맞물려야만 한다. 역사는 길다. 언제 또다시 식민지로 전락했던 위험이 되풀이 될지 모른다.

헤겔의 인륜 국가

필자는 이 자리에서 헤겔의 인륜(Sittlichkeit) 국가 개념을 다시 상기하고 싶다. 헤겔은《정신현상학》의 〈정신〉 장에서 그리스 시대정신을 설명하는 가운데 안티고네 신화를 끌어들인다. 여기서 헤겔은 안티고네의 혈연성 원리와 크레온의 국가 원리를 대비시킨다.

혈연성의 원리는 자연적 공동체의 원리를 의미한다. 그것은 자연적 원리이므로 느낌으로 다가온다. 그리고 그것은 무조건적으로, 즉 무의식적으로 작동한다. 반면 국가의 원리는 개체성을 기초로 한다. 그것은 의식적이며 자각적이다.

이런 개체들 사이에는 끝없는 투쟁이 존재한다. 그래서 그들 사이에 공통의 이익이 존재하면 공동체가 형성되지만, 이익이 대립하면 서로의 투쟁은 끝이 없다. 이런 이익의 공존 위에서 하나의 국가를 성립시키는 것이 크레온의 국가 원리이다.

헤겔은 국가의 원리로만 국가가 자족할 수 없고, 공동체의 원리가 보완되어야만 비로소 존립할 수 있다고 주장한다. 그것은 개체들의 이익의 공존이라는 국가의 원리가 너무나도 위험스러운 개념이기 때문이다. 국가의 통일은 자연적으로 작용하는 공동체의 원리(곧 인륜성)가 있기에 지탱될 수 있다.

자연공동체로서 인륜성도 그 자체로만 존재할 수 없다. 즉 하나의 자연적 공동체는 그 자체로서 유지될 수 없고, 필연적으로 개체화의 원리를 요구한다는 것이다. 왜냐하면, 공동체의 원리는 외부적으로 배타적이면서 내부적으로는 개체의 자유를 억압하는 원리이므로, 이런 통일성은 죽은 물체만이 가질 수 있는 통일성이기 때문이다. 개체의 자유로운 활동이 죽어버린 자연적 공동체는 어떤 생동성도 결여한다.

그리스 시대 이 두 원리는 팽팽하게 대립하면서 마침내 서로의 몰락을 초래했다. 그것이 바로 안티고네의 비극이다. 헤겔은 이 두 원리가 함께 공존하면서 상호 작용하는 시대를 그의 시대, 즉 근대 이후로 미루었다. 그것은 언젠가 도달할 완성된 인륜 국가, 곧 정신의 세계이다.

헤겔은 안티고네의 비극을 통해 혈연적 민족 개념의 한계를 지적하려 했다. 그러나 그는 혈연적 민족개념, 즉 인륜성의 개념을 근대국가의 개념을 뒷받침하는 이론으로 사용했다. 헤겔이 민족 개념을 끌어들이는 것은 근대 계약국가 이론의 한계를 지적하기 위해서이다. 이런 계약국가 이론은 원리적으로는 민족개념을 배제하고 순수한 계약에 의해 국가를 형성하려는 것이다. 그러나 국가는 계약만으로 유지할 수 없다. 계약국가의 한계는 헤겔이 제시한 인민 의지 개념에 대한 비판을 읽어보면 이해할 수 있다. 거꾸로 국가는 나치가 주장하듯 민족의 공동선을 실현하는 수단만도 아니다. 국가는 민족 내부 개체의 자유로운 발전을 위해 개인의 자유를 인정하고 그들 사이에서 계약의 관계를 요구한다.

그것은 마치 결혼과 마찬가지이다. 결혼도 법적으로 하나의 계약이다. 그러나 아무도 결혼이 계약으로 유지될 수 있으리라 기대하지 않는다. 결혼은 사랑의 기초 위에서만 유지될 수 있다. 거꾸로도 마찬가지이다. 사랑만이 지배하는 결혼은, 만일 그런 것이 있다면, 거의 정신병적 삶에 지나지 않을 것 같다.

헤겔의 인륜 국가 개념은 민족국가를 부르주아지의 경제적 이해에 제한한 협소한 민족국가론의 안목을 넓혀준다. 헤겔의 이론은 국가가 모름지기 개인들의 계약 원리를 통해서만 존립할 수 없다는 내적인 한계에 기초한다. 그러므로 민족국가는 국가가 지향하는 보편적 형태일 가능성이 있다.

포스트모던 담론이나 탈분단론은 모두 국가를 민족과 무관하게 시민들의 계약을 통해 구성하려 한다. 이런 계약만 있다면, 한 민족 내부의 여러 국가도 가능하다는 것이고, 다민족 국가도 가능하다는 것이다. 물론 역사적으로 보아 이런 예들이 없는 것은 아니지만, 그런 형태의 국가가 내적인 한계와 틈을 가지고 있음을 충분히 간파해야 하지 않을까?[12] 평화와 탈분단을 넘어서 민족국가를 요구하는 이유는 계약국가론의 근원적 한계 때문이라고 볼 수도 있다.

---

12) 미국이 계약국가의 전형적 형태인 다민족국가이다. 필자는 미국이 내부 폭력을 용인하며, 외부적으로 상시 전쟁국가가 된 것은 이런 한계 때문이 아닐까 생각한다. 즉 전쟁과 폭력만이 미국 시민을 단결시킬 수 있기 때문이다.

3. 분단체제론

– 통일론과 민중의 생활상 요구

백낙청의 분단체제론[13)]

백낙청은 1980년대 민족국가론 중심의 통일논의가 가지는 한계를 일찍부터 깨닫고 통일논의를 심화시키는데 결정적으로 이바지했다. 백낙청의 분단체제론은 1994년《분단체제 변혁의 공부길》을 통해 등장한 뒤, 오늘날까지 다양한 통일론에 충격을 주면서 확산되었다. 분단체제론이 등장한 지 오래됐지만, 이 이론에 동의하는 학자[14)]는 그리 많지 않아 보인다. 그러나 분단체제론의 문제의식만큼은 매우 소중하여, 오늘날 통일론자라면 누구도 간과할 수 없는 문제 제기였다고 생각한다.

---

13) 백낙청의 분단체제론은 《분단체제 변혁의 공부길》(창작과 비평사, 1994)에서부터 시작되어, 《흔들리는 분단체제》 (창작과 비평사, 1998), 《남북화해와 통일》 (을유문화사, 2001), 《21세기 한반도 구상》 (창비, 2004), 《한반도식 통일》 (창비, 2006)으로 이어진다. 그런데 이론적 연구의 수준은 처음 나온 책 이상으로 발전한 것으로 보이지 않는다.

14) 친 백낙청 논자의 대표가 이남주이다. 그의 논문 〈시민 참여형 통일운동의 역할과 가능성〉(《창작과 비평》, 2008년 겨울)이라는 제목 자체가 백낙청의 문제의식을 표현한다. 즉 대중들이 일상 속에서 자신의 사활적 요구로서 통일을 제시할 가능성을 찾아보자는 것이다. 그러기 위해서는 통일이 우리 자신의 삶의 질을 높이는데 기여해야 한다고 본다. 이남주가 독특하게 강조하는 것은 통일이 목표와 과정이 모호한 개방적 과정이라는 점이다. 박순성 역시 친 백낙청 논자로 간주된다. 〈북핵 실험 이후 6·15 시대담론과 분단체제 변혁론〉(《창작과 비평》, 2006년 겨울)이란 논문에서 그는 평화와 통일이라는 두 축의 힘이 합성되는 벡터 축을 그려 보인다. 그것은 복합국가를 모색하면서 개방성을 강조하는 백낙청의 전망과 일치한다. 물론 백낙청의 수제자는 유재건이다. 유재건, 〈통일시대의 개혁과 진보〉, 《창작과 비평》, 2002년 여름 참조.

백낙청의 문제의식은 기존의 통일론(주로 민족국가론)이 너무 당위론적이고, 삶의 구체적 요구와 동떨어져 있어 대중의 호응을 받지 못한다는 사실에서 출발한다. 그 결과 통일을 먼 미래의 일로 돌리고 긴박한 실천에 냉담한 선-민주론자들이 등장했다. 반면 선-통일론자는 구호만 요란하였지, 현실 사회의 개혁에 통일의 요구를 연결하지 못하였다.

백낙청은 이렇게 통일론이 추상화된 것은 지금까지 분단의 문제가 주로 정치적 차원에서만 파악되었기 때문이라 본다. 다시 말해서 남북한의 분단 문제가 사회구성체 차원에서 다루어지지 않았다는 것이다. 그러므로 백낙청은 분단에 관한 이런 문제의식을 담기 위해 '분단체제'라는 개념을 도입했다.

남북한 사이의 현상을 설명하는데 주요한 것은 남북한 사이에 정치적으로 적대적 의존관계가 성립한다는 것이고, 동시에 이것은 각각의 사회경제적 하부구조에서의 왜곡된 발전과 연관된다는 사실이다. 문제는 현상적으로 확인되는 두 가지 사실의 관계를 어떻게 해석하는가 하는 것이다. 백낙청의 분단체제론은 이것을 남북한 사회 하부구조 사이의 상호연관을 매개로 설명하려 시도한다. 이런 연관 때문에 각각의 사회 하부구조에서 왜곡이 일어났고, 이런 연관을 토대로 적대적이지만 의존적인 남북 관계가 성립한다는 것이다.

그런데 여기서 어려움이 나타난다. 북한은 사회주의 경제이고 남한은 자본주의 경제로서 서로 교류가 거의 없었는데, 어떤 관련이 있을 수 있겠는가? 양자가 구조적 관련을 맺는다는 것이 도대체 가능한 일일까? 이런 문제에 직면해서 백낙청이 착상한 것은 바로 월러스타인의 세계체제라는 개념이다.

월러스타인의 세계체제에서 세계 경제는 자본주의 경제와 사회주의 경제를 모두 포괄하는 개념이다. 양자는 눈에 뜨이지는 않지만 상호 구조적인 관련을 맺고 있다. 자본주의 경제가 중심부와 주변부 사이의 순환에 기초한다면, 사회주의 경제는 일종의 반-주변부로서 이런 순환을 매개해 주는 역할을 담당한다. 이런 세계경제의 하부구조 위에 상부구조로서 세계체제가 성립한다. 이 세계체제는 기본적으로 자본주의 진영과 사회주의 진영 사이에 존재하는 상호 적대적 의존관계 및 중심부 사회와 주변부 사회 사이에 존재하는 종속적 관계로 이루어져 있다. 월러스타인의 세계체제 개념은 1970년대 말 풍미했던 종속이론을 사회주의 사회까지 포함하여 확장한 것으로 보인다.

백낙청은 분단체제란 월러스타인의 세계체제에 대해 하위에 있는 체제라 한다. 그래서 백낙청은 남북한 사회의 하부구조 자체가 세계 경제와 마찬가지로 상호 구조적 관련을 맺고 있다고 한다. 이런 관련 때문에 각각의 하부구조 차원에서 왜곡된 구조가 발생하고, 또한 이런 구조적 관련을 토대로 하여 정치적으로 적대적 의존관계가 끊임없이 재생산된다.

분단체제론의 문제점

백낙청의 분단체제론은 분단체제가 상당히 고착적이라는 사실을 설명하는 데 유리하다. 더구나 냉전체제가 세계적으로 종식된 마당(이 가정이 의심스럽기는 하지만)에도 남북 사이의 적대적 의존관계가 여전히 지속하고 있다면, 이것은 백낙청의 말대로 사회경제적 하부구조 차원에서 재생산되는 것으로 설명되어야 하지 않을까?

이런 분단체제론은 통일의 문제를 남북한 사회구성체의 하부구조 차원과 관련지어 설명하므로 대중의 생활상 요구와 연결할 가능성을 열어준다. 그럼으로써 분단체제론은 추상적 당위론에 머무르는 통일의 요구를 대중들의 피부에 와 닿게 함으로써 통일을 위한 대중적 실천을 가능하게 한다고 평가된다.

그러나 백낙청과 같은 설명방식에는 몇 가지 문제가 나타난다. 우선 담론 차원에서 매혹적으로 보이는 분단체제론은 세부적 실천으로 들어가면 당장 어려움에 부딪힌다. 사실 경제적 토대라는 입장에 서 있다는 것이 분단체제론의 이론적 장점이었다. 그런데 바로 그런 토대론적 입장 때문에 실천적으로 한계에 부딪히게 된다.

우선 분단체제론이 전제로 하는 남북한 사회의 하부구조적 관련성을 쉽게 확인하기 어렵다는 문제가 있다. 월러스타인의 세계체제에서 사회주의 경제와 자본주의 경제의 상호연관이 존재하더라도, 그것이 남북한의 경제적 관계와 어떻게 연관되는가? 남북한의 경제적 관계는 세계경제를 닮은꼴로 반복하는 것인가? 아니면 남한은 자본주의 중심부에 북한은 사회주의 반-주변부에 각기 연결됨으로써 간접적으로 서로 연관되는 것인가? 남북한 경제의 직접적 연관성을 확인하기 어려우므로 아무래도 후자를 택할 수밖에 없다. 그렇다면 간접적 연관을 통해 어떻게 남북 간의 직접적인 적대적 의존관계가 형성되는가? 이것 역시 세계체제에서의 적대적 의존관계를 간접적으로 반영하는가?

일단 분단체제의 하부구조에 의해 분단체제라는 상부구조가 재생산된다고 한다면, 원래 경제적 토대라는 입장에서는 하부구조가 자기를 극복하는 새로운 가능성을 보여주지 않으면, 이것을 극복하려는 상부구조의 운동이 발생하지 않는다. 물론 상부구조의 변화를 위한 인간의 활동이 거꾸로 하부구조에 일정한 정도 영향을 미치겠지만 그 정도는 제한적일 수밖에 없다.

더구나 한국 사회에서 분단체제의 하부구조가 분단의 상부구조에 구체적으로 어떻게 영향을 미쳤는지도 드러나지 않는다. 다시 말해서 남북한 사이의 사회주의 경제와 자본주의 경제가 어떻게 정치적 적대적 의존관계를 만들어내는지에 대하여 인과적 메커니즘이 필요하다. 그런데 그것이 전혀 드러나지 않는다. 그러니 분단체제를 극복하는 가능성이 실현되고 있는지 아니면 아예 차단되어 있는지도 더더욱 알 수 없다.

더구나 분단체제가 남북한 사이의 사회구성체 차원(상·하부구조)의 관련이므로 남한만의 변화로서는 분단체제의 극복이란 불가능하다. 남북한의 동시적인 활동을 통해서만 그 극복은 가능하다. 그런데 남북한 내부에서 분단체제에 고통을 받는 민중들의 상호 관련된 활동의 움직임은 거의 없다. 그러니 분단극복은 요원한 것이 아닐까?

더군다나 백낙청의 분단체제 개념에 따라 본다면, 남북 사이의 지배계급 곧 정부당사자는 분단체제에 의존하는 세력이므로 분단체제를 극복할 의지도 없다. 분단체제하에서 고통받아온 남북한 민중만이 그것을 극복할 의지를 갖추고 또 기대할 것이다. 분단체제 극복의 문제에서 정부당사자 간의 노력이란 불필요하거나 불가능하며, 있다면 오히려 분단체제를 강화하는 것이니 오히려 막아야 한다. 그렇게 본다면 현재 진행되는 남북한 당사자 간의 대화에 대해서 긍정적으로 평가할 수 없지 않을까?

거울영상효과

백낙청의 분단체제론은 아주 탁월한 문제의식에도 불구하고 너무 과도한 설명 장치를 가지고 있는 것으로 보인다. 분단체제라는 개념에서 군살을 좀 빼면 안 될까? 토대론적 가정은 버려도 무방하지 않을까? 전통적으로 분단체제는 세계적 냉전의 하위체제에 속하는 것으로 설명했는데, 이제 세계체제라는 개념 대신 냉전체제라는 정치적 개념으로 무게를 가볍게 해 보자. 그래도 백낙청이 제기한 문제의식을 충분히 소화할 수 있지 않을까?

백낙청의 문제의식의 출발점이 되었던 정치적 현상으로서 남북의 적대적 의존관계를 토대론적 입장 외에 달리 설명할 가능성이 있다. 이런 적대적 의존관계는 냉전 당시 미소의 관계에서도 나타났다. 정치학자들은 이런 적대적 의존관계를 소위 거울영상효과를 통해서 설명해 왔다. 이런 입장은 정치학자들에게 흔히 나타나는 데 남북관계에 관해서는 이종석[15]과 박명림[16]이 대표적인 학자라 하겠다.

거울영상효과란 서로 적대적인 행위자들이 서로를 닮아가는 효과를 말한다. 즉 서로가 비난하는 상대방을 스스로 똑같이 닮는 것이다. 그러면서 그들은 서로 닮았다는 것을 알지 못한다. 그들은 서로 상대방을 침략적이라고 비난하면서 사실은 자신의 행위도 상대방에 의해 침략적이라고 오해될 수도 있다는 사실을 모른다. 그들은 스스로 상대방에 대

---

15) 이종석, 《분단시대의 통일학》, 한울 아카데미, 1998 2장 1절 〈적대적 의존관계와 거울영상효과〉 참조.

16) 박명림, 〈분단질서의 구조와 변화, 적대와 의존의 대쌍관계동학, 1945-1995〉, 《국가전략》3권 1호, 세종연구소, 1997 봄여름, 대쌍관계동학은 게임이론이라는 의미이다.

해 과잉 방어를 택하면서 상대방의 공격이 사실은 과잉 방어에 불과하다는 사실을 이해하지 못한다. 이런 거울영상효과는 행위자들의 전략적 게임이론을 설명된다. 게임이론에서 각자는 자신의 행위에 대하여 후속하는 상대방의 반응을 논리적으로 전제하고 행위를 한다. 이런 게임의 결과 적대적인 행위자들이 서로 닮아간다. 이렇게 서로 닮아가면서 형성되는 것이 바로 적대적 의존관계이다.

이렇게 적대적 의존관계를 정치적 행위의 차원에서 설명한다 하더라도, 남북한 사회 각각에서 나타나는 하부구조에서의 왜곡이 어느 정도 설명될 수 있다. 이때 그 사이에는 제약관계라는 논리적 개념이 적용된다. 즉 고착된 분단구조를 정치적 조건으로 한 결과, 남북한 사회 각각의 하부구조 역시 왜곡되었다는 것이다. 이렇게 왜곡된 사회를 백낙청의 표현대로 '분단체제'라고 불러도 무방할 것이다.

이런 설명방식은 백낙청의 문제의식을 받아들이는 동시에 그 한계를 극복할 가능성을 제시한다. 무엇보다도 정치적인 분단체제 때문에 각각의 사회에서 왜곡된 하부구조적 현상들을 구체적으로 확인하는 것이 가능하다. 사실 거울영상효과 때문에 한국 사회에서 이데올로기적 지형이 협소화되었고, 그 결과 민중운동의 발전이 제약되었다는 사실은 이미 상식이 되었다.

이런 사실은 앞으로 더욱 다양한 영역에서 다층적인 차원에서 밝혀져야 할 것이다. 이런 연구가 강화될수록 분단극복의 문제가 대중의 생활상의 요구와 접목될 가능성이 높아질 것이다. 대중들은 자신의 삶의 다양한 모순을 해결하기 위해 분단체제의 극복을 우선하여 요구할 것이다.

더구나 이렇게 남북의 대립을 전략적 행위자의 게임이론으로 설명한다면, 남북 당사자 간의 대화가 얼마나 주요한지 충분히 밝혀질 것이다. 남북의 지배세력은 지금까지 적대적 의존관계나 거울영상효과를 발생시키는 주 행위자다. 그러므로 그런 행위자들이 서로 소통하고 서로의 인식을 교환하며 대립이 아닌 화해로 나가는 것은 전략적 게임의 역설을 피하기 위해 결정적인 요소가 될 것이다. 분단의 고착으로 사회경제적으로 고통 받는 민중의 활동이 필요하다는 것은 말할 것도 없다. 또한 남북 민중의 상호 공동 행위도 분단극복을 위해 더없이 주요하다. 그러나 남북 정부 당사자 간의 대화와 협력 또한 그에 못지않게 주요한 이유가 여기서 드러난다.

마지막으로 이런 이론은 남한과 북한이 비록 분단구조에 의해 영향을 받았더라도, 서로 다른 방식으로 받을 수 있다는 것을 이해하도록 만든다. 분단체제론은 남북 사이에 접합된 하부구조를 전제로 하므로 남북한 사회 전체에 걸친 동일한 구조(예를 들어 남북한 모두 독재정권이라는 비판)를 전제로 해야 한다. 그러나 적대적 의존관계라는 이론은 서로의 사회적 하부구조가 독립적임을 전제로 한다. 다만 그 외적 조건이 분단의 고착화이므로 이런 조건은 자신의 사회를 변형시키지만, 그 토대는 각기 서로 다른 사회이므로 그런 변형의 효과 역시 달라질 것이다. 이런 입장에서는 분단체제의 극복을 위해 남북 민중이 동시적으로 나서야만 한다고 가정할 필요가 없다. 우선 우리만이라도 먼저 분단체제의 극복에 나서더라도 불가능하지 않다.

그런데 거울영상효과란 남북의 적대적 의존관계를 설명하는 이론에 불과하다. 그것이 어느 정도 남북한 사회의 하부구조적 왜곡을 설명한다고 하더라도, 상당히 제한적일 뿐이다. 대체로 그들이 제시하는 하부구조적 왜곡의 사실은 대부분 사회 문화적 차원 또는 이데올로기적인 차원이어서 생산양식의 차원에 관련되지 않는다. 그 결과 이런 정치학자들의 논의는 통일론보다는 평화론 또는 탈-분단 문제로 기울어지는 경향을 지니며, 통일논의의 주체도 민중보다는 오히려 정부 당사자로 잡는다.

본래 백낙청의 문제의식은 이보다 더욱 심각한 수준에 있었다. 백낙청의 관심은 남북의 정치적 분단이 남북한 사회에 있어서 하부구조의 본질적 차원, 즉 생산양식의 차원에서 어떤 왜곡을 일으키지 않았나 하는 것이었다. 이런 문제를 제기함으로써 백낙청은 생산양식의 차원에서 요구되는 민주화의 과제를 분단을 극복하는 통일의 과제와 연결하려 했다. 하지만 거울영상효과 이론은 이런 깊이에까지 이르지는 못한다.

4. 복합국가론과 동북아 공동체

통일논의의 전제

정치학자들은 제약 관계라는 개념에 기초해서 적대적 의존관계와 이데올로기적 상황 사이의 관련에 주목했다. 그런데 이 논리를 발전시켜서 분단이라는 정치적 구조 자체(심지어 비적대적인 분단의 경우라 하더라도)가 경제적 하부구조, 즉 생산양식을 제약했다고도 할 수 있지 않을까? 이 경우라면 백낙청의 문제의식에 좀 더 부합하면서도 분단체제라는 형이상학적 가정을 필요로 하지 않는다 하겠다.

그런데 사실 전통적인 민족국가론은 그러한 문제의식을 이미 받아들이고 있었다.[17] 분단이라는 정치적 조건 때문에 남한에서 봉건적 지주와 친일관료의 힘이 온존되었고, 이들의 힘 때문에 자본주의 생산양식은 재벌 지배적 국가 독점적 생산양식으로 발전했다. 이 발전 구도는 이미 이승만 시대에 정착되었고, 박정희의 개발정책이란 지배세력을 유지한 채 재벌 지배적 국가 독점적 생산양식을 확산하여 수출 의존형 경제개발로 나갔다는 것이다. 거칠게 정리한 것이지만, 민족국가론은 이런 설명 가운데 기본적으로 분단의 구조가 경제적 하부구조를 제약한다고 이해해 왔다. 민족국가론은 선-민주화론이든 선-통일론이든 이미 일찍부터 통일의 과제와 민주화의 과제가 밀접하게 연관되어 있음을 지적해 왔다. 다만 선후의 문제였을 뿐 기본적으로 두 가지는 동시적인 과제였다.

민족국가론은 이런 기본 구도 위에서 거울영상효과를 받아들이는 것에 아무런 어려움을 발견하지 못한다. 다만 그것이 제한적 이론이라는 것만을 지적할 뿐이다. 더구나 백낙청의 문제의식에 근본적으로 동의하면서 다만 분단체제론의 기초가 되는 토대론적 입장이나, 세계체제의 개념만은 너무 거추장스럽다고 생각할 뿐이다.

지금까지 포스트모던 담론이나 탈분단론, 그리고 분단체제론을 살펴보면서 그 문제의식을 깊이 공감했다. 그럼에도 불구하고 필자는 전통적인

17) 정대화, 앞의 논문. 그는 분단 상태가 자족적이라기보다는 자기 완결적 재생산을 저해하는 본질적 장애라고 파악한다. 여기서 자기 완결적 재생산이란 박현채 식의 민족경제를 의미하는 것으로 이해된다.

민족국가론이 지금까지의 통일논의를 통해서 더욱 풍요해질지언정 절대 무너지지는 않았다고 생각한다. 이런 생각은 민족국가론이 문제 삼는 민족국가의 개념에 대해서도 마찬가지이다. 최근 민족국가의 구체적 형태를 논의하면서 이른바 복합국가론이나 동북아 공동체 개념이 제시되는데, 마지막으로 이런 문제들을 살펴보자.

자본주의, 사회주의 장점 살리는 복합국가 발견해야

전통적인 민족국가론의 결정적 문제점은 민족국가에의 요구를 항상 부르주아의 계급적 요구와 연결한다는 것이다. 민족국가는 부르주아적 요구라는 마르크스의 주장이 한계가 있다는 점은 이 글에서 거듭 지적되었다. 어떻게 보면 민족국가는 구조주의 역사가들이 제시하는 장기지속의 개념에 가깝다고 했다. 그것은 자본주의 시대 이전에도 이미 있었고, 자본주의가 지나가고 새로운 시대에 들어와도 여전히 지속할 것이다. 물론 영원하다고 볼 수는 없지만, 적어도 지정학적 이해가 여전한 한 민족국가의 요구는 사라지지 않을 것이다. 이런 생각을 뒤집어 본다면, 이제 자본주의가 지양되어 가는 새로운 시대에 민족국가의 요구를 새로운 시대의 요구와 연결하는 것도 무리가 없지 않을까 한다.

사실 오늘의 시대는 자본주의와 사회주의가 대립하던 시대는 아니다. 이미 두 사회는 서로 수렴되어서 다양한 형태의 복합적인 사회구성체가 등장하고 있다. 대표적인 것이 중국과 같은 사회이다. 경제적으로는 자본주의를 정치적으로는 사회주의를 견지하는 중국식 사회는 베트남을 비롯하여 아직 남아있는 사회주의 사회의 모델이 되어 가고 있다. 거꾸로 자본주의 사회 역시 많은 점에서 사회주의 사회의 제도를 받아들임으로써 실질적으로 순수한 자본주의 사회란 지구 상 어디에도 남아 있지 않다.

이제 세계는 두 사회의 장단점을 통합한 복합국가를 향하여 나가고 있다. 남북의 분열은 과거 시대에는 불행이었지만, 오히려 불가피하게 통일의 문제를 야기함으로써 새로운 복합국가의 형태를 모색하도록 만들었다. 그것은 일종의 '사유강제'이다. 그럼으로써 이런 통일에 대한 강제적인 모색을 통해 세계 어디에서도 유례를 찾아볼 수 없는 미래 형태의 국가형식이 발견될 수도 있지 않을까? 어떻게 보면 이것은 전화위복이라고 할 수도 있겠다.

그러므로 그저 부르주아적 혁명의 미완의 과제를 이제 청산한다는 관점이 아니라, 미래에 불가피하게 도래하는 새로운 복합국가의 형태를 발견하는 미래 비전을 통해 남북의 통일을 보아야 한다고 생각된다. 이런 미래적 비전에서 두 사회를 복합하는 다양한 가능성을 모색해 보아야 한다. 연방제니 국가연합이니 하는 것도 사실 이런 두 사회를 결합하는 방식으로 제시되었지만, 필자의 생각으로 이런 것은 기계적인 결합에 지나지 않는 것 같다. 자본주의의 장점과 사회주의의 장점을 동시에 살리는 더욱 탁월한 방식을 발견해 보자.

동북아 공동체

분단체제든 냉전체제든 양자 모두 강조하는 것은 한반도가 세계체제의 하위체제라는 점이다. 이런 세계체제 개념을 전 세계적 차원으로 확장하는 것은 힘들지만, 동북아라는 지역적 환경으로 제한한다면 민족국가의 지정학적 이해라는 개념과 결합할 수 있다.

역사 이래로 한반도는 항상 동북아에서의 국제적 힘이 소용돌이치는 한가운데 있었다. 그 결과 한반도의 운명은 국제적 관계에 의해 결정될 위험에 처해 있었고, 이에 대응하여 자신의 운명을 자주적으로 결정하려는 수많은 선조의 민족주의적 노력이 있었다.

이런 동북아에서의 한반도의 위치를 회고해 보면, 그것은 어떤 운명적 불행으로 보이지만, 다른 한편 이것은 운명적 축복이라고도 할 수 있지 않을까? 왜냐하면, 한반도를 둘러싼 국제적 힘들은 당대의 역사에서 가장 선도적 힘과 복고적 힘 사이의 대결이었고, 그럼으로써 한반도가 세계 역사의 진보적 흐름에서 고립되지 않고, 항상 역사의 첨단에 위치하도록 하는 결과를 자아냈기 때문이다.

그것은 분단이라는 것에 대해서도 마찬가지이다. 지금 분단이라는 것을 운명적 축복이라는 점에서 본다면, 남북의 통일은 이런 국제적 힘들의 통일과 무관하지 않다. 어쩌면 국제적 힘들의 통일이 비로소 남북의 통일을 가능하게 할지 모른다.

이런 점에서 최근 논의되는 동북아 공동체 개념을 새롭게 이해해 볼 필요가 있다. 동북아 공동체는 곧 미소, 중일, 그리고 남북 사이의 지역적 공동체가 될 것이다. 이런 공동체는 유럽공동체와는 또 그 성격을 달리한다. 왜냐하면, 여기에 참여한 세력은 곧 현대를 대표하는 정치적 힘이고, 여기에는 자본주의와 사회주의, 중심부와 주변부, 신흥제국과 구제국의 복잡한 힘이 작용하기 때문이다.

그러므로 사실 동북아 공동체는 실현되기 어렵지만, 어쩌면 남북한의 통일은 이런 동북아 공동체를 실현하는 결정적 계기가 될 수도 있다. 또 달리 본다면, 남북한의 통일국가는 동북아 공동체 속에 위치할 수도 있을 것이다.

지정학적 민족국가론

필자는 이상의 논문에서 포스트모던 담론을 비판하면서, 민족 개념이 비록 허구적일지라도 긍정적 가치가 있다고 주장했다. '평화'를 강조하는 탈분단론을 비판하면서, 남북의 관계는 통일을 통해 민족국가의 형태를 갖추지 않으면 단순히 평화공존하기 어려운 지정학적 위치에 있다고 보았다. 셋째, 백낙청의 분단체제론을 비판하면서, 그 문제의식은 공감하지만 그 토대론적 입장이나 과도한 형이상학적 분단체제 개념을 받아들일 수 없었다. 그리고 정치학자들의 거울영상효과를 받아들이지만, 그것이 단순히 이데올로기적 지형에 그치지 않고 생산양식의 차원에서 왜곡을 불러일으켰음을 주장하려 했다.

필자의 입장은 민족국가론이지만 전통적인 민족국가론자와는 구분된다. 전통적 민족국가론자는 민족국가의 이해가 부르주아적 계급적 이해라고 보지만, 필자는 민족국가의 이해는 한반도의 지정학적 위치에서 찾아야 한다고 보았다. 이런 지정학적 위치는 일종의 장기지속의 개념에 해당하며, 이로부터 민족국가에 대한 지정학적 이해가 출현한다고 본다. 마지막으로 필자는 민족국가의 형태는 새로운 시대의 요구를 받아들여 다양한 복합국가의 형태와 동북아 공동체에의 요구를 수용한 형태로 재구성되어야 한다고 보았다.

아메리카노 자유주의 비판
철학자 이병창의 포스트모던 자유주의 비판

2014년 7월 25일 | 초판 1쇄 발행
2014년 9월 1일 | 초판 2쇄 발행

글쓴이 | 이병창
편 집 | 플랜디자인
표 지 | 김범현
사 진 | 민중의소리 제공
펴낸이 | 최진섭
펴낸곳 | 도서출판 말

주소 | 서울 마포구 토정로 222 한국출판협동조합 A동 208-2
전화 | 070-7165-7510
팩스 | 02-707-0903
전자우편 | dreamstarjs@gmail.com

신고번호 | 제2013-000403호
ISBN | 979-11-951906-3-8

• 값은 뒤표지에 있습니다
• 잘못된 책은 구입하신 곳에서 바꾸어 드립니다